Zu diesem Buch

Von einem Sondergericht der Militärdiktatoren Nigerias Ende Oktober zum Tode verurteilt, wurden der 54jährige Schriftsteller und Bürgerrechtler Ken Saro-Wiwa und acht seiner Mitstreiter – Dr. Barinem Kiobel, Baribor Bera, Saturday Dobee, John Kpuinen, Paul Levura, Felix Nuate, Nordu Eawu und Daniel Gbokoo – am 10. November 1995 durch Erhängen exekutiert. Internationale Proteste und die in Menschenrechtsfragen gern bemühte «stille Diplomatie» hatten die Mörder nicht beeindruckt.

Dies ist das letzte Buch von Ken Saro-Wiwa, von ihm selbst noch in der Zelle heimlich bearbeitet, in der er seit Mai 1994 auf seinen Prozeß wartete. Eigentlich sind es zwei Bücher: Zum einen ist es das persönliche Tagebuch einer vorausgegangenen Haft im Sommer 1993, als ihm vorgeworfen wurde, die von Militärdiktator Ibrahim Babangida angesetzten Wahlen für eine Zivilregierung beeinträchtigt zu haben. Der Wahlsieger paßte den Militärs nicht, die Wahl wurde annulliert, General Babangida mußte jedoch einige Monate darauf die Macht an den noch brutaleren General Sani Abacha abgeben. Ken Saro-Wiwa schildert eindringlich die Willkür, Korruption und die unwürdigen Verhältnisse, denen der schwer herzkranke Schriftsteller ausgesetzt war, einen Monat und einen Tag lang. Zum anderen (Kapitel vier bis acht) berichtet Ken Saro-Wiwa ausführlich vom friedlichen Widerstand seines Volkes, der Ogoni, gegen die Zerstörung ihrer Lebensgrundlagen durch die Politik der Militärregierungen und der internationalen Ölkonzerne, allen voran Shell.

Mit seiner «Bewegung für das Überleben der Ogoni» (MOSOP), deren Politik auf sehr konkrete Weise Umweltschutz und Menschenrechte miteinander verknüpfte, war es Ken Saro-Wiwa gelungen, internationale Aufmerksamkeit für die ökologische Katastrophe zu wecken, die durch über 30 Jahre Ölförderung im Nigerdelta angerichtet wurde. Das kleine 500000-Einwohner-Volk der Ogoni schickte sich an, zum Vorbild und Vorreiter für Umweltschutzbewegungen und Demokratisierungsprozesse im Vielvölkerstaat Nigeria und darüber hinaus in Afrika zu werden. Deshalb mußte Ken Saro-Wiwa, Träger des Alternativen Nobelpreises und für den Friedensnobelpreis 1996 nominiert, sterben. Die Zukunft wird zeigen, ob die Rechnung seiner Mörder aufgeht.

Ken Saro-Wiwa

FLAMMEN DER HÖLLE

*Nigeria und Shell:
Der schmutzige Krieg gegen die Ogoni*

Aus dem Englischen von
Ulrike Bischoff und Udo Rennert

Rowohlt

rororo aktuell
Herausgegeben von
Rüdiger Dammann und Frank Strickstrock

Deutsche Erstausgabe
Veröffentlicht im Rowohlt Taschenbuch Verlag GmbH,
Reinbek bei Hamburg, März 1996
Die Originalausgabe erschien im Dezember 1995 unter dem Titel
«A Month and a Day. A Detention Diary» bei Penguin Books, London
Copyright © The Estate of the late Ken Saro-Wiwa, 1995
Einleitung Copyright © William Boyd, 1995
Copyright © 1996 by Rowohlt Taschenbuch Verlag GmbH,
Reinbek bei Hamburg, für die deutsche Ausgabe
Alle Rechte vorbehalten
Umschlaggestaltung Susanne Heeder/Philipp Starke
(Foto: dpa)
Satz Sabon und Frutiger (Linotronic 500)
Gesamtherstellung Clausen & Bosse, Leck
Printed in Germany
1890-ISBN 3 499 13970 7

INHALT

William Boyd
Einleitung 10

Flammen der Hölle 19
Nigeria und Shell:
Der schmutzige Krieg gegen die Ogoni

Paul Adams, Bartholomäus Grill, Dirk Kurbjuweit
«Shell & Co. bringen uns um» 241
Ken Saro-Wiwa und die ökologische Zerstörung
des Nigerdeltas

Ken Saro-Wiwa
Schlußwort 254
vor dem vom Militär eingesetzten Sondertribunal
in Port Harcourt, Rivers State, Nigeria

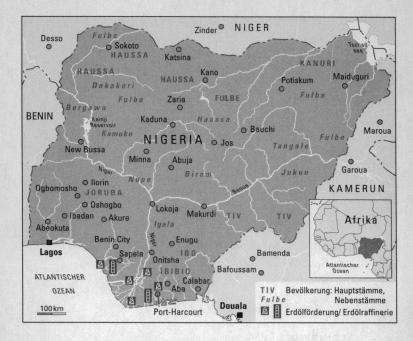

Nigeria ist mit ca. 95 Millionen Einwohnern der volkreichste Staat Afrikas. Das Staatsgebiet, zwischen Benin und Kamerun am Golf von Guinea gelegen, ist mit 923 768 km² mehr als zweieinhalbmal so groß wie die Bundesrepublik. Die frühere Bundeshauptstadt Lagos hat etwa 6 Mio. Einwohner (mit Vororten), die neue Hauptstadt Abuja etwa 400 000. Weitere Millionenstadt ist Ibadan im Nordosten mit ca. 1,3 Mio. Je nach definitorischer Abgrenzung leben zwischen 200 und 430 verschiedene Ethnien in Nigeria, über die Hälfte der Bevölkerung stellen die drei größten Völker, die Haussa-Fulani im Norden (ca. 24 %), Yoruba im Südwesten (ca. 21 %) und die Igbo im Südosten (ca. 12 %). Bedeutende Minderheitenvölker sind die Kanuri und Tiv. 45 % der Einwohner sind Moslems (dominant im Norden, stark vertreten im Südwesten); 26 % Protestanten, Anglikaner, 12 % Katholiken, 11 % afrikanische Christen. Es gibt ein Nord-Süd-Gefälle, wobei der moslemisch dominierte Norden über den wirtschaftlich wichtigen, christlich dominierten Süden herrscht. Die Lebenserwartung in Nigeria lag 1993 etwa bei 51 Jahren. Amtssprache ist Englisch. Formal föderal aufge-

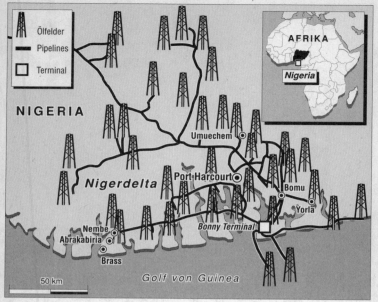

Grafik: Die Zeit

baut, ist Nigeria in 30 Bundesstaaten und 590 Verwaltungsbezirke strukturiert. Nigeria galt nach der Unabhängigkeit 1960 (es war britische Kolonie) als Staat mit dem größten Entwicklungspotential Afrikas. Nach insgesamt sieben Militärdiktaturen (nur zehn Jahre wurde Nigeria zivil regiert) ist das Land durch das unaufgearbeitete Erbe des Kolonialismus und die Gier der Eliten heruntergewirtschaftet. Die Auslandsverschuldung liegt bei 32 Milliarden Dollar, die jährliche Inflationsrate zwischen 25 und 30 Prozent. Haupteinnahmequelle ist das Öl, das im Nigerdelta gefördert wird. Nach Angaben von Shell liegt Nigerias tägliche Ölproduktion bei etwa 2 Millionen Barrel. Sie macht damit ungefähr 3 % der Weltproduktion aus. Die »Shell Petroleum Development Company of Nigeria« (SPDC) ist Betriebsführer eines Konsortiums, das aus der Nigerian National Petroleum Corporation/NNPC (55 %), Shell (30 %), Elf (10 %) und Agip (5 %) besteht. Weitere große Produzenten sind Mobil, Chevron und Texaco. An allen Gemeinschaftsunternehmen ist die nationale Ölgesellschaft Nigerias, die NNPC, als Mehrheitsgesellschafterin beteiligt.

Quelle: MITEE RESEARCH FOUNDATION © 1995
Aus: UNPO Report 2/1995

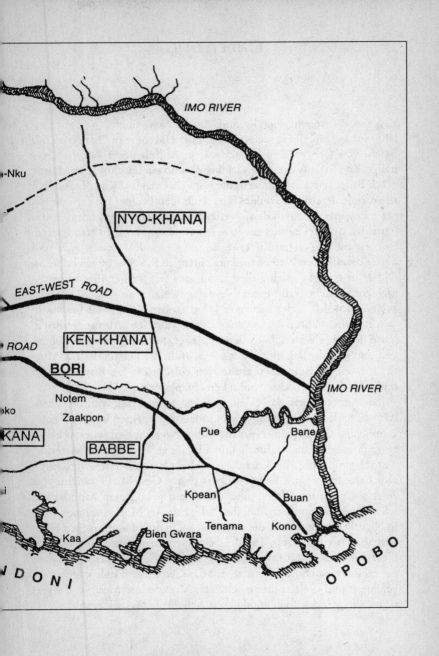

EINLEITUNG

Ken Saro-Wiwa war mein Freund. Am 10. November 1995 um 11.30 Uhr wurde er in einem Gefängnis in Port Harcourt in Ostnigeria auf Befehl von General Sani Abacha, dem Militärführer Nigerias, gehängt. Ken Saro-Wiwa war 54 Jahre alt und ein unschuldiger Mann.

Ich begegnete Ken zum erstenmal im Sommer 1986 auf einem British-Council-Seminar an der Universität Cambridge. Er war von Nigeria in seiner Eigenschaft als Verleger nach England gekommen und hatte den British Council gebeten, ein Treffen mit mir zu arrangieren. Er hatte meinen ersten Roman gelesen, *A Good Man in Africa*, und hinter den fiktiven Namen und notdürftigen Kaschierungen erkannt, daß er in Nigeria spielte, dem Land, das seit meiner Jugend bis zu meinem 25. Lebensjahr meine Heimat gewesen war.

Ken hatte Mitte der sechziger Jahre an der Universität Ibadan in Westnigeria studiert. Mein verstorbener Vater, Dr. Alexander Boyd, hatte dort den Gesundheitsdienst geleitet, Ken als Patienten behandelt und so seine Bekanntschaft gemacht. In der Person des Dr. Murray in meinem Roman erkannte Ken ein Porträt Dr. Boyds wieder und war neugierig, dessen Sohn kennenzulernen.

Ich erinnere mich, daß es ein sonniger Sommertag war. In kurzen Ärmeln schlenderten wir über den tadellos gepflegten Innenhof eines Cambridge-Colleges und sprachen über Nigeria. Ken war ein kleingewachsener Mann, wahrscheinlich kaum größer als 1,56 Meter. Er war stämmig und voller Energie – er schien fast zu bersten vor Kraft – und hatte ein breites Grinsen übers ganze Gesicht. Er rauchte aus einer sogenannten Ulmer, einer Pfeife mit gebogenem Mundstück. Ich habe später erfahren, daß die Pfeife eine Art Markenzeichen war: In Nigeria erkannten ihn die Leute daran. In dokumentarischen Filmaufnahmen vom letzten Tag des Schauprozesses gegen Ken, die das nigerianische Militär im Fernsehen zeigen ließ, gibt es eine Szene, in der er, auf einen Stock gestützt, auf das Gerichtsgebäude zugeht, abgemagert und gealtert durch achtzehn Monate Inhaftierung, die vertraute Pfeife indes noch immer zwischen die Zähne geklemmt.

Ken war nicht nur Verleger, sondern auch Geschäftsmann (im Lebensmittelhandel), ein berühmter politischer Journalist, mit einem besonders prägnanten und mitreißenden Stil, und er war, wie ich entdecken sollte, ein überaus produktiver Autor von Romanen, Bühnenstücken, Gedichten und Kinderbüchern (die er zumeist selbst verlegt hat). Außerdem war er der höchst erfolgreiche Autor und Produzent der populärsten Seifenoper im nigerianischen Fernsehen, *Basi & Co.*, von der um die Mitte der achtziger Jahre über 150 Folgen gesendet wurden und die angeblich mit bis zu 30 Millionen Zuschauern die höchste Einschaltquote in ganz Afrika erzielte. Basi und seine Kumpane waren ein Haufen haltloser, halbkrimineller und träger Straßenjungen aus Lagos, ohne einen Pfennig in der Tasche, die den ganzen Tag nichts anderes taten, als untaugliche Pläne zu schmieden, wie sie ans große Geld herankommen könnten. Bei all ihrer Komik und ihren treffsicheren Beobachtungen verfolgte die Serie auch unverhohlen pädagogische Absichten. Was mit Basi und seiner Clique nicht stimmte, stimmte mit ganz Nigeria nicht: Keiner von ihnen wollte arbeiten, und alle verhielten sie sich so, als schuldete die Welt ihnen den Lebensunterhalt; wenn der mit lauteren Mitteln nicht zu haben war, mußten eben unlautere her. Es war eine Seifenoper als eine Form bürgerlicher Erziehung.

Immer wenn Ken in London zu tun hatte, trafen wir uns zum Mittagessen, meistens im Chelsea Arts Club. Seine Frau und seine vier Kinder lebten in England – die Kinder gingen dort zur Schule –, so daß er regelmäßig hierher kam. Und obwohl ich an einem Porträt von ihm für die Londoner *Times* schrieb (Ken versuchte, seine Bücher in England zu vertreiben), waren es in der Hauptsache Begegnungen zwischen zwei Schriftstellern, die vieles miteinander gemeinsam hatten und sich zwei oder drei feuchtfröhliche Stunden machten.

Ken war als Schriftsteller außerordentlich vielseitig und hatte sich fas allen Genres zugewandt. *Sozaboy*, meiner Meinung nach sein größtes Werk, trägt den Untertitel «Ein Roman in miserablem Englisch» und ist in einer einzigartigen Mischung aus Pidgin-Englisch, der Verkehrssprache der ehemaligen britisch-westafrikanischen Kolonien, und einem Englisch geschrieben, das man in seinen Wendungen und im Satzbau insgesamt eher klassisch und lyrisch nennen könnte. Es ist eine Art literarische Volkssprache, die dem Englischen eine Art gutmütiger Gewalt antut und ein perfektes Medium für die Geschichte, die in ihr erzählt wird, die eines einfachen Dorfjungen, der während des nigerianischen Bürgerkriegs in die Armee von Biafra eingezogen wird. Der Junge hat davon geträumt, ein Soldat *(soza)* zu sein, doch die harten Realitäten dieses brutalen Konflikts stürzen ihn in einen erbarmungslosen Prozeß ständig zunehmender Desillusionierung. *Sozaboy* ist nicht nur ein großer afrikanischer Roman, sondern auch ein großer Antikriegsroman – einer der besten des 20. Jahrhunderts.

Sozaboy wurde aus Kens persönlichem Erleben des Konflikts geboren – dem sogenannten Biafrakrieg –, und dasselbe gilt für viele andere seiner Schriften. Biafra war der Name, der einer lockeren Gruppierung von Ethnien in Ostnigeria gegeben wurde, die vom Stamm der Ibo dominiert wurde. Deren Führer, Oberst Chukwuemeka Odumegwu Ojukwu, beschloß, sich von der Nigerianischen Föderation loszusagen, was diese des größten Teils der Erdölreserven des Landes beraubte. In dem anschließenden Krieg gegen den sezessionistischen Staat starben vielleicht eine Million Menschen, die meisten durch Verhungern in dem zusammenschrumpfenden Kernland.

Nicht alle ethnischen Gruppen, die in den sezessionistischen Traum Ojukwus verwickelt waren, hatten sich aus freien Stücken daran beteiligt. Kens Stamm, die Ogoni, zum Beispiel. Als der Krieg 1967 ausbrach, machte Ken gerade Urlaub und fand sich in den neuen Grenzen Biafras gefangen. Er sah sogleich die Absurdität seiner Lage – gezwungen zu sein, in einem Krieg mitzukämpfen, der nicht sein Krieg war, und er entkam durch die Frontlinien ins Lager der Föderation. Er wurde zum Zivilverwalter des wichtigen Erdölausfuhrhafens Bonny am Rand des Nigerdeltas ernannt, und diesen Posten behielt er bis zum schließlichen Zusammenbruch der biafranischen Streitkräfte 1970. Über seine Erfahrungen in diesem Bürgerkrieg hat Ken in seinen lesenswerten Memoiren *On a Darkling Plain* berichtet.

Wie sich zeigen sollte, war Kens späterer Kampf gegen das nigerianische Militär in diesen Jahren des Biafrakriegs auf merkwürdige Weise vorgezeichnet: die Hilflosigkeit einer ethnischen Minderheit gegenüber einer übermächtigen Militärdiktatur, Erdöl und Ölreichtum als zerstörerischer und korrumpierender Katalysator einer Gesellschaft und die Notwendigkeit, sich selber treu zu bleiben.

Diese moralische Unbeugsamkeit trat besonders deutlich in Kens satirischem politischem Journalismus zutage (er war im Lauf der Jahre zu einem Kolumnisten der in Lagos erscheinenden Tageszeitungen *Punch*, *Vanguard* und *Daily Times* geworden), zu einem Großteil durchsetzt von einer Swiftschen *saeva indignatio* gegenüber dem, was er als die ständigen Übel des nigerianischen Lebens ansah: Stammesdenken, Rücksichtslosigkeit gegen die Rechte von Minderheiten, ein überhandnehmender Materialismus, Ineffizienz und allgemeine Bereicherung durch Amtsmißbrauch. Neben *Basi & Co.* war es sein Journalismus, der ihm in der Bevölkerung insgesamt sein größtes Renommee einbrachte.

Ende der achtziger Jahre drehten sich die Gespräche mit Ken nach meiner Erinnerung zunehmend um die Heimat seines Stammesvolks. Die Ogoni sind ein kleines Volk (es gibt insgesamt rund 250 Ethnien in Nigeria) von etwa einer halben Million Menschen, die in einem kleinen Gebiet des fruchtbaren Nigerdeltas leben. Das größte Unglück der Ogoni besteht darin, daß ihre Heimatregion zufällig über einem beträchtlichen Teil der Erdölvorkommen Nigerias liegt. Seit Mitte der fünfziger Jahre wurde das Ogoniland durch die mit der Förderung des Erdöls einhergehende Umweltvergiftung verwüstet. Was einst eine friedliche ländliche Gemeinschaft leidlich wohlhabender Bauern und Fischer war, ist heute eine ökologische Wüste, in der es nach Schwefel stinkt und deren kleine Buchten und Wasserlöcher durch zahllose Leckagen der Pipelines vergiftet sind und in der Nacht von den gelbroten Flammen des abgefackelten Erdgases geisterhaft beleuchtet werden.

Irgendwann hatte Kens Engagement für seine Heimatregion einen Punkt erreicht, an dem er praktisch seinen Beruf aufgab und sich nur noch im eigenen Land wie im Ausland für die Sache der Ogoni einsetzte. Er war einer der Gründer der Bewegung für das Überleben der Ogoni (MOSOP) und wurde bald ihre Leitfigur. Dieser Kampf ums Überleben war eher ökologisch als politisch motiviert: Sein Volk, sagte er, sei einem «langsamen Völkermord» ausgesetzt. Ken protestierte gegen die Beraubung seiner Heimat und forderte Entschädigung von der nigerianischen Regierung und von den internationalen Ölgesellschaften, allen voran Shell. (Er hegte einen tiefen Groll gegen die Shell, in der er den Hauptverantwortlichen für die Zerstörung des

Ogonilands sah.) Doch von Anfang an setzte Ken alles daran, daß der Protest der Bewegung friedlich und gewaltlos war. Das Nigeria von heute ist eine korrupte und gefährlich gewalttätige Nation: Man muß es der Ogoni-Bewegung als hohes Verdienst anrechnen, daß sie ihren Grundsätzen treu geblieben ist. Massendemonstrationen wurden veranstaltet, ohne daß es zu Zwischenfällen gekommen wäre. Im Ausland machten Greenpeace und andere Umweltgruppen die Sache der Ogoni zu ihrer eigenen, doch paradoxerweise trat der eigentliche Erfolg von Kens Agitation erst ein, als er 1992 vom nigerianischen Militär verhaftet und monatelang ohne gerichtliche Untersuchung im Gefängnis festgehalten wurde. Im Jahr darauf stellte die Shell den Betrieb ihrer Anlagen in der Ogoniregion vorübergehend ein.

Zu dieser Zeit stand das Militärregime in Nigeria unter dem Befehl von General Ibrahim Babangida. Ken wurde schließlich wieder freigelassen (nachdem sich die britischen Medien für ihn eingesetzt hatten), und Babangida trat die Macht freiwillig an einen seiner Kumpane, General Abacha, ab. Dieser sollte die Übergabe der Staatsgewalt in die Hände einer Zivilregierung beaufsichtigen, die aus allgemeinen Wahlen hervorgehen würde. Diese fanden termingerecht 1993 statt, und die Nation wählte nach demokratischem Verfahren Chief Moshood Abiola zu ihrem neuen Präsidenten. Darauf erklärte General Abacha die Wahlen für ungültig und ließ später den Wahlsieger ins Gefängnis werfen. Nigeria trat in eine neue Ära fast anarchischer Zustände und des Despotismus ein. Die Sache sah schlecht aus für Nigeria, aber noch schlechter für die Ogoni und ihre führenden Kräfte.

Im Lauf dieser Jahre sahen Ken und ich uns weiterhin zum Mittagessen im Chelsea Arts Club, wenn er sich gerade in London aufhielt. 1992 traf ihn ein persönliches Unglück, als sein jüngster, 14 Jahre alter Sohn, ein Etonschüler, während eines Rugbyspiels plötzlich an Herzversagen starb. Merkwürdigerweise verlieh Kens tiefe Trauer seinem Kampf um die Rechte seines Volkes neue Kraft.

Wir trafen uns, kurz bevor er nach Nigeria zurückkehrte. Aus meiner eigenen Erfahrung in diesem Land kannte ich die kompromißlose Härte des dortigen politischen Lebens. Ken war kein junger Mann mehr, und sein Gesundheitszustand war nicht der beste (auch er litt unter Herzbeschwerden). Als wir uns verabschiedeten, nahm ich seine Hand und sagte: «Passen Sie gut auf sich auf, Ken, okay?» Und er lachte – sein trockenes, fröhliches Lachen – und erwiderte: «Oh, ich werde besonders aufpassen, keine Sorge.» Aber ich wußte es besser.

Das Überleben einer ganzen Reihe von nigerianischen Militärregierungen gründete in den riesigen Einnahmen aus der Erdölförderung, und auch die Militärführer selbst haben regelmäßig von ihnen profitiert und millionenweise Dollars gescheffelt. Jede Bewegung, die diesen Zustrom an Geld bedrohte, mußte zum Schweigen gebracht, mußte vernichtet werden. Spätestens mit der Machtübernahme Abachas und seiner schamlos geldgierigen Junta befand Ken sich offensichtlich in Gefahr. Dennoch kehrte er nach Nigeria zurück, um seine Protestaktionen fortzusetzen. Sie erfolgten jetzt in einem Land, das bedrohlicher war, als ich es gekannt hatte – in dem Vergewaltigungen, Morde und Brandschatzungen ganzer Dörfer als gezielte Politik eines staatlichen Terrors betrieben wurden. Bislang sind dabei rund 2000 Ogoni zu Tode gekommen.

Im Mai letzten Jahres befand Ken sich auf dem Weg zu einer Kundgebung in einer Ogonistadt, wurde jedoch an einer militärischen Straßensperre angehalten und zurückgeschickt. Die Kundgebung fand statt, es kam zu Tumulten, und in dem allgemeinen Durcheinander wurden vier Ogoni-Führer – in denen man Sympathisanten der Militärs vermutet hatte – getötet.

Ken wurde verhaftet und gemeinsam mit 15 anderen wegen Anstiftung zum Mord unter Anklage gestellt. Die Tatsache, daß er sich zur Tatzeit etliche Kilometer entfernt in einem Auto befunden hatte, das sich vom Tatort wegbewegte, änderte nichts. Man sperrte ihn über ein Jahr lang ins Gefängnis und machte ihm dann vor einem eigens einberufenen Gericht den Prozeß. Eine Berufung war nicht zulässig. Dieses «Gerichtsverfahren» wurde international als Farce verurteilt. Es war ein Schauprozeß vor einem Femegericht, dessen einzige Aufgabe darin bestand, den von der Regierung erwarteten Schuldspruch zu liefern.

Am Donnerstag, dem 2. November, wurden Ken und acht Mitangeklagte für schuldig befunden und zum Tod verurteilt. Mit einem Schlag erkannte die Welt die wahre Natur des brutalen Regimes in Nigeria.

Die Entwicklung der Dinge ließ nichts Gutes ahnen. Da ich jedoch instinktiv einer schlimmen Situation das Beste abgewinnen wollte, hoffte ich, der starke Widerhall, den Kens Fall in den internationalen Medien ausgelöst hatte, sowie das zeitliche Zusammentreffen des Urteils mit der Konferenz der Commonwealth-Länder in Neuseeland (eine alle zwei Jahre stattfindende Zusammenkunft der Regierungschefs der früher zum britischen Empire gehörenden Länder) werde verhindern, daß das Schlimmste wirktlich eintrat. Zweifellos, so nahm ich an, würden die in Auckland versammelten Staatsoberhäupter nicht zulassen, daß eines ihrer Mitglieder ihre eigenen Menschenrechtsgrundsätze so offensichtlich mit Füßen trat. General Abacha wagte es jedoch nicht, sein finsteres Land zu verlassen, und ließ sich von seinem Außenminister vertreten.

Die Anwesenheit Nelson Mandelas auf der Konferenz war besonders ermutigend, nicht nur für mich, sondern auch für alle die Menschen, die in den letzten Monaten für die Freilassung Kens gekämpft hatten. (Wir waren ein lockerer Zusammenschluß, dem der internationale PEN-Club, die Ogoni-Foundation, amnesty international, Greenpeace und andere Gruppen angehörten.) Wenn es überhaupt etwas gab, das die nigerianische Führung zum Überdenken ihrer Haltung bewegen konnte, dann war es nach unserer Meinung die moralische Autorität Nelson Mandelas. Wir waren jedoch bestürzt und verwirrt, als Mandela kaum mehr unternahm, als uns immer wieder zu beschwören, geduldig zu bleiben, weil das Problem durch eine zurückhaltende, stille Diplomatie am besten gelöst würde.

Ungeachtet Mandelas Rats wurden die nigerianischen Militärs in den Medien laut und vernehmlich verurteilt. Als Antwort ließ Abachas Junta Filmaufnahmen vom Prozeß gegen Ken veröffentlichen, mit denen die Rechtmäßigkeit des «Gerichtsverfahrens» gegen Ken belegt werden sollte. Man sah eine Reihe von Gefangenen, schweigend, mit abgespannten Gesichtern und gesenkten Köpfen vor drei untersetzten, mit Bändern und Orden behängten Offizieren, die sich gegenseitig irgendwelche Formulare zureichten. Im Hintergrund schritt ein Soldat auf und ab. Dann wandte Ken sich an das Gericht. Seine Stimme klang kraftvoll: Er war in respekteinflößender Weise herausfordernd und machte einen furchtlosen, zutiefst von der Gerechtigkeit seiner Sache überzeugten Eindruck.

Diese Bilder spotteten all unseren Überzeugungen und bestürzten zutiefst. Wenn Abacha glaubte, diese Vorführung werde sein Tribunal legitim erscheinen lassen, dann mußte die Naivität oder blinde Ignoranz, die daraus sprach, schon bodenlos sein. Zugleich ließen diese Bilder aber auch eine besorgniserregende Warnung anklingen: Jemand, der in der Lage war, sich selbst in dieser Weise zu schaden, ging es mir durch den Kopf, mußte allen Vernunftgründen unzugänglich sein. Die Weltmeinung, die internationale Empörung, alle Gnadenappelle erschienen mir plötzlich sinnlos. Abacha hatte sich in eine ausweglose Lage manövriert. Für ihn schien es nur noch darum zu gehen, sein Gesicht zu wahren, groß aufzutrumpfen, eine Art kriegerischen Stolz zu behaupten. In dieser Nacht konnte ich kaum schlafen.

Am folgenden Tag, dem 10. November, erhielt ich kurz nach dem Mittagessen einen Anruf des Writers in Prison Committee des internationalen PEN-Clubs. Man teilte mir mit, ein Informant in Port Harcourt habe gesehen, wie die Gefangenen am frühen Morgen dieses Tages in Fußketten vor dem Gefängnis ankamen. Anschließend seien die mit der Hinrichtung Beauftragten erschienen und wieder weggeschickt worden, weil – es war ein Augenblick der grausigsten, finstersten Farce – ihre Papiere nicht in Ordnung waren. Der Informant war sich jedoch «150 Prozent sicher», daß die Hinrichtungen schließlich vollzogen wurden. Einige Stunden später wurde die Richtigkeit dieser Information vom nigerianischen Militär bestätigt.

Also war Ken jetzt tot, zusammen mit acht Mitangeklagten: gehängt in einer Massenhinrichtung, während die Commonwealth-Konferenz gerade erst angefangen hatte.

Ich bin erbittert, und ich bin unendlich traurig. Ken Saro-Wiwa, der mutigste Mensch, den ich gekannt habe, ist nicht mehr. Von Zeit zu Zeit war es Ken gelungen, einen Brief aus dem Gefängnis zu schmuggeln. Einer der letzten Briefe, die ich erhielt, endete mit diesen Worten: «Ich bin guter Dinge... Es besteht kein Zweifel, daß meine Idee sich mit der Zeit durchsetzen wird, aber ich muß den Schmerz des Augenblicks ertragen... Das Wichtigste für mich ist, daß ich meine Talente als Schriftsteller dazu genutzt habe, das Volk der Ogoni zu befähigen, sich gegen seine Peiniger zu stellen. Ich war nicht in der Lage, es als Politiker oder als Geschäftsmann zu tun. Mit meiner Schriftstellerei habe ich es fertiggebracht. Und das gibt mir natürlich ein gutes Gefühl! Ich bin innerlich auf das Schlimmste gefaßt, hoffe jedoch das Beste. Ich glaube, den moralischen Sieg habe ich errungen.» Das haben Sie, Ken. Ruhen Sie in Frieden.

William Boyd
London
November 1995

Zuerst erschienen in *The New Yorker* vom 27. November 1995.

FLAMMEN DER HÖLLE

*Nigeria und Shell:
Der schmutzige Krieg gegen die Ogoni*

VORWORT

Ich hatte den ersten Entwurf zu diesem Buch beendet, als am 21. Mai 1994 zwei der Männer, von denen noch viel die Rede sein wird, Albert Badey und Häuptling Edward Kobani, zusammen mit zwei weiteren prominenten Ogoni in Giokoo in Ogoni auf grausame Weise umgebracht wurden. Dieses entsetzliche und traurige Ereignis hat meine ursprüngliche Geschichte etwas verändert, ohne daß ich sie in wesentlichen Aspekten umgeschrieben hätte. Mein Beileid gilt den trauernden Hinterbliebenen.

Es wird meine Leser nicht überraschen, wenn sie erfahren, daß die Bewegung für das Überleben der Ogoni (Movement for the Survival of the Ogoni People – MOSOP) des Verbrechens beschuldigt wurde, bei dem meiner Vermutung nach die nigerianischen Sicherheitsbehörden die Hand im Spiel hatten. Ich und die übrige Führung der MOSOP wurden sogleich verhaftet, und seitdem befinde ich mich in Fußschellen in einem geheimen Militärlager außerhalb von Port Harcourt, wo man mich in Isolierhaft gehalten und physischen und psychischen Folterungen ausgesetzt hat.

Die zehn Monate vom 22. Juli 1993, als die in diesem Buch erzählten Vorfälle ihr Ende finden, bis zum 22. Mai 1994, als ich erneut verhaftet und festgehalten wurde, waren für das Volk der Ogoni eine sehr schwere Zeit, und mit den Ereignissen dieser Monate hätte ich noch viele weitere Seiten dieses Buchs füllen können. Da ich jedoch nicht sicher sein kann, was die nächste Zukunft für mich bringen wird, habe ich es für klüger gehalten, dafür zu sorgen, daß mein ursprünglicher Entwurf gedruckt wird, und habe ihn deshalb in meine Haftzelle geschmuggelt und unter äußerst schwierigen Bedingungen korrigiert und umgeschrieben. Das mag seine Qualität etwas beeinträchtigen, dürfte jedoch an seinem Inhalt nichts Wesentliches ändern.

In der folgenden Erzählung habe ich einiges weggelassen, was mit Ogoni, dem Volk der Ogoni und mit mir selbst zusammenhängt, weil ich darüber bereits in anderen Büchern geschrieben habe: *On a Dark-*

ling Plain: An Account of the Nigerian Civil War (London 1989) und *Genocide in Nigeria: The Ogoni Tragedy* (London 1992). Leser, die gern Näheres über die Verhältnisse in Nigeria wissen möchten, um der Geschichte mehr abgewinnen zu können, möchte ich auf die genannten und die anderen Bücher, die ich geschrieben habe, verweisen. Das vorliegende Werk ist jedoch auch ohne diese zusätzlichen Informationen verständlich.

Ich sollte hinzufügen, daß ich den Begriff «Ogoni» verwende und nicht «Ogoniland», der in letzter Zeit zunehmend gebraucht wird, weil für die Ogoni das Land und das Volk ein und dasselbe sind und weil dieser Sachverhalt in unseren Lokalsprachen auch so zum Ausdruck gebracht wird. Auf diese Weise wird meiner Meinung nach die enge Beziehung hervorgehoben, die zwischen den Ogoni und ihrer Umgebung besteht.

Ken Saro-Wiwa
Port Harcourt
Juli 1994

ERSTES KAPITEL

Plötzlich kam mein Wagen mit quietschenden Reifen zum Stehen. Überrascht schaute ich auf. Vor mir stand ein bewaffneter Sicherheitspolizist, der den Wagen angehalten hatte, und richtete sein Gewehr auf den Kopf meines Fahrers. Dann stürzten sich ebenso plötzlich weitere Sicherheitsbeamte in Zivil auf die hintere Wagentür, rissen sie auf und forderten mich auf, herauszukommen. Ich weigerte mich. Ihr Ton wurde schroffer, und ich blieb ebenso unnachgiebig. Ein Vorgesetzter, den ich gut kannte, befahl zwei Männern, sich auf den freien Beifahrersitz zu setzen. Sie gehorchten. Dann befahlen sie meinem Fahrer, den Wagen zu wenden. Er gehorchte. Der Vorgesetzte hatte seinen eigenen Wagen gewendet und befahl meinem Fahrer, ihm zu folgen. Hinter uns fuhr ein weiterer Wagen, von dem ich wußte, daß es ein Sicherheitsfahrzeug, gerammelt voll mit Sicherheitsbeamten war. Im Konvoi fuhren wir davon.

Es war der 21. Juni 1993. Wir befanden uns an einer Kreuzung in Port Harcourt, an dem belebten UTC-Verkehrsknoten der ebenso belebten Schnellstraße, welche Port Harcourt mit der Stadt Aba im Norden verbindet. Das Drama spielte sich vor den Augen zahlreicher Verkehrsteilnehmer ab, und ich stellte mir vor, daß viele von ihnen vermuteten, daß man mich verhaftet habe. Ich selbst war auf keine Vermutungen angewiesen. Schließlich war es meine vierte Verhaftung innerhalb von drei Monaten.

Während wir uns dem Port Harbour Club Sports Ground näherten, bestand für mich kein Zweifel, wohin die Fahrt gehen sollte: zu den heruntergekommenen Amtsräumen des Staatssicherheitsdienstes (State Security Service – SSS), wo ich bereits ein alter Kunde war, wie man in Nigeria zu sagen pflegt. Ich mußte unwillkürlich schmunzeln.

Als wir auf das von einer Mauer umgebene Gelände des gefürchteten SSS gefahren waren, verließ ich meinen Wagen und wies meinen Fahrer an, in mein Büro zurückzufahren und alle davon zu unterrichten, daß ich verhaftet war. Die Sicherheitsbeamten hinderten ihn nicht am Wegfahren. Sie hatten Wichtigeres im Kopf.

Mit einemmal herrschte ein geschäftiges Treiben, ein ständiges Rauf und Runter der Ranghöchsten meiner Häscher auf den ausgetretenen Treppenstufen, und niemand schien sich mehr darum zu kümmern, was ich mit mir anfing. Bei früheren Gelegenheiten hatte ich mich mit den jüngeren Sicherheitsbeamten gefrotzelt. Diesmal hatte ich jedoch das Gefühl, daß die Sache ernster war und daß es nicht viel zu frotzeln gab. Es herrschte ein ungemütlicher Luftzug in den Gängen des Gebäudes, früher einmal ein schönes Anwesen inmitten eines kurzgeschnittenen Rasens, inzwischen jedoch völlig verwahrlost und regelrecht verkommen. Nach einer kleinen Weile kehrte der Beamte, der die Treppe nach oben gegangen war, wieder zurück und hielt ein Formular in der Hand. Ich wurde zum Rücksitz eines der wartenden Wagen beordert und mußte zwischen zwei wortkargen und grimmig dreinblickenden Sicherheitsbeamten Platz nehmen. Dann verließen wir das Gelände des SSS wieder.

In zehn Minuten waren wir an der Hauptwache angelangt, einem Ort, der mir nicht ganz unbekannt war. Hier hatte sich ursprünglich die Landeszentrale der nigerianischen Polizei befunden, doch nachdem diese in neugebaute Amtsräume umgezogen war, hatte der Staatliche Geheimdienst (State Intelligence and Investigation Bureau – SIIB) das Gebäude übernommen. Es befand sich wie alle öffentlichen Gebäude Nigerias in einem baufälligen Zustand. Überall auf dem Rasen waren Autos in allen Farben und Erhaltungszuständen abgestellt. Manche schienen seit ewigen Zeiten hier zu stehen und darauf zu warten, als Beweisstücke in Prozessen herangezogen zu werden, die nie zur Verhandlung kamen.

Ich wurde in einen kleinen Raum geführt, der einigen Untersuchungsbeamten als Bürozimmer diente, und aufgefordert, auf einer Holzbank Platz zu nehmen. Dort saß ich, auf meiner Pfeife kauend, während einer der Untersuchungsbeamten, der gerade die Aussage eines Beschuldigten aufnahm, ungläubig zu mir herüberstarrte. Das Fernsehen hatte in letzter Zeit häufig über mich berichtet, und ich wurde ebenso wie viele andere, die dieses Pech haben, eher als Nachrichtenthema angesehen denn als ein menschliches Wesen aus Fleisch und Blut. Daß er mich hier leibhaftig in seinem Büro sitzen sah, löste bei meinem Freund ein nicht enden wollendes Staunen aus. Ich verstand seine Erregung und lächelte darüber.

Eine Viertelstunde später wurde mir ein Formular vorgelegt, und ich sollte eine Aussage über meine Aktivitäten am Wahltag, dem 12. Juni 1993, machen. Unter der Führung der Bewegung für das Überleben der Ogoni (MOSOP) hatten die Ogoni die Wahl boykottiert. Ich bat routinemäßig darum, mit meinem Anwalt Rücksprache halten zu dürfen, bevor ich eine schriftliche Aussage machte. Die Bitte wurde wie erwartet abgeschlagen. Ohne weitere Umstände zog ich meinen Kugelschreiber heraus und schrieb die verlangte Erklärung, wohl wissend, daß von ihr niemals Gebrauch gemacht würde. Darunter setzte ich mit einer schwungvollen Gebärde meinen Namen.

Eine hübsche junge Frau in höherem Polizeibeamtenrang trat bald darauf ein, um meine schriftliche Aussage zu prüfen. Sie las sie durch, schien zufrieden und bot mir dann einen Platz auf einem wackligen Holzstuhl in ihrem nebenan gelegenen Büro an, das mit Vorhängen ausgestattet war. Wie reizend von ihr, dachte ich. Sie verschwand mit der Aussage. Ich blieb mit meiner Pfeife allein. Ich stopfte sie, zündete sie an und machte einen tiefen Zug. Meine Gedanken schweiften umher wie ein Vogel im Flug.

Die junge Dame kehrte zurück und begann lächelnd eine Unterhaltung mit mir. Wir sprachen über Nigeria, über das Elend der Völker im Bundesstaat Rivers, vom Erdöl und dem Leiden, das es über die Menschen gebracht hat, in deren Boden es gefunden wird, von der sozialen Ungleichheit im Land, von der Unterdrückung und alldem. Sie gehörte zu den Izon, ein den Ogoni benachbartes Volk und die viertgrößte ethnische Gruppe von insgesamt rund 200 in ganz Nigeria; deren Mitglieder lebten im hauptsächlichen Erdölfördergebiet des Landes. Sie verstand durchaus alle Argumente, die ich vorbrachte, stimmte mit ihnen überein und empfand Mitgefühl für mich wegen der Qualen, die ich in den vergangenen Monaten erduldet hatte. Sie versicherte mir wie viele andere Geheimdienstleute, denen ich begegnet bin und noch begegnen werde, daß sie es nicht böse mit mir meine, sondern lediglich ihre Pflicht tue. Ich nahm ihre Beteuerungen freundlich auf.

Dieses Gespräch machte die Wartezeit erträglicher. Die Beamtin verließ den Raum bald darauf, und ihr Platz wurde von einem Mann in mittleren Jahren eingenommen, der sich als ihr Ehemann vorstellte. Er verwickelte mich in ein ähnliches Gespräch wie das vorherige. Auf diese Weise vergingen weitere 30 Minuten.

Jetzt betrat die Beamtin wieder den Raum und forderte mich auf, sie zum Hauptgebäude zu begleiten. Während wir den offenen Hof mit den vielen abgestellten Wagen überquerten, zwitscherte mir ein Vögelchen zu, ich solle zur Haft nach Lagos gebracht werden. Nichts, womit ich nicht gerechnet hätte. Ich begann, mich innerlich für alle Eventualitäten zu wappnen. Erst jetzt kam mir zu Bewußtsein, daß ich den ganzen Tag noch nichts gegessen hatte.

Wir gingen die dunklen, schmutzigen Treppen des Hauptgebäudes hinauf in den ersten Stock, und ich wurde einem weiteren höheren Polizeibeamten vorgeführt, der ein wallendes Baumwollgewand trug. Er bot mir einen Stuhl weit entfernt von seinem Schreibtisch an, und während ich dort saß, gab es in dem Zimmer ein ständiges Kommen und Gehen von weiteren Polizeibeamten, darunter auch der Mann, der bei meiner Festnahme auf der Schnellstraße eine führende Rolle gespielt hatte. Sie flüsterten verschwörerisch mit dem Vorgesetzten, und er flüsterte ihnen Befehle zu. Ich beobachtete sie mit amüsiertem Gesichtsausdruck. Hätte ich allerdings geahnt, was sie im Schilde führten, hätte ich es wohl nicht mehr amüsant gefunden.

Nach wie es schien endlosem Warten klärte mich der Beamte im Zimmer darüber auf, am Wahltag, dem 12. Juni, seien Polizisten gezwungen gewesen, Demonstranten in Ogoni mit Gewalt wegzutragen, und es sei zu Unruhen gekommen. Ich erwiderte, darüber wisse ich nichts, da ich am betreffenden Tag in Lagos gewesen sei, tausend Kilometer weit weg und nirgendwo in der Nähe von Ogoni. Das beeindruckte ihn nicht. Danach teilte er mir mit, ich sei verhaftet. Ich dankte ihm für diese Information.

Ein lang anhaltendes Schweigen folgte, während ich das Gesagte verdaute. Ich blickte mich in dem Zimmer um. Es war groß, ausreichend für einen breiten Schreibtisch, eine vollständige Garnitur Polstersessel und drei Aktenschränke. Der Mann am Schreibtisch war spindeldürr und hatte eine Adlernase, wie mir erst jetzt auffiel. Er wirkte wenig einnehmend, seinem Betragen fehlte jede Würde. Ich versuchte, mit ihm in ein Gespräch zu kommen, um die Zeit zu vertreiben.

«Woher kommen Sie?» fragte ich.

«Sokoto», erwiderte er.

Als hätte ich das nicht gewußt. Unten, im Parterre, saßen Männer und Frauen aus den Sklavenregionen des modernen Sklavenstaats namens Nigeria. Über ihnen saßen die einheimischen Kolonisatoren. Sie waren nicht unbedingt redegewandt und auch nicht besonders gebildet. Aber sie saßen an den Schalthebeln der Macht und waren sich dessen bewußt.

«Wie lange sind Sie schon in Rivers?» fragte ich weiter. Meine Gedanken waren ganz woanders.

«Ein Jahr.» Oder so ähnlich. Ich hörte nicht zu. Seine Antwort war mir nicht wichtig.

«Gefällt es Ihnen hier?»

«Ja.»

Was denn sonst?

«Ich nehme an, Sie schicken mich nach Lagos.»

«Wer hat Ihnen das gesagt?»

«Ein Vogel.»

«Was?»

«Der Wind.»

«Ich schicke Sie nicht nach Lagos.»

Lügner. Ich hätte ihm gern eins auf sein verlogenes Mundwerk gegeben. Ich zog meine Pfeife heraus, riß ein Streichholz an und zog. Der Rauch tanzte in die Luft und stieg nach oben an die Decke.

«Ich habe den ganzen Tag noch nichts gegessen», sagte ich.

Er holte eine Kolanuß aus den Falten seines Kaftans und bot mir eine Hälfte an. Ich lehnte höflich ab. Er biß in seine Hälfte und kaute vor sich hin. Ich blies weiteren Rauch in die Luft.

Mein Magen knurrte wie verrückt. «Ich muß etwas essen», sagte ich.

«Wir kümmern uns darum, daß Sie was zu essen bekommen», erwiderte er.

Er stand auf und verließ langsam das Zimmer, und sein wallender Umhang schleifte hinter ihm über den schmutzigen Fußboden. Und ich blieb meinen Gedanken überlassen. Das Unrecht geht im Land um wie ein Tiger auf Beutejagd. Hampelmännern auf Gnade und Ungnade ausgeliefert zu sein ist die schlimmste Beleidigung. Festzustellen, daß die Instrumente der staatlichen Macht einen zu Müll machen, ist die Kränkung.

Zwangsläufig kehrten meine Gedanken zu den Ereignissen dieses Nachmittags zurück. Ich befand mich in meinem Büro in der Aggrey Road 24 und diskutierte mit einer Gruppe junger Ogoni über die Ereignisse der Wahl, die von den Ogoni aufgrund eines gemeinsamen Beschlusses boykottiert worden war. Ich war während der Wahl nicht in Ogoni gewesen. Am 11. Juni befand ich mich auf dem Weg zur Menschenrechtskonferenz der Vereinten Nationen, die eine Woche später in Wien stattfinden sollte. Als ich auf dem internationalen Flughafen von Lagos meine Reiseformulare ausgefüllt hatte, nahm ein Sicherheitsbeamter meinen Reisepaß an sich – zum drittenmal in drei Monaten – und forderte mich auf, in einer Woche beim SSS vorzusprechen. Ich hatte mir also in Lagos die Beine in den Bauch gestanden und von dort aus die nigerianischen Präsidentschaftswahlen verfolgt. Jetzt erfuhr ich von den jungen Ogoni nähere Einzelheiten des Boykotts. Während unserer Diskussion informierte mich einer meiner Sicherheitsleute, ein Mann, in dem er einen Beamten des SSS vermutete, habe nach mir gefragt, und er habe ihm gesagt, ich sei nicht zu sprechen. Der Mann sei zwar weggegangen, halte sich jedoch zweifellos noch in der Nähe auf. Wahrscheinlich wartete er irgendwo da draußen, wie es ihre Gewohnheit war, bis mein Wagen vorfuhr. Dann würde er in mein Büro platzen. Ich dankte dem Wächter und hörte wieder meinen Besuchern zu.

Nach einer Weile kehrte mein Fahrer zurück, und wie der Wächter prophezeit hatte, spazierten fünf Männer hinter ihm herein, ohne sich die Mühe zu machen, vorher anzuklopfen. In einem von ihnen erkannte ich einen Sicherheitsagenten wieder. Sie trugen alle Zivil. Ich begrüßte den Mann, den ich kannte, vergnügt, und er lächelte. Wir kannten beide das ganze Theater, aus Erfahrung.

«Oga möchte Sie sehen, Sir», sagte er und meinte damit, sein Chef, der Leiter des SSS in unserem Bundesstaat, bestelle mich zu sich.

«Tut mir leid, ich habe keine Zeit», war meine Antwort.

«Aber, Sir ...»

«Sie wissen, daß ich eine höchstrichterliche Verfügung habe, die Sie daran hindert, in meine Grundrechte einzugreifen. Es ist nicht mehr so, wie es früher mal war. Bevor Sie mich also verhaften, müssen Sie mir erst den Haftbefehl zeigen. Sie können nicht einfach so in mein Büro hereinplatzen oder mir auf der Straße oder auf dem Flughafen die Hand auf die Schulter legen und erwarten, daß ich mit Ihnen komme. Haben Sie einen Haftbefehl?»

«Wir wollen Sie ja gar nicht verhaften. Wir laden Sie lediglich in unser Büro ein.»

«Um mit mir Tee zu trinken oder zu Mittag zu essen?»

«Kommen Sie einfach mit uns mit», bat ein kräftiger Schwarzer, den ich vorher nicht gesehen hatte. An ihm fiel mir sein prachtvolles Gebiß auf.

«Nein, tut mir leid, ich kann nicht mit Ihnen kommen.» Deutlicher ging's nicht.

Das Geplänkel zog sich noch eine Weile hin. Als sie schließlich merkten, daß nichts zu machen war, marschierten sie wieder aus meinem Büro hinaus. Die jungen Ogoni rieten mir, wegzugehen, aber ich wußte es besser, und wir setzten unsere Diskussion fort.

15 Minuten später kamen die Sicherheitsbeamten alle wieder herein und brachten einen Haftbefehl mit. Sie legten ihn mir vor. Ich las ihn und stellte fest, daß er von einer Mrs. Aguma, Friedensrichterin, unterzeichnet war. Darin wurde ausdrücklich festgestellt, die Sicherheitsbeamten hätten das Recht, meine Räumlichkeiten zu durchsuchen, und falls sie etwas Belastendes fänden, sei ich zu ihrem Gericht zu bringen. Daran klammerte ich mich und bot an, mit ihnen zu Mrs. Agumas Gericht zu fahren statt zum Büro des SSS.

Der Sicherheitsbeamte hatte den Haftbefehl nicht gelesen, jetzt nahm er ihn und las ihn vor meinen Augen. Dann steckte er ihn in die Tasche.

«Sie machen uns unsere Arbeit schwer», sagte einer von ihnen. «Kommen Sie doch einfach mit uns ins Büro. Es ist nichts dabei.»

«Ich habe eine gerichtliche Verfügung. Aber wenn Sie wollen, komme ich später in Ihrem Büro vorbei, sagen wir um sechs Uhr. Nur aus Höflichkeit. Ich muß um zwei Uhr bei einem Treffen sein.» Ich sah auf meine Uhr. Es war bereits Viertel nach zwei. «Du lieber Gott, ich bin zu spät. Und ich hasse es, zu spät zu einem Treffen zu kommen!»

«In Ordnung, Sir», sagte einer von ihnen. «Wir gehen.» Und sie gingen hinaus.

Ich räumte meinen Schreibtisch auf, ließ meine Aktentasche auf dem Tisch und ging nach unten zu meinem Wagen. Als ich die Wagentür öffnete, fuhr ein Polizeibus voll mit Polizisten an der Bushaltestelle vor meinem Büro vor. Die Tatsache, daß der Bus gegen die normale Verkehrsrichtung fuhr, neu war und nicht die üblichen Kennzeichen der nigerianischen Polizei trug, machte mich mißtrauisch.

Mein Büro in Port Harcourt liegt an der belebten Aggrey Road im Zentrum der alten Stadt, die von der Kolonialregierung sehr schön angelegt war, bevor das nigerianische Militär kam und sie mit seiner Schlampigkeit und Inkompetenz ruinierte. Niemand hat der Altstadt mehr Schaden zugefügt als Gouverneur Diete-Spiff, ein Marineoffizier, der 1967 von der Regierung Gowons in dieses Amt berufen wurde, nachdem im selben Jahr der Bundesstaat Rivers geschaffen worden war. Er machte sich daran, aus jedem offenen Platz, den die ursprünglichen Stadtplaner geschaffen hatten, eine Baustelle zu machen. Und nachdem im Lauf der Zeit die verschiedenen Gouverneure des Bundesstaates damit aufgehört hatten, den Müll abfahren oder die Straßen reinigen zu lassen, war das alte Port Harcourt zu einem von vielen weiteren Slums geworden. Da mein Büro auf die Aggrey Road ging, mußte ich nicht den ganzen Tag auf die verslumte Stadt blicken. Vor meinem Büro befand sich eine Bushaltestelle, und so wurde ich immer wieder durch das bunte Leben auf der Straße unterhalten, wenn ich aus dem Fenster blickte oder mein Büro betrat oder verließ.

Doch an diesem Nachmittag war mir nicht nach Amusement zumute. Diesmal unterhielten sich die Leute über mich. Deshalb war ich ganz froh, von meinem Büro wegfahren zu können. Es hatten sich zahlreiche junge Ogoni eingefunden, die mich von den Sicherheitsagenten abschirmen wollten. Einige von ihnen wollten in meinen Wagen einsteigen, für alle Fälle. Aber ich sagte ihnen, ich brauchte keine Gesellschaft. Auf dem Beifahrersitz saß ein Anwalt, aber nur, weil ich ihn ein Stück mitnehmen wollte. Als wir zu seiner Kanzlei kamen, ließ ich ihn aussteigen und machte mich allein auf den Weg zum Treffpunkt mit den Ogoni-Ältesten. Sie waren durch den Wahlboykott stark getroffen, leckten ihre Wunden und drohten allen mit Hölle und Verdammnis, die sich nicht auf ihre Seite schlugen. Ich hatte gehofft, die Zusammenkunft könnte dazu beitragen, ihre Sorgen und Befürchtungen zu lindern. Ich hatte mir vorgestellt, daß die Versammlung drei bis vier Stunden dauern werde und daß ich mich danach gegen sechs Uhr abends beim SSS melden würde. Was ich nicht wußte – aber eigentlich hätte wissen können – war, daß die Sicherheitsbeamten keineswegs vorhatten, mich in Ruhe zu lassen. Ich hätte mir allerdings nicht träumen lassen, daß sie mir auf einer verkehrsreichen Hauptstraße um 14.45 Uhr auflauern könnten. Und daß ich um 18.30 der Gast eines nervösen, unaufrichtigen Vizechefs der Polizei sein würde.

Mein Gastgeber kam bald in sein Büro zurück, und diesmal wirkte er ziemlich durcheinander. Er nahm ein Sprechfunkgerät in die Hand und legte es wieder hin, rief sein Faktotum, verlangte ein anderes Funkgerät, konnte damit ebensowenig umgehen, setzte sich in seinen Sessel, blickte aus dem Fenster, ging zurück zur Tür, trat auf den Gang hinaus, kehrte wieder zurück zu seinem Sessel und kaute angelegentlich auf seiner Kolanuß.

An diesem Punkt erschien der junge Barry Kumbe von Ledum Mitees Anwaltskanzlei, meinen Anwälten, und verlangte den Polizei-Vize zu sprechen. Dieser lehnte das Ersuchen ab. Ich bat ihn dringend, mit Barry sprechen zu dürfen. Er erlaubte es nicht. Ich sagte, ich wolle zumindest, daß jemand meine Angehörigen darüber informierte, wo ich mich aufhielt, und möglicherweise etwas zu essen für mich besorgte. Mein Aufpasser blieb unnachgiebig. Ich bat darum, auf die Toilette gehen zu dürfen. Gesuch bewilligt.

Auf meinem Rückweg vom stillen Örtchen, das alles andere als saubergehalten war, paßte Barry Kumbe mich ab. Ich sagte ihm, ich sei überzeugt, daß man mich nach Lagos bringen werde, und bat ihn, alle nötigen Schritte für meine Verteidigung vor Gericht in die Wege zu leiten, sofern das überhaupt irgend etwas helfen sollte.

Ich sprach immer noch mit Barry, als mein Aufpasser kam und ihm befahl, das Haus zu verlassen. Ich ging in sein Büro zurück.

Der Abend brach bereits herein, und mein Magen knurrte entsetzlich.

«Haben Sie wirklich etwas wegen meines Essens unternommen?» fragte ich.

Er wurde ziemlich ungehalten. «Keine Angst», sagte er, «wir kennen unseren Job.» Damit wollte er sagen, daß ich versucht hatte, ihm gute Ratschläge in seinem Beruf zu erteilen, in den offiziellen Kreisen Nigerias ein Fauxpas, der mit ausgesuchter Boshaftigkeit geahndet wird.

Ich beobachtete ihn, wie er auf seiner Kolanuß kaute. Um den Zorn niederzuhalten, der in mir aufstieg, nahm ich zu meiner Pfeife Zuflucht. In dem Raum war ein ständiges Kommen und Gehen von Polizeibeamten, die mit ihrem Vorgesetzten wie schon zuvor in einem leisen, konspirativen Ton sprachen. Langsam verging Minute um Minute. Ich fragte mich, was mir wohl bevorstand.

Gegen acht Uhr ließ sich mein Bruder Owens, er ist Arzt, melden. Diesmal hatte mein Aufpasser keine Bedenken, ihn einzulassen. Danach ging er hinaus und erlaubte damit, daß wir uns ungestört unterhielten. Nigerianische Polizisten haben etwas gegen Anwälte, aber nichts gegen Ärzte. Wieder was gelernt.

Owens und ich haben beide am 14. Oktober Geburtstag, liegen jedoch 14 Jahre auseinander. Er war früher immer ausgesprochen unpolitisch gewesen und schien sich nur um seine eigenen Angelegenheiten zu kümmern. Nach seinem Examen an der medizinischen Fakultät der Universität Calabar arbeitete er für kurze Zeit im Gesundheitsministerium von Rivers, und als ihm diese Tätigkeit zu eingeschränkt erschien, eröffnete er eine Klinik in Bori, dem Hauptort der Ogoni. Ohne elektrischen Strom, Telefonanschluß oder eine Wasserleitung war Bori nichts, worüber er etwas nach Hause hätte schreiben können, und Owen hatte es irgendwann satt. Die Praxis brachte ihm keine Befriedigung. Das Elend ringsumher war fast nicht zu ertragen. Und ich vermute, daß es das war, was aus ihm einen unermüdlichen politischen Aktivisten gemacht hat.

Als wir die Bewegung für das Überleben der Ogoni ins Leben riefen, brauchte er einige Zeit, um herauszufinden, was er von der Organisation zu halten hatte. Doch bis zum 4. Januar 1993, als wir einen Mammutprotestmarsch veranstalteten, an dem rund 300 000 Menschen teilnahmen, ein Signal für den Beginn des gewaltlosen Widerstands gegen unsere Herabwürdigung als Volk, war er zu einem wesentlichen Faktor in der Bewegung geworden. Am Tag des Marschs war er einer der wenigen anwesenden Ärzte, und der Rettungswagen, der zu seiner Klinik gehörte, war das einzige verfügbare Fahrzeug für eventuelle Notfälle.

Er betrat den Raum mit einem Bündel Banknoten, einer Zahnbürste und Zahnpasta und einigen Medikamenten. Sehr umsichtig von ihm, dachte ich dankbar.

«Als ich die Treppe hinaufging, gab mir jemand von der Anmeldung den Rat, dir so viel Medikamente mitzugeben, daß sie für eine lange Zeit reichen.»

Wir mußten beide lachen.

«Ich habe mitbekommen, daß ich nach Lagos gebracht werde. Heute abend geht kein Flugzeug. Dann wird es wahrscheinlich morgen sein. Bis jetzt habe ich den ganzen Tag noch nichts gegessen. Kannst du mir vielleicht etwas aus meiner Wohnung hierherbringen?»

«Ich habe unterwegs etwas zu essen für dich eingekauft.» Und er packte das Mitgebrachte aus.

Es war ungenießbar. Vielleicht war es nicht einmal so schlecht. Aber ich habe nun einmal eine Vorliebe für selbstgekochtes Essen. Dieses ganze massenproduzierte Zeug hat mich noch nie begeistert. Und was Nigeria angeht, so habe ich meine Zweifel an den hygienischen Verhältnissen in den Küchen der Imbißbuden und am Niveau der Qualitätskontrolle des Essens. Eine solche Kontrolle gibt es in Wirklichkeit auch gar nicht.

Mein Bruder ging bald wieder, und ich wartete ungeduldig auf seine Rückkehr. Daß ich ihn für den Rest des Abends nicht wiedersehen würde, damit hatte ich allerdings nicht gerechnet.

Eine kleine Weile nachdem mein Bruder gegangen war, kam der Polizei-Vize zurück und winkte mir, ihm zu folgen. Das versprochene Essen sei da. Wir gingen durch den schwach erleuchteten Gang und die kurze Treppe zum Erdgeschoß hinunter. Dort wartete ein Wagen, mit dem ich einen Monat und einen Tag lang gute Bekanntschaft schließen sollte, ein Peugeot-Kleinbus J 5.

Ich wurde in den Bus gewinkt. Während ich einstieg, bedeutete mir ein Mann im Straßenanzug, meine Pfeife auszumachen. Ich steckte sie sogleich weg. Ein zweiter Polizeibeamter in einem Kaftan und Hosen, wie die Yoruba sie tragen, nahm meine Streichhölzer an sich. Mein Magen brüllte.

Im Wagen befanden sich mehrere große Plastikkanister mit Benzin, da gerade eine allgemeine Treibstoffknappheit im Land herrschte.

Der ganze Bus stank nach Benzin, und ich glaubte, ich müsse mich jeden Augenblick übergeben. Ich sprach mir Mut zu. Der bloße Gedanke, in diesem Wagen nach Lagos zu fahren, reichte aus, mich aus der Fassung zu bringen. Ich war seit 25 Jahren nicht mehr in einem solchen Gefährt gereist, und nach Lagos hatte ich seit mindestens 20 Jahren sowieso nicht mehr die Straße genommen. Hinter mir stiegen acht bewaffnete Polizeibeamte in den Bus. Auf dem Vordersitz saß der Mann im Straßenanzug sowie ein zweiter, in dem ich einen höheren Polizeibeamten vermutete. Der Mann im Kaftan saß neben mir auf einem der Polstersitze. Ich bemerkte, daß vor dem Bus noch ein Kleinlaster stand, der ebenfalls voll von bewaffneten Polizisten war. Und um die Fahrzeuge herum standen Polizisten in voller Bereitschaftsmontur. Innerhalb weniger Minuten hatten wir das Polizeigelände verlassen.

Wir kamen durch die Aggrey Road und fuhren an meinem Büro vorbei. Ich konnte sehen, daß sich davor eine kleine Menschenmenge versammelt hatte, die ängstlich dreinblickte. Ich sah auf meine Uhr. Es war halb elf. Wenn wir nach Lagos fuhren, dachte ich, würden wir die ganze Nacht über fahren müssen und am nächsten Morgen gegen zehn Uhr dort sein. Mein Herz schlug wie rasend. Warum, fragte ich mich, hatte die Polizei wohl ein Interesse daran, mich solchen Schikanen auszusetzen?

Der Bus fuhr durch das Zentrum von Port Harcourt, auf der Schnellstraße Port Harcourt–Aba in Richtung des Rumuokwuta-Verkehrsknotens. Auf der normalerweise stark befahrenen Straße war es bis auf vereinzelte Fahrzeuge ganz ruhig. Nachdem wir Port Harcourt verlassen hatten, verschwanden die Lichter der Häuser aus dem Blickfeld, und man sah nur noch die Büsche an der Straße im Scheinwerferlicht unseres Wagens, während wir vorbeifuhren.

Der Mann im Straßenanzug nahm mir viel von meiner Anspannung, als er plötzlich sagte: «Mr. Saro-Wiwa, ich habe schon viel von Ihnen gehört. Ich habe zahlreiche Zeitungsartikel von Ihnen gelesen. Aber vor allem gingen Ihre und meine Frau in den siebziger Jahren zusammen auf das Imaguero College in Benin.»

«Ist das wahr?» rief ich aus. «Wie klein ist doch die Welt! Und wie heißen Sie?»

«Machen Sie sich darüber keine Gedanken.»

«Wohin fahren wir?»

«Machen Sie sich keine Gedanken. Wenn wir dort sind, werden Sie es wissen.»

«Warum müssen wir während der Nacht fahren? Bin ich sicher?»

«Keine Sorge. Wenigstens wissen Sie, daß Sie in den Händen der Polizei sind. Sie sind sicher.»

Was für ein Trost. Die Hände der Polizei bieten Sicherheit und Schutz? Der nigerianischen Polizei? Waren das nicht die Leute, die an Kontrollpunkten Menschen erschossen? Kommen in ihren Haftzellen nicht regelmäßig Beschuldigte zu Tode? Welchen Schutz konnte die Polizei vor einem Motorschaden bieten? Was war, wenn bewaffnete Wegelagerer dem Konvoi auflauerten und wenn es eine Schießerei gab? Mir gingen tausend ungemütliche Gedanken durch den Kopf.

In meiner Hand hielt ich lediglich meine schwarze Hängetasche, vollgestopft mit meinem Tabak, Tagebuch, Adreßbuch, Taschenrechner, einer Papierschere und einem Kuli. Außerdem hatte ich die 2000 Naira, die mein umsichtiger Bruder Owens mir auf der Polizeiwache gegeben hatte. Eigentlich hatte er mir zunächst 5000 angeboten, ich wollte aber nur 2000 annehmen. Ich war der Meinung, so viel bräuchte ich nicht, und in meiner Tasche wäre ohnehin nicht genug Platz gewesen für ein dickes Bündel Geldscheine. Beim Gedanken an einen bewaffneten Überfall faßte ich unwillkürlich meine Tasche fester. In mir blitzte der Gedanke auf, die Polizisten, die mit mir im Bus saßen, könnten über mich herfallen und mir das Geld wegnehmen. Ich ließ ihn schnell wieder fallen.

Der Bus rollte durch die Nacht auf der schmalen Teermakadamstraße, die nach Warri im Westen führte. Während der kurzen Unterhaltung, die ich mit dem Mann im Straßenanzug führte, erfuhr ich, daß er an der Universität Ibadan Vorlesungen in Geschichte und an der Universität Lagos Juravorlesungen gehört hatte. Er war demnach kein gewöhnlicher Polizeibeamter. Irgendwie fühlte ich mich etwas erleichterter, nachdem ich wußte, daß ich mich in den Händen eines Mannes befand, der über eine gewisse Bildung verfügte.

Während der ganzen Fahrt tat ich kein Auge zu. Ich kannte die Straße nach Warri zur Genüge, da ich erst im April dieselbe Strecke gefahren war, als ich vor dem Nationalen Verband der Itsekiri-Studenten einen Vortrag halten sollte.

Bei dieser Gelegenheit hatte ich den Komfort meines neuen Wagens mit Klimaanlage genossen. Die Straße durch das Izonland war holprig, und entsprechend anstrengend war die Fahrt. Bei meiner Ankunft in Warri war ich sogleich von 20 Polizeibeamten in Empfang genommen worden, die den Befehl hatten, mich sofort festzunehmen. Das taten sie so schnell, daß ich nicht einmal Gelegenheit erhielt, den Studenten zu sagen, daß ich mich in Warri befand. Sie nahmen mich mit aufs Polizeirevier, durchsuchten mein Gepäck und befahlen mir, die Stadt zu verlassen.

Obendrein eskortierten sie mich auch noch aus dem Bundesstaat Delte, in dem Warri liegt, indem sie einen Polizeibeamten neben mich in meinen Wagen setzten, der verhindern sollte, daß ich ihnen entwischte, während ein Wagen voller Polizisten vorausfuhr. Sie verließen mich erst auf der anderen Seite des Nigers in meinem Heimatstaat Rivers und verabschiedeten sich mit einem Lächeln von mir. In den Händen der Polizei war ich ganz sicher gewesen. Jetzt, als wir uns gegen ein Uhr morgens Warri näherten, erinnerte ich mich an jenes Ereignis und an das Aufsehen, das es in der nigerianischen Presse erregt hatte.

Warri war so ruhig wie ein Friedhof, als wir dort ankamen. Wie ich ihrer anschließenden Unterhaltung entnahm, hatten meine Häscher anscheinend vorgehabt, die Fahrt vor einer der Polizeiwachen der Stadt zu unterbrechen, um sich ein wenig aufs Ohr zu legen. Am Ende konnten sie jedoch die gesuchte Wache nicht finden und mußten die Wagen vor einer Tankstelle parken.

Alle machten es sich für ein Nickerchen bequem außer mir. Ich mußte an meine Jugend zurückdenken und daran, daß ich in jenen tollen Tagen versucht gewesen wäre, aus dem Bus zu springen, einer der schlafenden Wachen das Gewehr abzunehmen und mir meinen Weg zu einer sicheren Zuflucht oder ins Abenteuer und den Tod freizuschießen. Ich dachte außerdem für einen kurzen Augenblick an meine Familie: Vater, Mutter, Brüder und Schwestern und was sie wohl empfinden würden. Ich dachte an meine Kinder: an den Jungen, der krank in meinem Haus in Port Harcourt lag, und an den anderen, den adretten jungen Mann von 14 Jahren, der auf eine der ersten Schulen Englands, das Eton College, gegangen war und den ich erst im März in Eton Wick begraben hatte.

Doch vor allem dachte ich an die Ogoni und die Leiden, die sie seit über einem Jahrhundert erdulden mußten, und ich war fest entschlossen, etwas gegen diese Leiden zu unternehmen, solange ich lebte. Ich dachte an den unerhörten Mut, den sie in den vergangenen sechs Monaten bewiesen hatten, als ich begonnen hatte, bestimmte Dinge zur Sprache zu bringen und jene Fragen zu stellen, vor denen anscheinend alle lieber die Augen verschließen wollten. Ich fragte mich, was sie unternehmen würden, nachdem sie offenbar von meiner Verhaftung erfahren hatten.

Sie hatten überhaupt keine Erfahrung mit politischer Betätigung und den Gefahren, die damit verbunden waren. Ich hatte sie auf einen beschwerlichen Weg mitgenommen, und obwohl ich sie in öffentlichen Reden und persönlichen Gesprächen darauf vorbereitet hatte, war ich nicht ganz sicher, wie sie auf bestimmte Lagen reagieren würden. Einige von ihnen wußten von Yoruba-Aktivisten, was es heißt, in einem nigerianischen Gefängnis zu sein. Aber von ihresgleichen hatte niemand so etwas Entsetzliches je mitgemacht. Wie Schlafwandler waren sie ihrer Ausrottung entgegengegangen, ohne ein Bewußtsein davon, was der innere Kolonialismus ihnen angetan hatte und immer noch antat. Mir war die Rolle zugefallen, sie aus dem jahrhundertelangen Schlaf zu wecken, und ich hatte diese Verantwortung voll übernommen. Würden sie in der Lage sein, sich den Härten des Kampfes zu stellen?

Ich sollte später erfahren, daß junge Ogoni weit mehr Solidarität, weit mehr Mut gezeigt hatten, als ich ihnen zugetraut hätte. Ohne zu wissen, was mit mir geschehen war, waren sie in einer Menge von vielleicht 500 oder mehr zu den Amtsräumen des SSS marschiert und hatten jede einzelne Tür geöffnet, um mich möglicherweise dort aufzuspüren. Und als sie mich dort nicht fanden, waren sie zur Polizeihauptwache in Port Harcourt gegangen, wo sie sich eine Schlacht mit der Bereitschaftspolizei lieferten. Sie hoben die von der Polizei abgeschossenen Tränengaspatronen vom Boden auf, bevor diese explodiert waren, und warfen sie zurück zwischen ihre Peiniger. Sie rissen einen Teil der Ziegelmauer ein, mit der die Polizeiwache von der übrigen Stadt abgeschirmt war. Und fast die ganze Nacht hindurch entzündeten sie entlang der Aggrey Road Feuer, um die Polizei mit ihrer Brutalität auf Distanz zu halten. Sie sorgten dafür, daß die Stadt Port

Harcourt ihren Protest gegen meine Verhaftung vernahm. Und niemand konnte sie aufhalten. Mein Bruder Owens, der versuchte, sie zu beruhigen, wurde offen beschuldigt, er sei von der Polizei bestochen worden, so daß er gezwungen war, sie sich selbst zu überlassen!

Inzwischen war es vier Uhr in der Frühe, meine Häscher hatten ihren Schlaf beendet, und wir setzten unsere Fahrt fort. Solange wir gestanden hatten, herrschte im Wagen ein stickiger Mief, doch jetzt strömte von draußen frische Luft herein, und ich fühlte mich erquickt und sogar ein wenig gekräftigt.

Wir fuhren schweigend, vorbei an verschlafenen kleinen Dörfern, die sich dicht an den Wald dahinter schmiegten, auf einer holprigen Asphaltstraße in Richtung Benin City.

Der Zustand der Straße ärgerte mich maßlos. Nicht wegen der Straße selbst, sondern wegen des dahinterstehenden Systems. Die Ungerechtigkeit, daß sich ausgerechnet in dieser reichen, mit Erdölvorkommen gesegneten Region die Staßen in einem so schlechten Zustand befanden, während im Norden Nigerias, in jenem trockenen Teil des Landes, breite, kostspielige Schnellstraßen mit den Petrodollars gebaut wurden, die vom Nigerdelta ausgespuckt wurden, schrie zum Himmel. Die Tatsache, daß die Opfer dieses Unrechts zu ängstlich oder zu unwissend waren, um sich dagegen zu empören, schmerzte bis ins Mark. Es war einfach nicht hinnehmbar. Es mußte um jeden Preis geändert werden. Der Tod im Kampf um die Wiedergutmachung des Unrechts würde das größte Geschenk des Lebens sein! Ja, das Geschenk des Lebens. Und ich fühlte mich besser. Was bedeutete unter diesen Umständen schon eine Fahrt in einem rumpligen Bus? Es hätte schlimmer sein können. Und wenn schon. Die Drahtzieher des ungerechten Systems sollten bloßgestellt werden. Mich würden sie nicht kleinkriegen. Niemals!

Die Morgendämmerung war bereits angebrochen. Das heraufleuchtende Tageslicht brachte eine frische Brise mit, bald kamen die Lichter in den Häusern von Benin City in Sichtweite. Wir fuhren durch die Stadt und erreichten bald die Überlandstraße Benin–Lagos.

Als wir an der Universität vorbeifuhren, wurde ich an das Leben erinnert, das ich gern gelebt hätte: das eines Hochschullehrers. Ich mußte schon vor über 25 Jahren darauf verzichten, als ich mit der möglichen Spaltung Nigerias während des Bürgerkriegs von 1967 konfrontiert war. Zu dieser Zeit hatte mich der Gedanke an die möglicherweise fortdauernde Versklavung der Ogoni in dem neuentstandenen, wenngleich totgeborenen Biafra gezwungen, ein persönliches Risiko einzugehen und mich in den Dienst der Bundesregierung zu stellen. Und damit wurde nichts aus der brillanten akademischen Karriere, die man mir prophezeit hatte.

Ich hatte nicht nur meine akademische Laufbahn aufgegeben; jetzt, da ich auf diese vergangenen 25 Jahre zurückblickte, regte sich in mir das Gefühl, daß es mir auch nicht gelungen sei, der Versklavung der Ogoni ein Ende zu machen. Die Lage der Ogoni hatte sich geringfügig gebessert, doch die Zukunft sah düster aus, wenn nicht bald etwas geschah.

Unter den herrschenden sozialen und wirtschaftlichen Verhältnissen des Landes wäre allerdings meine akademische Laufbahn wohl auch nicht besonders weit gediehen und hätte mir auch nicht die erwartete Erfüllung gebracht. Dennoch verspürte ich stets eine nostalgische Sehnsucht nach der akademischen Welt, und immer wenn ich über den Campus einer Universität ging, empfand ich eine innere Beschwingtheit angesichts der Herausforderungen, die diese Stätte für den Intellekt, wenn nicht für die Seele bereithielt. Auch jetzt hatte ich dieses Gefühl, obwohl die Universität von Benin einen heruntergekommenen Eindruck machte und ich wußte, daß sie den Namen Universität eigentlich nicht mehr verdiente.

Nachdem Benin etwa eine Stunde hinter uns lag, hatte der Bus einen Platten. Es zeigte sich, daß das Reserverad nicht ausreichend aufgepumpt war und daß wir beide Reifen zum Vulkanisieren geben mußten. Zu dieser frühen Tageszeit war noch kein Vulkaniseur auf den Beinen. Wir mußten alle aus dem Bus aussteigen. Und zum erstenmal in den etwa zehn Stunden hatte ich die Gelegenheit, mir die Beine zu vertreten.

Der Mann im Straßenanzug, von dem ich mittlerweile wußte, daß er das Kommando über das Unternehmen hatte, war natürlich erbost über den Fahrer. Er konnte nicht verstehen, wie ein Fahrer der Polizei, der seinen Job auch nur halbwegs beherrschte, losfahren konnte, ohne den Reservereifen zu überprüfen. Er schimpfte und grummelte endlos vor sich hin. Um sich zu beruhigen, zog er ein Stück Papier aus der Tasche und begann es zu studieren. Ich rückte etwas näher zu ihm hin und verwickelte ihn in ein Gespräch, während ich ihm über die Schulter blickte, um zu sehen, was auf dem Papier stand. Ich stellte fest, daß es eine Liste mit den Namen junger Ogoni war, die mit mir in der MOSOP zusammenarbeiteten. Ich war bestimmt nicht der einzige, der verhaftet werden sollte. Auch mein Bruder Owens stand auf der Liste. Und er war der einzige, der in Bori eine Klinik betrieb. Ich biß auf meine Lippen und ging ein wenig hin und her, um Mut zu schöpfen, während ich meine Pfeife anzündete.

In weniger als einer Stunde kam ein Vulkaniseur und reparierte die beiden Reifen. Der Fahrer füllte den Tank mit dem Inhalt der Plastikkanister im Bus, und bald waren wir wieder unterwegs nach Lagos.

ZWEITES KAPITEL

Gegen 10.30 Uhr kamen wir in Lagos an, nachdem wir etwa zwölf Stunden unterwegs gewesen waren. Wir fuhren zum berüchtigten Alagbon Close, dem Sitz des Federal Investigation and Intelligence Bureau (FIIB). Dort wurde ich aufgefordert, auf einem Stuhl hinter dem Empfangsschalter Platz zu nehmen.

Die Empfangszone machte, wie der gesamte übrige Komplex, einen außerordentlich ungepflegten Eindruck. An den Wänden hatte sich im Laufe der Zeit immer mehr Schmutz abgesetzt, und die letzte Renovierung mußte Jahrzehnte zurückliegen. Dasselbe galt für die Reinigung des Fußbodens. Es gab natürlich einen ständigen Strom von Menschen durch diesen Raum, und wie ich da auf meinem hölzernen Stuhl saß, muß ich einen merkwürdigen Anblick geboten haben. Ein oder zwei Leute, die mich von Fotos aus der Zeitung kannten, waren sich unsicher, ob sie mich grüßen sollten oder nicht. Andere, die mich gut kannten, blieben stehen und sprachen mich an.

Es gab ein Telefon am Empfangsschalter, und ich fragte, ob ich von dort aus mein Büro anrufen könne. Gegen ein kleines Entgelt, das höflich angesprochen, wenn auch nicht direkt gefordert wurde, konnte ich Joy Nunieh, eine junge Ogoni-Anwältin, anrufen. Ich bat sie, sich mit Dr. Olu Onagoruwa in Verbindung zu setzen, einem bekannten Anwalt für Menschenrechtsfragen, und ihm zu sagen, daß ich dringend seine Hilfe brauchte. Außerdem hinterließ ich in meinem Büro die Nachricht, daß ich mich im Alagbon Close befand und Kleidung, ein Transistorradio und Lebensmittel benötigte. Nachdem ich das erledigt hatte, fühlte ich mich etwas erleichtert.

Joy erschien bald darauf, um mir ihr Mitgefühl zu bekunden. Ihr Büro lag ganz in der Nähe, und sie kam mit einem strahlenden Lächeln und aufmunternden Wünschen. Sie hatte im Büro von Dr. Onagoruwa angerufen, ohne ihn zu erreichen, und einem seiner Mitarbeiter eine Nachricht hinterlassen. Benötigte ich irgend etwas? Ja, etwas zu essen. Ich hatte seit mindestens 18 Stunden nichts im Magen. Joy verabschiedete sich.

Ich hatte Durst und bestellte an einem Kiosk in der Nähe eine Cola. Nachdem ich sie getrunken hatte, fühlte ich mich schon etwas besser und lehnte mich in meinem Holzstuhl zurück. Die Männer, die mich nach Lagos gebracht hatten, waren nirgendwo zu sehen, und ich konnte nur noch darüber rätseln, was wohl als nächstes passieren würde.

Gegen drei Uhr zeigten sich die beruhigenden Umrisse Dr. Olu Onagoruwas vor dem Empfangsschalter. Ich sprang auf und begrüßte ihn überschwenglich. Er war ebenfalls erfreut und wollte wissen, was passiert war. Nachdem er mich zu Ende angehört hatte, bat er darum, mit dem Ermittlungsbeamten zu sprechen, und wurde zu einem der niedrigen Gebäude auf der anderen Seite der Straße geschickt.

Kaum war Olu gegangen, wurde ich von einem der Beamten, die mich von Port Harcourt hierhergebracht hatten, in ein Büro hinter dem Empfangsschalter gebeten. Wieder sollte ich eine Aussage im Zusammenhang mit den Präsidentschaftswahlen vom 12. Juni machen.

«Aber ich habe bereits in Port Harcourt eine Aussage gemacht», behauptete ich.

«Das war in Port Harcourt. Jetzt sind Sie in Lagos.»

«Ist es nicht dieselbe Polizei im ganzen Land?»

«So ist es. Sie müssen in Lagos eine Aussage machen. Bitte füllen Sie das Formular aus.»

Er sprach sehr zuvorkommend, aber in seiner Stimme lag Entschiedenheit. Ich sollte ihn später als einen Mr. Inah kennenlernen, einen engen Verwandten meines Studienkollegen an der Universität Ibadan Wilfred Inah, eines Ogoja, der als Minister der Regierung des Bundesstaats Cross River mit Sitz in Calabar, der ersten Hauptstadt Nigerias, Karriere gemacht hatte.

Ohne mich weiter zu sträuben, schrieb ich schnell die verlangte Aussage nieder und gab Mr. Inah das Formular zurück. Er las es durch und bat mich dann, mich näher darüber zu äußern, was mit Dr. Bennet Birabi, dem Führer der Senatsminderheit, am Wahltag passiert war. Ich fragte ihn, ob dies von besonderer Bedeutung sei. Er bejahte.

Bennet war für mich eine Art Sohn oder jüngerer Bruder. Sein Vater war der vielleicht berühmteste Ogoni unseres Jahrhunderts, T. N. Paul Birabi, der 1953 wenige Tage nach seiner Frau, der schönen und vornehmen Victoria Maah, gestorben war. Ich kannte sie von der Native Authority School in Bori, wo ich die Schulausbildung begonnen hatte. Bereits mit drei Jahren verwaist, wurde Bennet von seinem Onkel und seiner Großmutter betreut, bis er die Grundschule absolviert hatte. Ich studierte damals an der Universität Ibadan. Als ich hörte, daß Bennet die Grundschule bald verlassen würde, begann ich mich nach einer weiterbildenden Schule für ihn umzusehen. Damals arbeitete ich eng mit dem inzwischen verstorbenen Präsidenten Edward Kobani im Ogoni-Bezirksverband zusammen. Er war Vorsitzender und ich Sekretär.

Gemeinsam gelangten wir zu dem Schluß, daß Paul Birabi für die Ogoni unendlich viel bedeutete und seine beiden Kinder deshalb eine anständige Ausbildung erhalten sollten. Die erste weiterführende Schule in Ogoni war in Anerkennung Birabis bahnbrechender Bemühungen bei ihrer Einrichtung nach ihm benannt worden; er war außerdem der erste Ogoni mit einem Universitätsabschluß. Er hatte das berühmte Achimota College in Ghana besucht und war Dozent für Mathematik an der Universität Southampton. Danach wurde er Lehrer an der Dennis Memorial Grammar School in Onitsha und Stellvertretender Leiter des Gymnasiums in Okrika. Später zog er als Abgeordneter in das ostnigerianische Unterhaus ein und wurde von dort für das Repräsentantenhaus in Lagos nominiert. 1953 wohnte er der Nigerianischen Verfassungskonferenz in London bei, nach seiner Rückkehr von dieser Konferenz ereilte ihn vorzeitig der Tod. Er wurde von den Ogoni innig geliebt, und sein früher Tod warf sie in ihrer gesellschaftlichen und politischen Entwicklung um Jahre zurück. Er hinterließ eine Lücke, die auf lange Zeit hinaus nicht geschlossen werden konnte.

Die Birabi entgegengebrachte Liebe und Bewunderung war der Grund, warum der Ogoni-Bezirksverband sich um die Weiterbildung des jungen Bennet kümmern wollte. Die Bezahlung seines Schulgeldes wurde das vordringlichste Problem, doch es gelang uns, von mehreren Ogoni Spenden zu erhalten und ihn auf diese Weise durch sein erstes Jahr auf der Schule zu bringen. Danach wurde mit dem Vorsitzenden des Bezirksrates von Khana, Mr. William Nzidee, eine Vereinbarung getroffen, dem Jungen ein Stipendium des Rates zu gewähren, obwohl dieser nicht zum Bezirk Khana, sondern zum Bezirk Gokana gehörte.

Im Bürgerkrieg verlor Bennet seine Großmutter in einem Flüchtlingslager im Igboland. 1969 beschloß ich als Leiter des Schulamts in Rivers, in einer Notaktion alle abkömmlichen Schüler der höheren Klassen an weiterführenden Schulen im Bundesstaat auf die HighSchool der Baptisten in Port Harcourt zu schicken, da es an Lehrern und Unterrichtsmitteln fehlte. Zu den Nutznießern dieser Maßnahme gehörte auch Bennet.

Er schilderte mir in einem Brief, daß er Probleme hatte, und in meiner Antwort bat ich ihn, sich von nun an als Mitglied meines Haushalts zu betrachten. Zu dieser Zeit beherbergte ich zahlreiche Brüder und Schwestern und andere junge Ogoni in meinem Haus, denen ich während ihrer Schulzeit über die Runden half. Viel gab es gerade nicht, aber wir teilten das Vorhandene wie eine Familie untereinander auf. Viele der Jungen, die an dieser Gemeinschaft beteiligt waren, haben seitdem auf verschiedene Weise ihren Weg gemacht. Ich fühlte mich reich belohnt durch das Wissen, daß ich ihnen ein wenig von Nutzen sein konnte, als sie es in ihrem Leben am dringendsten nötig hatten.

Bennet gehörte ebenfalls zu meinem Haushalt; er verbrachte seine Ferien bei uns und teilte alles mit uns, bis er sein Medizinstudium abgeschlossen hatte, sich verheiratete und in Port Harcourt eine Praxis eröffnete.

Ich verfolgte interessiert seinen beruflichen Werdegang, war jedoch etwas enttäuscht, als er sich 1983 der verbotenen und später aufgelösten Nationalpartei im Nigeria der Zweiten Republik anschloß. Ähnlich wie sein Vater schien er für Höheres bestimmt, und noch in der untergehenden Zweiten Republik konnte er einen Abgeordnetensitz im Repräsentantenhaus erringen und für 21 Tage Staatsminister werden.

Nach der Machtübernahme durch das Militär Ende 1983 aus der Politik verbannt, war er bereit, sich 1990 an den Aktivitäten der MOSOP zu beteiligen, doch nach der Aufhebung des Verbots einer politischen Betätigung unter der Diktatur Babangidas schloß er sich den Nationalrepublikanern (National Republican Convention – NRC) an, errang einen Sitz im Senat und wurde der Fraktionsführer der Minderheitspartei.

Während ich mich über Babangidas weltfremdes politisches Experiment keinerlei Illusionen hingab, freute ich mich doch ein wenig über Bennets Position, da sie bewies, daß Ogoni es selbst innerhalb des nigerianischen Systems zu etwas bringen konnten, das sie regelmäßig benachteiligte.

Zum Pech für Bennet war das System durch und durch korrupt. Und es war verantwortlich für den Fehler, den er begangen und der dazu geführt hatte, daß man mich aufforderte, mich näher darüber zu äußern, was mit ihm am Tag der Wahl geschehen war. Ich werde auf diesen Punkt später noch zurückkommen.

Um zu meiner Geschichte zurückzukehren: Ich schrieb alles nieder, was ich über die Ereignisse im Zusammenhang mit dem Fraktionsführer der Minderheitenpartei wußte, beantwortete noch ein oder zwei weitere Fragen und unterschrieb meine Aussage. Anschließend wurde ich aufgefordert, mich wieder in die Empfangszone zu begeben.

Kurz darauf wurde der Diensthabende an der Anmeldung weggerufen. Als er zurückkam, teilte er mir mit, ich müsse in die Wachstube, und forderte mich auf, ihm alle meine Wertsachen auszuhändigen, auch mein Bargeld, meine Schuhe, meine Handtasche und andere Gegenstände. Ich fragte, ob ich meinen Kugelschreiber und einige Blätter Papier behalten dürfe. Er mußte lachen. Wahrscheinlich wußte er genau, daß ich in der Wachstube weder die Zeit noch die Gelegenheit zum Schreiben haben würde. Außerdem bat ich ihn, mich noch eine Weile hier warten zu lassen, da man mir bald einige Kleidungsstücke und vor allem frische Unterwäsche aus meiner Wohnung in Lagos bringen würde. Seit zwei Tagen trug ich dieselben Sachen am Leib und fühlte mich inzwischen ziemlich unwohl. Er hatte nichts dagegen.

Als ich noch wartete, hörte ich, daß Dr. Olu Onagoruwa mich im Büro des Stellvertretenden Polizeichefs sprechen wollte. Ich begab mich dorthin und traf Olu zusammen mit dem Stellvertretenden Polizeichef Kenneth Ogbeifun, es war der Mann im Straßenanzug, der mich von Port Harcourt hierhergebracht hatte. Ihm unterstand anscheinend das Team, das in meinem Fall ermittelte.

Olu teilte mir mit, er habe mit Mr. Ogbeifun gesprochen, und anscheinend habe dieser von seinen Vorgesetzten keine näheren Instruktionen erhalten, was mit mir weiter geschehen solle. Ich müsse vorläufig in Polizeigewahrsam bleiben, er werde jedoch am nächsten Tag Rechtsbeschwerde gegen meine Verhaftung einlegen.

«Sie wollen mich in die Wachstube einweisen», sagte ich ihm. «Ich habe entsetzliche Geschichten darüber gehört, was dort drin los ist. Können Sie irgend etwas unternehmen, um mir diese Tortur zu ersparen?»

Olu bat Mr. Ogbeifun, mir jede Erleichterung zu gewähren, die er verantworten könne. Dieser entschuldigte sich, daß er daran nicht schon früher gedacht hatte. Dann führte er mich zum Empfangsschalter und sagte dem diensthabenden Beamten, ich solle heute nacht nicht in die Wachstube kommen, sondern in seiner Nähe bleiben.

Olu stand noch eine Weile mit mir ins Gespräch vertieft. Während wir plauderten, kam aus der Wachstube im Hintergrund ein Häftling, ein Journalist der Zeitschrift *News*, der sowohl Olu als auch mich gut kannte. Er trug die spezielle Kleidung, die anscheinend von allen Häftlingen in Polizeigewahrsam getragen werden muß. Hinter ihm befand sich ein weiterer junger Mann in einem ähnlichen Aufzug, den er uns einfach als «der Präsident» vorstellte.

Ich sollte später noch Näheres über das hierarchische System erfahren, in dem das Leben von Verdachtspersonen in Polizeigewahrsam organisiert wurde, mit Rangfolge, Titeln sowie Befugnissen gegenüber anderen Häftlingen. «Der Präsident» war der oberste aller Gefangenen, und es gehörte zu seinen Pflichten, in der Wachstube für Recht und Ordnung zu sorgen. Eine ganz eigene Welt, von der ich schon gehört hatte. Festus Iyayi, ein preisgekrönter nigerianischer Romanschriftsteller, hatte irgendwann um 1987 darin gelebt und in einer nigerianischen Zeitschrift darüber berichtet. Der Journalist erzählte, er befinde sich bereits seit einem Monat hier in Haft. Man hatte ihm keinen Haftgrund genannt. Und ebensowenig hatte man seine Kollegen oder seinen Arbeitgeber darüber informiert, daß er von der Polizei festgehalten wurde.

Olu Onagoruwa verabschiedete sich bald. Dank der Anordnung

von Mr. Kenneth Ogbeifun wurde ich nicht in die Wachstube gesperrt, wie es der Regel entsprochen hätte. Die Aussicht, die Nacht in der Empfangszone zu verbringen, war allerdings auch nicht besonders angenehm. Es war eine offene Zone, ohne Türen und Fenster. Die Moskitos würden aus meinem schönen Körper Hackfleisch machen.

Bald kam Joy Nunieh zurück mit einer großen Portion Hühnchen mit Reis, einem Bier und eisgekühltem Wasser. Ich wurde belehrt, daß ich kein Bier trinken dürfe, solange ich mich in Polizeigewahrsam befand, und daß ich mein Essen hier in der Nähe des Schalters einnehmen müsse. Ich zögerte und fragte, ob es vielleicht einen anderen Raum gab, in dem ich ungestörter wäre.

Der Diensthabende bot mir ein Zimmer in einer niedrigen Holzbaracke an, die ursprünglich wohl als Provisorium gedacht war. Seitdem hatte man sie jedoch als Dauereinrichtung genutzt, und sie beherbergte inzwischen mehrere Büros. Der Raum, in den ich geführt wurde, bot ein entsetzliches Bild. Überall hingen Spinnweben, alles war verstaubt, der Boden verdreckt, und aus dem Leim gegangene Schränke und Schreibtische standen in völliger Unordnung herum. Doch als ich daran dachte, daß ich keine Wahl hatte, riß ich mich zusammen, und es gelang mir sogar, mir vorzustellen, daß es hier ebenso komfortabel sei wie im Speisesaal des Waldorf Astoria in New York.

Ich machte mich über den Teller her, und es war wirklich ein köstliches Mahl. Joy hatte für mich ihr Bestes gegeben. Wie mitfühlend sie war! Als Tochter des ersten Ogoni-Anwalts, der später Senator der Zweiten Republik wurde, war sie gerade dabei, in Lagos eine gutgehende Kanzlei aufzubauen. Und ich muß gestehen, wenn ich die Wahl zwischen ihr und dem von ihr servierten Mahl gehabt hätte, so hätte ich mich möglicherweise für sie entschieden. Vielleicht hatte es damit zu tun, warum ich nicht allzuviel essen konnte, obwohl ich inzwischen seit fast 48 Stunden nichts mehr in meinen Magen bekommen hatte.

Ich spülte das Essen mit Wasser hinunter und hielt noch einen längeren Schwatz mit Joy, bevor sie mir schließlich eine gute Nacht wünschte. Es ging inzwischen auf sieben Uhr zu. Sie versprach, mich am nächsten Tag zu besuchen.

Bald nachdem sie gegangen war, kam mein junger Freund Hauwa mit einer Tasche, in der sich einige Kleidungsstücke, frische Unterwäsche, ein Transistorradio und Bücher befanden, darunter auch mein erster Roman *Sozaboy*. Außerdem ein weiteres Essen, das ich jedoch stehenlassen mußte. Mir hatte das Martyrium, dem ich ausgesetzt war, den Appetit verschlagen.

Kurz darauf erschien mein Bruder Owens in Begleitung meines jüngsten Bruders von derselben Mutter, Letam, ein Hauptmann in der nigerianischen Armee, der gerade sein Jurastudium an der Universität Lagos beendet hatte.

Die Anwesenheit meiner Brüder und Hauwas tröstete mich. Es war sehr aufmerksam von Owens, daß er von Port Harcourt hierhergeflogen war und mir meine Aktentasche und eine Reisetasche mitgebracht hatte, in der sich all die Papiere befanden, die nicht mehr in die Aktentasche gepaßt hatten. Schließlich kam auch noch Dr. Broderick Ineneji, ein Bürgerrechtsanwalt, mit dem ich mich erst vor kurzem angefreundet hatte. Ein überaus erfahrener Mann, der lange Zeit in England gearbeitet und dort eine Doktorarbeit über Probleme ethnischer Minderheiten geschrieben hatte, sehr geistreich und von einnehmendem Wesen. Jedes Gespräch mit ihm war ein besonderes Vergnügen, und wir kamen gar nicht mehr aus dem Lachen heraus, so daß wir nicht einmal auf den schweren Regen achteten, der an diesem Abend niederging.

Als der Regen schließlich aufhörte, verabschiedeten sich alle, und ich war allein und konnte versuchen, auf dem einzigen Polstersessel im Raum etwas Schlaf zu finden. Es war inzwischen halb zwei Uhr morgens.

Nein, ich konnte in dieser Nacht nicht schlafen. Der stickige Raum, die Moskitos, die mir um die Ohren sirrten, die bange Frage, was der nächste Tag bringen würde, und meine Sorgen um die Ogoni hielten mich hellwach. Owens hatte mir von den Ereignissen am Abend zuvor nach meiner Wegfahrt von Port Harcourt berichtet, und ich mußte damit rechnen, daß in meiner Abwesenheit die Gewalt ausbrechen könnte, die ich am meisten fürchtete. Ich betete, daß es dazu nicht kommen möge, um alles in der Welt wollte ich an einem gewaltfreien Kampf festhalten.

Hätte ich gewußt, daß früher am selben Tag die Ogoni, provoziert durch meine Behandlung durch die Polizei, auf die Straßen von Bori geströmt waren, um ihre Wut zu zeigen, und daß einige Rowdys die Gelegenheit benutzten, andere Bürger zu belästigen, wäre meine Nacht noch unruhiger gewesen.

So wie die Dinge lagen, verbrachte ich die Nacht unter Zweifeln. Ich war nicht verzweifelt, aber besorgt.

DRITTES KAPITEL

Als der Tag heraufdämmerte, hatte ich mich gefaßt. Mochte kommen, was da wollte. Das Hauptproblem war die Frage, wo ich mich erleichtern konnte. Nirgendwo war eine Toilette zu sehen. Draußen vor der Tür standen mehrere ausrangierte Autos, ähnlich wie vor der Polizeiwache in Port Harcourt. Der Boden war ganz aufgeweicht vom Regen der letzten Nacht, und gegen halb sechs Uhr an diesem Morgen nieselte es immer noch.

Ich beschloß am Ende, den Diensthabenden am Empfangsschalter zu fragen, ob ich irgendwo eine Toilette benutzen könne. Sein verhaltenes Lachen verhieß nichts Gutes. Eine Toilette war hier offenbar ein Luxus. Er bot sich indessen an, mir eine zu zeigen, bat mich allerdings zu warten, bis er einen Eimer Wasser geholt hatte, den ich dann dazu benutzte, das verschwiegene Örtchen notdürftig von seinem Schmutz zu befreien.

Um es kurz zu machen, es gelang mir, mit Hilfe des Rauchs aus meiner Pfeife die schlimmsten Gerüche fernzuhalten. Es ist immer wieder erstaunlich, welch unerwartete Dienste mir meine Pfeife leistet.

Ich kehrte an meinen Platz bei der Anmeldung zurück, um das Radio einzuschalten. Ich hörte gerade die Siebenuhrnachrichten der BBC, als Mr. Inah hereinkam. Er forderte mich auf, ihm zu folgen. Ich nahm meine Tasche und ging hinaus. Am Empfangsschalter hörte ich, wie er einem der Untergebenen sagte, er solle ihn von der Anwesenheitsliste streichen, weil er nach Port Harcourt unterwegs sei. Ich nahm deshalb an, ich würde mit ihm zusammen dorthin zurückkehren, und fragte, ob ich eine Nachricht für spätere Anrufer hinterlassen könne, die sich nach mir erkundigten. Er erklärte sich einverstanden, und ich hinterließ eine Notiz, in der es hieß, ich sei wieder nach Port Harcourt zurückgefahren.

Da ich mich nicht noch einmal den Strapazen einer Autofahrt nach Port Harcourt aussetzen wollte, wollte ich wissen, ob wir fliegen würden.

«Nein», kam sogleich die Antwort.

«Hören Sie», bat ich, «noch so eine Fahrt von Lagos nach Port Harcourt im Auto werde ich kaum überstehen. Ich bin solche Fahrten schon lange nicht mehr gewöhnt. Außerdem befinde ich mich nicht in der besten Verfassung. Ich bin bereit, die Passage für alle zu bezahlen, so daß wir auch das Flugzeug nach Port Harcourt nehmen können.»

«Sie können das dem Stellvertretenden Polizeichef sagen, wenn Sie ihn sehen.»

«Fährt er denn mit uns?»

«Ja. Wir fahren jetzt zu ihm und holen ihn ab.»

Draußen wartete schon der Peugeot-Bus, in dem wir am Tag zuvor gefahren waren. Diesmal gab es keine bewaffneten Polizisten, was mich etwas erleichterte. Möglicherweise galt ich nicht mehr als gefährlicher Verbrecher. Außer mir befanden sich nur noch der Fahrer und der dritte Untersuchungsbeamte im Bus, der Mann im Kaftan, der bei der Abfahrt von Port Harcourt neben mir gesessen hatte.

Wir verließen Ikoyi über die Third Mainland Bridge in Richtung Ikeja. Die Brücke verbindet Lagos Island und Ikoyi mit den auf dem Festland gelegenen Ortsteilen von Lagos und wurde in der Absicht gebaut, die Verkehrsströme von und nach Lagos besser zu bewältigen. Die Bevölkerung der Stadt war explodiert, nachdem die Petrodollars aus dem Delta den unglücklichen Gemeinschaften wie den Ogoni und Ijaw, die zu schwach waren, ihr Erbe zu verteidigen, von den Herrschern des Landes weggenommen und nach Lagos geleitet wurden. Der größte Teil des Geldes wurde in Lagos ausgegeben, und dorthin zog es auch solche Leute wie Dick Whittington und andere Glücksritter auf der Suche nach dem großen Geld. Ein Großteil der Erdöleinnahmen wurde außerdem für ausländische Produkte wie Luxuslimousinen ausgegeben, und es dauerte nicht lange, bis die wenigen Zufahrtsstraßen in die Stadt völlig vom Autoverkehr verstopft waren, so daß jedes Weiterkommen nahezu unmöglich wurde. Das Stadtbild wurde zunehmend von Hochbrücken geprägt. Das nützte aber auch nicht viel.

An diesem Morgen war die Brücke verstopft wie immer, doch da wir stadtauswärts fuhren, kamen wir glatt durch. Wir hielten kurz an, um Zeitungen zu kaufen, und ich stellte fest, daß meine Verhaftung vor zwei Tagen bereits von der Presse gemeldet wurde.

Wir fuhren zum Regierungsviertel in Ikeja, wo sich Mr. Ogbeifuns Haus befand. Ich registrierte mit einer gewissen Wehmut, wie sehr die Gegend inzwischen von Unkraut überwuchert wurde. Die Straße war ein einziges Trichterfeld. Ich erinnerte mich an meine frühe Zeit in Lagos, als ich in den Jahren kurz nach der Unabhängigkeit die Universität Ibadan besuchte. Damals sah hier alles picobello aus. Jetzt war das Viertel buchstäblich verwahrlost. Die Häuser, in denen die Staatsbeamten wohnten, waren natürlich noch heruntergekommener als die übrigen. Und das trotz des riesigen Zustroms von Dollars aus dem Delta in die Hauptstadt.

Mr. Kenneth Ogbeifun wartete bereits auf uns. Nach der morgendlichen Begrüßung stieg er in den Bus. Ich machte ihm sogleich das Angebot, alle zusammen auf meine Kosten nach Port Harcourt zurückzufliegen. Er antwortete, das sei unmöglich. Wir müßten noch in Enugu oder dort in der Nähe einige Ogonihäftlinge abholen. Ob wir dann wenigstens nach Enugu fliegen könnten? Nein, ausgeschlossen. Erst jetzt fiel mir wieder ein, daß ich die 2000 Naira von meinem Bruder gar nicht mehr bei mir, sondern Hauwa zum Aufbewahren gegeben hatte. Ich hatte geglaubt, ich würde sie nicht brauchen. Selbst wenn also Mr. Ogbeifun mein Angebot angenommen hätte, wäre ich gar nicht in der Lage gewesen, es aufrechtzuerhalten. Ich machte mich auf eine weitere lange Autofahrt gefaßt.

Und wer waren diese anderen Ogonihäftlinge, von denen Mr. Ogbeifun gesprochen hatte? Soviel ich wußte, wurde lediglich N. G. Dube, ein Mitglied des Lenkungsausschusses der MOSOP, in Port Harcourt festgehalten, und nach meinen jüngsten Informationen hatte man ihn gegen Kaution wieder auf freien Fuß gesetzt. Mr. Ogbeifun äußerte sich darüber nicht, und ich beschloß, nicht weiter in ihn zu dringen.

Die Fahrt war nicht besonders ereignisreich. Mr. Ogbeifun und seine Untergebenen wirkten ziemlich entspannt, und ich verwickelte ihn in ein lebhaftes Gespräch über die nigerianische Politik. Natürlich war Mr. Ogbeifun sehr gut informiert und in seiner Analyse der Themen, über die wir sprachen, sehr verbindlich. Er sprach Englisch mit einem Edo-(Benin-)Akzent. Er war nicht unbedingt ein gutaussehender Mann, aber er hatte einen schönen, leicht untersetzten Körperbau. Er klang etwas streitlustig, wenn er sprach, verbarg jedoch hinter seinem schroffen äußeren Gebaren einen Sinn für Humor. Ich fand ihn sehr interessant.

Als ich nach Frühstück fragte, ließ Mr. Ogbeifun den Wagen an einem Straßenstand halten und kaufte für mich ein paar Maiskolben und Kokosnußstücke. Normalerweise hätte ich das Zeug aus Hygienegründen nicht angerührt, doch meine Hemmschwelle war inzwischen deutlich herabgesetzt, und es schmeckte mir nicht einmal schlecht. Wer hätte das gedacht! An der nächsten Tankstelle kaufte ich bei einem Straßenhändler Bananen und Erdnüsse und bereitete mir daraus ein Festmahl. Jawohl, ein Festmahl. Wenn man dank der freundlichen Bemühungen der nigerianischen Sicherheitsbehörden im Begriff steht, zum Tier zu werden, dann wird auch das frugalste Mahl zu einem Festschmaus. Es ist ein Teil des Entmenschlichungsprozesses.

Gegen ein Uhr erreichten wir Benin City, und ich bestand auf einem Mittagessen in einem ordentlichen Restaurant. Wir fuhren zum Palm Royal Motel, und Mr. Ogbeifun wies den rangniedersten der drei Beamten an, mich zum Restaurant zu begleiten. Ich hatte kaum noch genug Geld für das Essen und mußte sowohl die Speisekarte als auch mein Portemonnaie genau inspizieren, bevor ich bestellte.

Man hatte mich gewarnt, ich dürfe nicht damit rechnen, daß meine Häscher für mein Essen sorgen würden. Bei solchen Fahrten mußten sie alle Unkosten zunächst aus eigener Tasche bezahlen und konnten erst später eine Erstattung beantragen. Diese ließ manchmal sehr lange auf sich warten, sofern sie überhaupt erfolgte.

Das Restaurant des Palm Royal Motel war vollbesetzt, als ich eintrat, und einige der Gäste erkannten mich. Einer von ihnen bot mir an, mich an seinen Tisch zu setzen.

«Ich dachte, Sie seien verhaftet?» sagte er.

«Bin ich auch.»

«Was tun Sie dann hier?»

«Ich möchte etwas essen.»

«Warum sind Sie in Benin?»

«Ich fahre unter Polizeischutz von Lagos nach Port Harcourt.» Ich nickte in die Richtung des Polizeibeamten in Zivil, der sich einen Platz ausgesucht hatte, von dem aus er mich gut im Auge behalten konnte. «Er bewacht mich», sagte ich.

«Aber sind Sie denn nicht vor zwei Tagen oder so in Port Harcourt verhaftet worden?»

«Das stimmt schon. Aber dann hat man mich nach Lagos gebracht, und jetzt bin ich auf dem Weg zurück nach Port Harcourt.»

Er verdaute meine Worte zusammen mit seinem Essen. Ich glaube, es fiel ihm schwer zu verstehen, was ich ihm da erzählt hatte.

«Warum hat man Sie verhaftet?»

«Verstöße gegen das Wahlgesetz.»

«Dann müssen die Sie sofort auf freien Fuß setzen.»

«Wieso?» fragte ich.

«Die CNN hat gerade die Annullierung der Wahlergebnisse gemeldet.»

«Was Sie nicht sagen!» rief ich aus.

«Es stimmt», sagte er nüchtern. «Und alle Handlungen, die irgendwie mit den Wahlen zusammenhängen, sind für null und nichtig erklärt worden.»

Das warf ein neues Licht auf meinen Fall. Wenn man mich wirklich wegen eines Wahlvergehens festhielt, dann entzog die Annullierung des Wahlergebnisses meiner Verhaftung die rechtliche Grundlage. Den Rest meiner Mahlzeit verzehrte ich schweigend.

Es sprach sich schnell herum, daß ich mich in dem Restaurant befand, und als ich aufstand und gehen wollte, kamen einige Menschen auf mich zu, schüttelten mir die Hand und bekundeten ihre Solidarität mit mir und meiner Sache.

Ich kehrte zum Bus zurück, wo Mr. Ogbeifun und seine Leute mich erwarteten, und wir fuhren in das Zentrum von Benin, wo meine Häscher ihr Mittagessen einnahmen.

Als wir Benin hinter uns gelassen hatten und in Richtung Onitsha fuhren, teilte ich meinen Häschern mit, daß die Wahlen inzwischen annulliert worden seien, und fragte sie anzüglich, ob sie nicht ihre Mühe und das Geld der Steuerzahler verschwendet hätten, indem sie mich durch die Gegend kutschierten.

Wir diskutierten ausgiebig über die Annullierung der Wahlen. Mr. Ogbeifun, der an der Universität Ibadan Geschichte studiert hatte, lieferte eine eindrucksvolle Analyse. Das einzige, worauf er nicht näher eingehen wollte, war ihre Auswirkung auf meine Verhaftung und was er unter den neuen Umständen tun wollte.

Nachdem wir die Onitshabrücke überquert hatten, teilte man mir mit, daß wir nach Awka fuhren, ohne daß ich eine Ahnung gehabt hätte, was Mr. Ogbeifun dort zu tun gedachte.

Wir kamen gegen sechs Uhr abends in Awka an und verbrachten dort einige Zeit, in der Mr. Ogbeifun lange Diskussionen mit seinem Kollegen führte. In Onitsha hatte der Bus wieder einen Platten bekommen, und da es für eine Reparatur zu spät war, hatten wir den Reifen nicht mehr flicken lassen. Ich hatte angenommen, er würde in Awka repariert, doch dazu kam es nicht. Der Fahrer hatte mir gesagt, seiner Meinung nach würden wir die Nacht in Awka verbringen.

Als Mr. Ogbeifun seine Diskussionen schließlich beendet hatte, gab er bekannt, daß wir weiterfahren würden.

«Wohin fahren wir?» fragte ich. Fehlanzeige.

Ich ließ nicht locker.

«Wenn wir da sind, werden Sie es wissen», war die wenig hilfreiche Antwort.

Seiner Diskussion mit seinem Untergebenen, Mr. Inah, konnte man entnehmen, daß bestimmte Formalitäten eingehalten werden mußten, wenn sie das tun wollten, was sie als nächstes vorhatten.

Das war für mich von einem gewissen Interesse. Mir fiel ein, daß man mich nach meiner Festnahme auf der Schnellstraße in Port Harcourt in das Büro des SSS gebracht und dann formell dem SIIB in Port Harcourt überstellt hatte. Dessen Beamte hatten mich wiederum formell dem FIIB in Lagos überstellt. Daraus erklärte sich wohl das emsige Treiben im Büro des Stellvertretenden Polizeichefs in Port Harcourt. So, wie sie die Sache angingen, hätte man glauben können, daß alles mit rechten Dingen und legal zuging. Wenn ich mir indessen alles zusammenreimte, konnte ich nur zu dem Schluß gelangen, daß sie ihre Spuren verwischten, für den Fall, daß etwas schiefging und sie zur Rechenschaft gezogen würden. Alle diese Formalitäten waren nichts als Camouflage. Und eine enorme Verschwendung!

Die Polizeiwache von Abagana, vor der wir kurz nach sieben Uhr eintrafen, lag etwa 24 Kilometer hinter Awka. Wenige Minuten später setzten sich N. G. Dube und ein weiterer Häftling zu mir in den Bus. Ich empfand echte Freude, Dube wiederzusehen. Er war wie immer in heiterer Stimmung. Es gab eine Menge zu erzählen, allerdings nicht gerade jetzt. Ich fragte ihn nach seinem Begleiter. Dieser stellte sich als Mr. Kabari Nwiee vor, Leitender Beamter in der Schulbehörde des Bundesstaats Rivers. Er war Vorsitzender des Nationalen Jugendrats der Ogoni (National Youth Council of Ogoni People – NYCOP) im Dorf Opuoko im Ortsteil von Ogoni.

Es war stockdunkel. Inzwischen hatte ein leichter Regen eingesetzt, und ich machte mir Sorgen, weil der Bus keinen funktionsfähigen Reservereifen mehr hatte. Und weil ich nicht genau wußte, wohin wir fuhren. Waren wir wirklich auf dem Weg nach Port Harcourt? Es schien ziemlich gefährlich, eine so weite Strecke in der Dunkelheit zu fahren, da es obendrein auch noch regnete.

Ich mußte für einige Zeit eingedöst sein. Als ich die Augen aufschlug, befanden wir uns kurz vor Owerri. Und ich war ziemlich erleichtert, als der Bus von der Straße Onitsha–Port Harcourt in Richtung Owerri abbog. Wir fuhren zum Präsidium der Landespolizei des Bundesstaates Imo in Owerri. Inzwischen war es zehn Uhr, und draußen goß es in Strömen.

Wir mußten ewig lange warten, während Mr. Ogbeifun an diesem ziellosen Abend eine schier endlose Diskussion mit einem großgewachsenen, breitschultrigen hohen Polizeibeamten führte. Als er alles besprochen hatte, befahl er uns, mit unserem ganzen Gepäck aus dem Bus auszusteigen. Wir folgten seiner Anweisung. Dann führte er uns zum Empfangsschalter und dem dort diensthabenden Wachtmeister.

Der Empfangsschalter befand sich im Eingangsbereich eines langgestreckten, zweistöckigen Gebäudes mit einem Gang in der Mitte und Zimmern zu beiden Seiten. Hinter dem Eingang führte auf der rechten Seite eine Treppe in das obere Stockwerk. Im Erdgeschoß lagen die Zimmer für die Ermittlungsbeamten oder auch für die Wachtmeister. Aus einem der Räume zur Rechten ertönte in unregelmäßigen Abständen ein lautes Schreien. Ich hörte später, daß dies die Wachstube für Verdachtspersonen war, die in Untersuchungshaft gehalten wurden.

Wir wurden in ein Zimmer neben der Wachstube geführt. Es gab dort kein Licht. Das Zimmer wurde lediglich durch den Lichtstrahl erhellt, der von einer Neonröhre im Gang durch die Türöffnung fiel. Die Tür selbst war seit längerem aus den Angeln gerissen. Sie war gegen eine Zimmerwand gelehnt und konnte vor die Türöffnung gestellt werden, um das Zimmer notdürftig vor Blicken von außen abzuschirmen. Im Innern standen ein paar Tische und Stühle. Einer der Stühle war mit einem Bindfaden an einem Tischbein festgebunden. Dem Zimmer gegenüber befand sich eine Toilette, aus der ein Gestank zu uns herüberdrang. Hier sollte also unser Aufenthalt sein.

Ich sah mich um und hatte das Gefühl, mich jeden Augenblick übergeben zu müssen. Ich stellte meine Tasche auf einen der Tische in der Nähe eines Fensters, das diesen Namen kaum noch verdiente und auf den Hof ging. Von dort kam derselbe Gestank wie aus der Toilette. Viel später, als ich im Gefängnis von Port Harcourt inhaftiert war, wurde mir klar, daß dieser Geruch von den Häftlingen in der Wachstube herrührte, die des Nachts ihren Harn in Flaschen abließen und anschließend durch einen Spalt in der Mauer in den Hof schütteten. Entsetzlich!

Mr. Ogbeifun war noch da, und ich beschwere mich sofort über diese Bedingungen.

«Ich habe Ihnen einen Gefallen getan», erwiderte er steif. «Wäre Ihnen die Wachstube lieber gewesen? Normalerweise wären Sie jetzt dort. Ich habe meinen Einfluß geltend gemacht, damit Sie in dieses Zimmer kommen. Sie sollten mir lieber danken statt sich zu beschweren.»

Und das war's dann. Er klärte mich darüber auf, daß er jetzt nach Port Harcourt weiterfahren werde und wir hierbleiben müßten, bis er zurückkam.

Ich ging mit mir zu Rate und gelangte zu dem Schluß, das Beste, was ich von Mr. Ogbeifun erwarten konnte, war, daß er mein Büro in Port Harcourt anrief, damit man mir Geld schickte und dafür sorgte, daß wir hier etwas zu essen hatten. Er erklärte sich bereit, mir diesen Gefallen zu tun, verabschiedete sich von uns und verschwand in der Dunkelheit. Es war gegen Mitternacht.

Unser Quartier war für meine Mithäftlinge weitaus komfortabler als das, was sie bisher erleben mußten. Beide waren einige Tage vor mir in Port Harcourt verhaftet worden und hatten die übliche Behandlung normaler Untersuchungsgefangener erfahren. Im Polizeipräsidium von Port Harcourt hatte man sie in die Wachstube gesperrt. Dort hatten sie es mit hartgesottenen Gewohnheitsverbrechern und kleinen Dieben zu tun, die von Neuankömmlingen einen Tribut forderten. Wer kein Geld hatte, mußte brutale Mißhandlungen erdulden und die ganze Nacht über den Bossen des Wachraums mit alten Zeitungen Kühlung zufächeln. Wer sich freikaufen konnte, durfte unter Umständen außerhalb der Toilette bleiben, in der einige Häftlinge notgedrungen schliefen, weil der Raum so überfüllt war.

Natürlich gab es dort nichts zu essen. Die Häftlinge waren auf das Essen angewiesen, das ihre Verwandten ihnen besorgten. Und wenn einem von ihnen etwas zu essen gebracht wurde, dann mußte er es mit den anderen teilen, allen voran den Bossen. Mißhandlungen in der Wachstube waren an der Tagesordnung, und Dube und Nwiee waren während ihres dreitägigen Aufenthalts dort zahlreichen Erniedrigungen ausgesetzt.

Am vierten Tag legte man ihnen ein Entlassungsformular zur Unterschrift vor. Sie wurden jedoch nicht entlassen, sondern in einen Peugeot-Transporter gesteckt und unter dem wachsamen Blick des dortigen Stellvertretenden Polizeichefs, jenes Mannes mit dem würdelosen Benehmen, den ich bereits früher erwähnt habe, in der Nacht zur Polizeiwache in Awka im Bundesstaat Anambra gefahren.

Dort warf man sie spätabends in eine Zelle, die noch schlimmer war als das, was sie von Port Harcourt kannten, und weitaus unmenschlicher. Die räumlichen Verhältnisse waren noch beengter und die Insassen noch bösartiger. Da sie inzwischen kein Geld mehr hatten, um die Zellenbosse zu bezahlen, mußten sie brutale Mißhandlungen über sich ergehen lassen.

Anschließend verbrachte man sie in das Polizeigefängnis des nahe gelegenen Aguata, wo sie wiederum in eine völlig überfüllte Zelle gesperrt wurden. Schließlich kamen sie dann nach Abagana, wo wir zusammentrafen.

Auf diese Weise der Brutalität der Zellenbosse glücklich entronnen, waren sie über ihre neue Unterkunft mehr als glücklich. Todmüde fanden sie eine alte Matratze im Büro und legten sie auf den harten Fußboden. Sie schlugen vor, ich solle darauf schlafen. Ich lehnte jedoch ab und forderte sie auf, sie zu zweit zu benutzen. Ich glaube nicht, daß ich in dieser Nacht schlafen könnte. Sie legten sich nieder und hatten anscheinend einen gesunden Schlaf.

Ich habe in meinem Leben schon manche furchtbare Nacht verbracht. Doch jene Nacht vom Mittwoch, dem 23. Juni 1993, war mit Sicherheit eine der schlimmsten. Ich schlief nicht länger als vier Stunden; während der meisten Zeit war ich wach und damit beschäftigt, zu lesen oder zu schreiben. Ohne Licht im Zimmer, mit dem Gestank vom Fenster in meiner Nähe, den Schreien der Häftlinge im Wachraum nebenan und dem Aufruhr in meinem Innern glaubte ich, der Hölle nahe zu sein. Ich suchte der Reihe nach alle Sender auf meinem Radio, um möglichst viele Nachrichten aufzuschnappen. Und ich betete darum, es möge Tag werden, während meine Seele sang:

Lied des Gefangenen

Wanzen, Flöhe und Insekten
Schreie von schier wahnsinnigen Häftlingen
Zerteilen die dunkle Nacht
Unterbrechen roh meinen Alptraum
Und jetzt erinnere ich mich hellwach
An diesen unmenschlichen Ort
Den ich mit ungewöhnlichen Insassen geteilt habe.

Merkwürdigerweise und für mich ganz untypisch machte ich mir wenig Gedanken um die Annullierung der Wahl, die ja den vorgeschobenen Anlaß für meine Verhaftung geliefert hatte. Ich war schon längst zu dem Schluß gelangt, daß nichts von dem, was Babangida, der Betrüger und Diktator Nigerias, tun mochte, mich überraschen würde. In meinen Augen war er zu allem fähig. Jedenfalls hielt ich nicht viel von seinem sogenannten Übergangsprogramm zu einer zivilen Regierung, das ich schon früher durchschaut und in meinen Veröffentlichungen bei jeder Gelegenheit mit Geringschätzung kommentiert hatte. Und dennoch war ich überzeugt, daß die Annullierung der Wahlen zu einem bedeutsamen Wendepunkt in der Geschichte Nigerias werden würde.

Als der Tag schließlich anbrach, ich traute kaum meinen Augen, begrüßte mich durch die zerbrochenen Fensterscheiben als erster ein Ogoni-Polizist, der zufällig in Owerri Dienst tat. Er war in Zivil, da er gerade dienstfrei hatte. Irgendwie hatte er gehört, daß man uns hierhergebracht hatte. Ich gab ihm etwas Geld und die Telefonnummer meines Mitarbeiters und Freundes Apollos Onwuasoaku in Port Harcourt. Er sollte ihm sagen, daß ich mich in Owerri befand, und ihn bitten, sich um mein Essen zu kümmern und mir etwas Geld zu schikken. Er kehrte zurück und berichtete, es sei ihm gelungen, die Botschaft telefonisch zu übermitteln. Das war eine willkommene Überraschung, denn Telefone funktionierten in Nigeria normalerweise nicht. Ich dankte ihm überschwenglich.

Das Tageslicht machte den baufälligen und elenden Zustand unserer Unterkunft erst richtig sichtbar. Der Vorplatz war wie üblich mit schrottreifen Autos übersät. Da das Gelände ziemlich weitläufig war, fielen die Autos nicht so auf wie in Port Harcourt oder Lagos. Doch während die nähere Umgebung des Gebäudes gerade noch hingehen mochte, war sein Inneres absolut unerträglich. Überall hingen Spinnweben, und die Wände waren beschmiert.

In dem Zimmer, das uns als Nachtquartier gedient hatte, befanden sich mehrere Spinde, in denen die Polizeibeamten ihre Uniformen aufbewahrten. Sie kamen in Zivilkleidung zur Arbeit und zogen sich erst hier die Uniform an. Außerdem gab es hier «Beweisstücke» für Prozesse, die nie stattfinden würden: einen zehn Jahre alten verstaubten Teppich, einen defekten Ventilator und natürlich die alte Matratze, auf der Dube und Nwiee in der Nacht geschlafen hatten. Außerdem stapelten sich in einer Ecke verstaubte Aktenordner und Papierblätter. Wie sollte jemand in einer solchen schmuddeligen und schmutzigen Umgebung eine sinnvolle Arbeit verrichten?

In dem Büro ging es zu wie auf einem Basar. Es war das SIIB, und es gab eine genügend große Zahl von Menschen, die hierherkamen, weil sie irgendwo der Schuh drückte. Für alle, die mit den Ermittlungsbeamten sprechen wollten, hatte man außerhalb des Hauptgebäudes, in der Nähe der abgestellten Schrottfahrzeuge, eine Wellblechhalle mit offenen Wänden als «Warteraum» eingerichtet. Natürlich brauchten diejenigen, die da draußen warteten, um irgendwelche «Geschäfte» zu erledigen, etwas zu essen, so daß es rings um die Halle von Straßenverkäufern wimmelte und in der Nähe des Fensters, an dem ich mich niedergelassen hatte, ein geräuschvolles Treiben herrschte. Hinzu kam der Gestank von den Insassen des Wachraums; es war für mich wirklich eine entsetzliche Zeit.

Bereits früher an diesem Morgen hatten die Insassen der Wachstube ein großes Gebrüll losgelassen, das, wie ich erfahren sollte, ein gemeinsames Lied war. Dessen Text ging etwa so: «Lobet den Herrn, halleluja! Lobet den Herrn, Amen!» Die beiden Zeilen wurden bis zum Überdruß ständig wiederholt. Als ich diese wilde Kakophonie zum erstenmal hörte, trieb sie mich fast in den Wahnsinn.

Ein weiteres Problem an diesem Morgen waren die Toiletten. Es klingt vielleicht übertrieben heikel, doch die Möglichkeit, die eigenen Gedärme auf angemessene Weise zu entleeren, unterscheidet nun einmal den Menschen vom Tier. Ich hatte bereits in Lagos ein Problem, das ich bis zu einem gewissen Grad irgendwie bewältigen konnte. Auf der Straße von Lagos nach Owerri war ich nach dem Mittagessen im Palm Royal Motel in Benin gut zurechtgekommen. Hier in Owerri sah ich nicht, wie ich das Problem umgehen konnte. Von Zeit zu Zeit wehte ein Windstoß den Toilettengestank bis in das Zimmer hinein, in dem wir uns aufhielten. Das war schon schlimm genug, aber was war, wenn ich selbst diesen Ort aufsuchen mußte? Ich mußte meinen Drang durch reine Willenskraft bekämpfen. Man hatte mir als Schüler beigebracht, daß es zu schaffen sei. Ich hatte meine Zweifel, ob das für einen Menschen in meinem Alter gut war, aber tun mußte ich es im Interesse meiner, jawohl, geistigen Gesundheit.

Gegen Abend trafen meine Mitarbeiter aus Port Harcourt ein und mit ihnen mein Freund Mina, der mir etwas zu essen mitbrachte. Fast zur gleichen Zeit kamen Dr. Garrick Leton und mein Cousin Simeon Idemyor, der in Oxford studiert hatte, zu Besuch. Der Anblick unserer Unterkunft wirkte schockierend auf sie. Sie sagten es nicht, aber man konnte es ihren Gesichtern ansehen. Wir plauderten eine Weile, und da es spät wurde, verließen sie uns mit dem Versprechen, etwas für unsere Umgebung zu tun. Simeon war vor vielen Jahren im Polizeiministerium tätig gewesen und kannte etliche Beamte in hohen Positionen. Er hoffte, wenigstens soviel erreichen zu können, daß der für die Region zuständige Generalinspekteur der Polizei uns eine faire Behandlung angedeihen ließ.

Der nächste Tag, Donnerstag, der 24. Juni, ist absolut trübselig. Wir teilen nach wie vor das Zimmer mit Polizeibeamten, und der Lärm und der Gestank sind ganz unerträglich. Spät am Abend kommt ein gepflegter Mann, der Stellvertretende Polizeichef Innocent Ilozuoke, in die Zelle und begrüßt uns offiziell als seine Gäste. Ich beschwere mich über die Verhältnisse, vor allem das Fehlen von elektrischem Licht. Er kann daran anscheinend kaum etwas ändern, und ich lasse ihn in Ruhe.

Die Nacht ist eine einzige Katastrophe. Ich kann die ganze Nacht nicht schlafen. Ich sitze am Tisch und schalte das Radio ein. Es erleichtert mich immerhin, wenn ich sehe, daß wenigstens Dube und Nwiee tief schlafen.

Am Freitag früh verfolge ich interessiert den routinemäßigen Tagesablauf bei den Männern in der Wachstube. Es gibt die übliche Bewegung, während sie in einer Reihe herauskommen, um ihre Morgentoilette zu verrichten. Mir fällt auf, daß sich ein Junge unter ihnen befindet. Er kann höchstens zwölf Jahre alt sein. Und das bekümmert mich so, daß ich es kaum sagen kann. Welche Auswirkungen wird diese Situation auf seine seelische Verfassung haben? Warum befindet er sich gemeinsam mit Erwachsenen in Untersuchungshaft? Er gehört in ein Untersuchungsgefängnis für Jugendliche. Und als sie in ihre Zelle zurückgehen und wieder ihr makabres Lied anstimmen, «Lobet den Herrn, halleluja!», höre ich nicht die wilde Kakophonie, sondern sehe nur den Jungen vor mir. Sein Bild wird mich den ganzen Tag verfolgen.

Außerdem stelle ich fest, daß mein Gesundheitszustand sich verschlimmert. Gegen zehn Uhr verlange ich vom Stellvertretenden Polizeichef Ilozuoke einen Arzt, der glücklicherweise um drei Uhr am Nachmittag kommt. Er untersucht mich, Dube und Nwiee und stellt ein Rezept aus, das er uns aushändigt. Was sollen wir damit anfangen, fragen wir? Wir haben kein Geld und können keine Medikamente kaufen. Bevor er wieder geht, schreibt er für mich eine Überweisung an einen Herzspezialisten, der mich schon einmal behandelt hat. Er ist ein junger Arzt, Dr. Idoko, ein Igala aus dem Bundesstaat Kogi im Herzen Nigerias.

Jetzt habe ich genug von der Brutalität der Polizei. Ich stürme in das Zimmer von Mr. Ilozuokes Mitarbeiter, einem Mr. Chime, der gute Zivilkleidung trägt und einen gepflegten Eindruck macht. Auf seinem Tisch liegt ein Exemplar von Machiavellis *Der Fürst* und von Achebas *Arrow of God*. Ich vermute sogleich, daß er entweder Dozent oder ein älteres Semester an der Universität ist; die meisten höheren Polizeibeamten werden angehalten, einen juristischen Grad zu erwerben, falls sie nicht schon einen haben. Er ist wahrscheinlich ein Mann, den ich erschüttern kann.

Ich lasse eine Philippika los gegen die Unmenschlichkeit des schwarzen Mannes gegenüber seiner eigenen Gattung, jenen Charakterzug, der für die Zurückgebliebenheit aller Schwarzen verantwortlich ist. Es ist unbegreiflich, sage ich, daß ein Mann, der in seinem Leben soviel geleistet hat und so alt ist wie ich, jenen furchtbaren Entwürdigungen ausgesetzt sein kann, die über mich auf einen bloßen Verdacht hin verhängt wurden, der vor einem Gericht zweifellos keinen Bestand hätte. Doch selbst wenn ich mich in einem Todestrakt befände, hätte ich noch das Recht auf mein bevorzugtes Essen. Ich finde es empörend, erkläre ich, daß man mich Hungers sterben läßt und von mir verlangt, meine Medikamente zu bezahlen. Und es gebe überhaupt keinen Grund, mich in einem Raum ohne Licht, ohne ein Bett oder eine Toilette einzusperren.

Es klappt. Wortreiche Entschuldigungen. Das FIIB hat uns hier abgesetzt, ohne die Polizeiführung des Bundesstaats Imo darauf vorzubereiten oder vorher zu unterrichten. Er wird sich für uns einsetzen. Würde es mir etwas ausmachen, noch etwa eine Stunde zu warten, bis er mit seinen Vorgesetzten gesprochen hatte? Er würde anschließend zu mir kommen.

Kurze Zeit später, während Dr. Leton und mein Cousin Simeon mich noch einmal besuchten, besorgte Mr. Ilozuoke uns etwas zu essen – auf eigene Kosten, wie ich später erfuhr. Außerdem ordnete er an, uns nach oben in sein Wartezimmer zu verlegen, wo die Bedingungen geringfügig besser waren. Es stank weniger, es gab einen funktionierenden Ventilator, und in die Fassung an der Decke war zwar keine Glühbirne eingedreht, doch dafür gab es zwei kleinere schmutzige Sofas, auf denen wir uns ausstrecken konnten. Und Gott sei Dank stand uns die Toilette der höheren Polizeibeamten zur Verfügung!

Ich kümmerte mich darum, daß die Toilette und das Wartezimmer von Spinnweben und anderem Schmutz gesäubert und der Fußboden geschrubbt wurde, so daß wir zumindest bis zu einem gewissen Grad wie menschliche Wesen leben konnten. Das Zweiersofa war mir nützlich. Meine geringe Körpergröße bedeutete, daß ich auf ihm schlafen konnte.

Dr. Idoko tauchte später mit einigen Medikamenten auf, zweifellos die billigsten, die zu haben waren, und versprach mir baldige Linderung jener Beschwerden, die von einem Magengeschwür, sieben Furunkeln auf dem linken Hinterteil und meinen geschwollenen Füßen herrührten. Das war etwas zuviel versprochen. Die Medikamente zeigten keine Wirkung – wahrscheinlich war ihr Verfallsdatum längst überschritten. Zum Glück kam am nächsten Tag mein Bruder Owens und verabreichte mir nach Rücksprache mit dem Arzt etwas Wirksameres, das mir schneller Erleichterung verschaffte. Owens verbrachte Tag für Tag viel Zeit mit uns und setzte sich dafür ein, daß man sich ausreichend um meinen Gesundheitszustand kümmerte und ich so bald wie möglich in ein Krankenhaus oder eine Klinik verlegt würde.

Am Samstag, Sonntag und Montag mußten wir um das einzige Essen am Tag, das serviert wurde, betteln. Noch immer gab es keine Nachricht von unseren Häschern, und unsere Gastgeber erinnerten uns mehrmals daran, daß wir uns hier nur «auf der Durchreise» befanden und nicht in ihre Zuständigkeit fielen.

Inzwischen kam in den Nachrichten die Meldung, daß junge Ogoni gegen meine Verhaftung protestiert hatten. Durch Dr. Leton und Barry Kumbe, den jungen Rechtsanwalt aus der Kanzlei von Ledum Mitee, schickte ich eine Botschaft, ich sei am Leben und in guter Verfassung, und warnte davor, Ausschreitungen gegen Personen oder Sachen zu begehen. Wie ich später erfuhr, taten diese Appelle ihre Wirkung.

Auf der nationalen Ebene reagierten die Bürger auf die demütigende Kränkung durch die Annullierung der Wahlen. Da sie jedoch führerlos waren oder sich völlig täuschen ließen, entwickelten sie keine angemessene Reaktion auf die Lage. Alle waren betroffen, doch niemand schien zu wissen, was zu tun war. Indem Babangida sich die Unbeweglichkeit der Massen und die Habgier der Elite zunutze machte, war es ihm gelungen, die Menschen in Nigeria zu vergewaltigen, sie auf ein unerträgliches Existenzniveau zu drücken, gleichzeitig den gesamten nationalen Reichtum zu verschwenden und die Nation immer tiefer in Schulden zu verstricken. Es machte mich traurig, daß ich in dieses Drama nicht eingreifen konnte, sondern mich damit begnügen mußte, es als ein zu Unrecht Verhafteter in einer elenden Zelle vom Rande des Geschehens aus zu verfolgen.

VIERTES KAPITEL

Verglichen mit dem hektischen Treiben, das ich gewöhnt war, krochen die Tage und Nächte nun dahin. Ständig war ich zwischen Port Harcourt, Lagos und Europa unterwegs gewesen, nie hatte es einen Moment der Untätigkeit gegeben. Und wohin ich auch kam, immer gab es etwas Neues zu tun, mein gesamtes Streben richtete sich darauf, die Lebensbedingungen der Ogoni und damit auch der ethnischen Minderheiten und der indigenen Völker Nigerias und Afrikas zu verbessern.

Als ich nun zu Unrecht inhaftiert war und untätig in der Zelle lag, wanderten meine Gedanken zurück zu meinen Bemühungen in all diesen Jahren.

Mein Engagement für die Ogoni erwächst aus einer tief verwurzelten Überzeugung, entstanden in der Grundschule, gewachsen und gefestigt in der weiterführenden Schule und zum Tragen gekommen im nigerianischen Bürgerkrieg 1967–70 und 1968–73 während meiner Amtszeit als Mitglied des Exekutivrates (Executive Council) von Rivers.

Meine ersten Überlegungen zu diesem Thema wurden in meinem kritischen Essay *The Ogoni Nationality Today and Tomorrow* veröffentlicht, erschienen im April 1968, mitten im Bürgerkrieg. Dort habe ich eine Art Agenda der Ogoni skizziert, wie ich sie sah.

Im Grunde war es die Arbeit eines jungen Mannes, aber sie kam von Herzen. Obwohl ich meine Ideen nicht als Philosophie konkretisiert hatte, war mir recht klar, was die Ogoni meiner Ansicht nach innerhalb Nigerias tun und sein sollten, und ich denke, daß ich das auch entsprechend zum Ausdruck gebracht habe.

Als der Bürgerkrieg ausbrach, war ich als junger Assistent an der University of Nigeria, Nsukka. Im Kern ging es bei diesem Krieg um die Kontrolle über die Ölvorkommen der Ogoni und anderer Ethnien im Nigerdelta. Meine Rolle in diesem Krieg habe ich ausführlich in meinem Buch *On a Darkling Plain* beschrieben. Kurz gesagt, als junger Mann vor die Wahl gestellt, ob die Ogoni als eine von gut 200 ethnischen Gruppen in Nigeria oder als eine von gut 50 ethnischen Gruppen im sezessionistischen Biafra leben sollten, entschied ich mich für die erste Möglichkeit. Für diese Entscheidung gab es komplexe Gründe, die, wie gesagt, in meinem Bürgerkriegstagebuch dargelegt sind. Hier mag genügen, daß ich meine Entscheidung praktisch umsetzte, indem ich mich aus meiner Ogoni-Heimat mit einem Einbaum auf eine aus heutiger Sicht irrwitzige Reise durch das Gewirr von Flüssen und Nebenarmen des Nigerdeltas nach Lagos machte, wo ich mich der Bundesregierung anschloß, die damals versuchte, die Abspaltung Biafras niederzuschlagen. Kaum einen Monat nach meiner Ankunft in Lagos wurde ich gedrängt, mich in den Dienst des Interim Advisory Council für den neu gegründeten Bundesstaat Rivers zu stellen, zu dem auch das Ogoni-Gebiet gehörte. Dieser Übergangsrat bildete eine Art Exilregierung. Als den Bundesstreitkräften im November 1967 eine Invasion in einen Teil des neuen Bundesstaates gelang, übertrug man mir seine Verwaltung. So wurde ich Verwalter von Bonny, dem bedeutenden Ölumschlagplatz im Nigerdelta, der an das Ogoni-Gebiet angrenzt. Dort arbeitete ich mit der Zivilbevölkerung und den Bundesstreitkräften zusammen, während sie in meine Heimat vordrangen.

Sobald die Streitkräfte in Ogoni waren, folgte ich ihnen, um allen Ogoni Hilfe und Beistand zu geben, die geblieben waren, um die Föderalen zu begrüßen, statt zu flüchten oder sich zwangsweise in das weiter nördlich gelegene Ibo-Kernland evakuieren zu lassen.

Als ich Ende 1968 zum Minister eines regulären Kabinetts von Rivers State ernannt wurde, setzte ich mich offiziell für die Rehabilitierung der Ogoni und anderer ethnischer Gruppen ein, die die Hauptopfer des Krieges waren.

Auf einem mühsamen Weg durch die 100 Gemeinden, in denen die Ogoni lebten, konnte ich mich selbst davon überzeugen, was sozusagen für ihre Wiederbelebung als Volk nötig war. In unermüdlicher Arbeit mit den einfachen Menschen sorgte ich für ihre Bildung und gab ihnen Hoffnung. Von noch größerer Bedeutung war für mich jedoch zu erleben, daß sie dringend die Gründung einer Massenorganisation brauchten, die sich für ihre Rechte einsetzte.

Ich stellte fest, daß die große Mehrheit der Ogoni, die Masse, bereit war, einer engagierten Führung zu folgen. Diese Führung mußte jedoch von gebildeten Menschen kommen. Ich organisierte zwar die Massen und gewann ihr Vertrauen, stand aber vor dem Problem, daß gebildete Ogoni dünn gesät waren und die wenigen, die es gab, für die Dauer des Krieges im Ibo-Kernland lebten. Bei gebildeten Ogoni herrschte eine Mentalität vor, sich immer eng an die jeweilige Regierung anzuschließen, um die Brosamen vom Tische des Reichen aufzulesen. Obwohl Ojukwus aufständische Regierung von Biafra den Ogoni als Volk feindlich gesinnt war, fiel für die wenigen Gebildeten, die vor den Machthabern zu Kreuze krochen, dennoch etwas ab.

Als der Aufstand Biafras zusammenbrach, waren diese Männer gezwungen, in den Bundesstaat Rivers (Rivers State) zurückzukehren, dem das Ogoni-Gebiet nach der Aufteilung der ehemaligen Region Ostnigeria in Bundesstaaten angehörte. Als einzigem Ogoni, der sich von Anfang bis Ende des Krieges offen zum Rivers State bekannt hatte, fiel es mir zu, die zurückkehrenden Ogoni zu rehabilitieren, und das tat ich ohne Rücksicht auf die Rolle, die sie im Biafra-Debakel gespielt hatten.

Ich bemühte mich, alle miteinander zu versöhnen, und versuchte, als ich den Zeitpunkt für geeignet hielt, mit der Vereinigung zur Entwicklung der Ogoni (Ogoni Development Association – ODA) eine formale Organisation zu begründen. Dr. Garrick Leton, von dem später noch die Rede sein wird, wurde zum Präsidenten gewählt. Das war etwa Anfang 1971. Es sollte die letzte Vereinssitzung sein. Ich erinnere mich, daß nach der Wahl zwei einfache Frauen zu mir kamen und mich fragten, warum ich die hervorragende Arbeit, die ich angeregt hatte, zunichte gemacht habe. Verblüfft fragte ich sie, was ich denn getan habe. Ich hätte die Präsidentschaft übernehmen sollen, statt sie abzulehnen, meinten sie. Sehr viel später sollte ich wieder an ihre Worte denken.

Auch an die Worte des verstorbenen Dr. Obi Wali erinnere ich mich, dessen Meinung ich sehr geschätzt habe und mit dem mich über Jahre hinweg eine enge Freundschaft verband. Mit Blick auf meine Arbeit unter den Ogoni 1969 hatte er mich gewarnt, alles, was ich geleistet habe, gerate in Gefahr, sobald die gebildeten Ogoni aus dem Rebellengebiet zurückkehrten. Die große Einmütigkeit, die ich unter den Ogoni erreicht hatte, als ich ihren Blick auf eine bessere Zukunft richtete, werde in Frage gestellt und zum Stillstand gebracht, wenn ich nicht aufpasse. Wie recht er haben sollte!

Die Masse der Ogoni zu einen erwies sich als einfacher, als eine Handvoll Akademiker zu bewegen, sich meiner Vision für die Ogoni anzuschließen. Sie waren so darauf versessen, in der Staatsregierung von Rivers eine Nische für sich zu finden, daß sie blindlings all meine Bemühungen zunichte machten, eine Basis für die Ogoni zu schaffen und ihnen einige der Vorteile zu sichern, auf die sie meiner Überzeugung nach ein Recht hatten, das man ihnen in der Vergangenheit vorenthalten hatte und ihnen wieder streitig machen konnte.

In meinem Essay *The Ogoni Nationality Today and Tomorrow* hatte ich unser gemeinschaftliches Scheitern in der Vergangenheit aufgezeigt und geschrieben:

> Wir treten allerdings dafür ein, daß die Schande der Vergangenheit unser Rüstzeug für die Zukunft sein muß. Jeder von uns muß unmittelbar beschließen, die Fehler der Vergangenheit nicht zu wiederholen. Jetzt bietet sich uns die Gelegenheit, uns Seite an Seite mit allen anderen Völkern der nigerianischen Föderation Geltung zu verschaffen. Diese Chance dürfen wir uns nicht entgehen lassen. Sonst wird uns das die Nachwelt nicht verzeihen, und wir werden als Volk vom Erdboden verschwinden. Das darf nicht geschehen.
>
> Die Opferbereitschaft, die Birabi beseelt hat, ist noch heute in unserem Volk lebendig. Es fehlt nicht an Männern, die denken wie er. Die gegenwärtige Krise wird dazu beitragen, solche Männer nach vorn zu bringen. Sie werden eine aufgeklärte, dynamische Führungsspitze stellen; sie werden mit aktiver Unterstützung dafür sorgen, daß unsere Nation ihre verlorene Würde und Ehre wiedererlangt, und unser Land zum Wohl der Völker umgestalten. Unsere Pflicht ist es, die Zukunft unseres Landes in die Hand verantwortungsvoller Menschen zu legen, die wissen, was um sie her in der Welt vorgeht, und die nichtigen Versuchungen nicht erliegen. Das ist überaus wichtig. Der Rivers State ist geschaffen und ein neues Nigeria geboren. Wir müssen jedoch daran denken, daß es für ein Volk, welches Regierungssystem es auch haben mag, keine Verbesserung geben wird, so lange es sein Schicksal nicht in

die eigenen Hände nimmt. Selbstzufriedenheit können wir uns nicht leisten. Wir müssen sofort anfangen, uns mit Begeisterung für die schwierigen, turbulenten Zeiten zu organisieren, die uns bevorstehen. Es wird nicht leicht sein, ganz von vorn anzufangen; unsere Aufgabe wird noch erschwert durch die unsicheren Zeiten und die Feindseligkeit einiger unserer Nachbarn, die geschworen haben, uns für alle Zeiten als Sklaven zu halten. Aber wir müssen uns jetzt an die Arbeit machen. Es gibt viel zu tun, und wir müssen es rasch und effizient angehen.

Noch einmal sei gesagt, daß unsere Aufgabe nicht leicht ist. Unsere Ausgangsposition ist überaus schwach. Derzeit läßt sich die Zahl unserer Leute in den mittleren und oberen Verwaltungsebenen des Staatsdienstes und der Unternehmen an den Fingern einer Hand abzählen. Das gleiche gilt für Polizei und Streitkräfte. Unsere Kinder besuchen großenteils keine Schulen und Universitäten, viele Familien haben ihren Ernährer verloren, und unsere Wirtschaft ist völlig zusammengebrochen. Unsere Lage ist sicher nicht beneidenswert, nicht einmal im Vergleich mit anderen ethnischen Gruppen im Rivers State. Doch unser Erfolg wird sich daran messen, wie und in welchem Zeitraum wir diese Position der Schwäche in Stärke verwandeln. Die Bewältigung dieser Aufgabe ist kein Ding der Unmöglichkeit, und wir mahnen unsere jungen Männer und Frauen nachdrücklich, sich von den Leiden des vergangenen Jahres nicht entmutigen zu lassen. Wir sind fest überzeugt, daß wir wieder auf die Beine kommen.

Wir müssen an die Militärregierung oder die Regierung, die ihr folgen mag, appellieren, sich auch weiterhin für die Belange kleiner Völker wie dem unseren einzusetzen – vor allem bei der Verfassungsgebung; damit SIE UNSERE FORDERUNGEN AN DIE UNTERNEHMEN AUFNIMMT, DIE AUF UNSEREM LAND NACH BODENSCHÄTZEN SUCHEN UND SIE ABBAUEN.

Wir hoffen, daß die Regierung des Bundesstaates Rivers die inneren Angelegenheiten auf eine Weise regelt, die alle hier lebenden Volksgruppen am Wohlstand und an der Würde teilhaben läßt, die der Bundesstaat der gesamten Bevölkerung von Rivers bringen soll. Wir müssen zeigen, daß wir aus den Fehlern der Vergangenheit gelernt haben; und wenn es denn etwas zu lernen

> gibt, dann ist es, daß man die Unterstützung keiner Gruppe, so
> schwach oder klein sie auch sein mag, selbstverständlich voraussetzen kann...

Wenn ich heute auf diese Sätze zurückblicke, wird mir klar, wie sehr meine Hoffnungen auf frommen Wünschen beruht und wie wenig sie sich erfüllt haben. Der erste Fehlschlag ist auf das Unvermögen der gebildeten Ogoni zurückzuführen, eine Führungsspitze zu stellen. Meine Bemühungen führten nur zu persönlichen Eifersüchteleien bei der Oberschicht, die, wie gesagt, weiterhin kriecherisch um persönliche Vorteile beim Gouverneur von Rivers State buhlte, einem Angehörigen der Ijaw, der größten ethnischen Gruppe im Bundesstaat. Innerhalb kürzester Zeit war es möglich, mich ohne weiteres im Kabinett von Rivers State durch einen anderen Ogoni zu ersetzen. Im März 1973 wurde ich entlassen. Und das fand die Ogoni-Elite völlig in Ordnung.

Wie sich bald herausstellte, gelang es dem Bundesstaat Rivers ebensowenig wie der früheren Ostregion, die Interessen seiner verschiedenen ethnischen Gruppen in Einklang zu bringen. Es gab das übliche Gezänk und den Kampf um Vorherrschaft auf seiten der größeren und einflußreicheren Volksgruppen, und die Ogoni, die, wie ich vorhergesagt hatte, nicht imstande waren, sich für ihre eigenen Interessen einzusetzen, gerieten gegenüber den anderen ins Hintertreffen.

Die Bundesregierung ihrerseits schlug dank des herrschenden Militärs einen zentralistischen Kurs ein. Im Zeichen des Zentralismus ließen sich die Ressourcen der Ogoni und anderer ethnischer Minderheiten im Nigerdelta leichter plündern, während man dem Föderalismus und der Einheit Nigerias Lippenbekenntnisse zollte.

Was die neue Verfassung und die Vorkehrungen zum Schutz der ethnischen Minderheiten angeht, so stieß ich bei meinem Versuch, in die Verfassunggebende Versammlung zu kommen, die 1977 den Entwurf zu einer neuen nigerianischen Verfassung erarbeiten sollte, auf den Widerstand zunächst einiger gebildeter Ogoni und dann der Machthaber Nigerias. Die nigerianische Verfassung, die schließlich zustande kam, stärkte eine zentralistische Regierung und bot den ethnischen Minderheiten keinerlei Schutz ihrer wirtschaftlichen Ressourcen und Kultur. So übertrug sie zum Beispiel dem Parlament die Aufteilung der gesamten Bodenschätze nach eigenem Ermessen. In einer Situation, in der die ethnischen Minderheiten den größten Teil der Bodenschätze (Erdöl) lieferten, im Parlament aber eine Minderheit darstellten, und Erdöl das A und O der nigerianischen Politik und Wirtschaft und den zentralen Fokus aller Haushaltspläne ausmachte, hatten die ethnischen Minderheiten und mit ihnen die Ogoni keinerlei Möglichkeit, ihr großartiges Erbe zu schützen. So überließ die Bundesregierung 1980 den Gebieten mit Erdölvorkommen nur noch 1,5 Prozent der Einnahmen aus der Ölförderung. Vor der Machtergreifung des Militärs hatten diese Gebiete noch ein Anrecht auf mindestens 50 Prozent dieser Einnahmen sowie auf Feldesabgaben und bergrechtliche Förderabgaben.

Nachdem es mir 1977 überraschenderweise nicht gelungen war, in die Verfassunggebende Versammlung zu kommen, untersuchte ich, weshalb all meine Hoffnungen für die Ogoni sich nicht erfüllt hatten. Ich stellte fest, daß es eine ungeheure Aufgabe war, die fast übermenschliche Anstrengungen verlangte. Bis 1973 konnte ich mein Scheitern meiner relativen Jugend und mangelnden Erfahrung zuschreiben. Mein Scheitern 1977 ließ sich darauf zurückführen, daß ich die Ogoni nicht richtig organisiert hatte. Aber ich wußte auch, daß eine solche Organisation sehr viel Kraft, Geduld und Geld erforderte. Das erste besaß ich; das zweite konnte ich lernen; das dritte fehlte mir völlig. Es schien angebracht, sich danach umzusehen. In den nächsten sechs Jahren tat ich nichts anderes.

Ich war nicht auf viel Geld aus, es sollte gerade genug sein, daß meine Kinder ohne Schwierigkeiten zur Schule gehen konnten, während ich mich den Interessen der Ogoni widmete, und daß ich ein Dach über dem Kopf hatte, damit niemand mich und meine Familie auf die Straße werfen konnte. Ich hatte schon vier Kinder und besaß nichts auf der Welt. Und die Aufgabe, der ich mich verschreiben wollte, verlangte jenes entschlossene, unbeirrte Engagement, das keine Ablenkung zuließ.

Es war zudem wichtig, in meinem Streben nach einem gewissen Maß an finanzieller Sicherheit meine Integrität zu wahren und mich nicht auf Geschäfte im nigerianischen Stil einzulassen, die es mir unmöglich machen würden, noch jemandem in die Augen zu sehen.

Seit 1973, als man mich aus der Regierung von Rivers State entlassen hatte, betrieb ich ein Lebensmittelgeschäft. Außerdem hatte ich mich ein wenig als Großhändler für einheimische Erzeugnisse und Importgüter betätigt. Doch all das brachte mir nicht mehr als ein einigermaßen ausreichendes Auskommen. Trotz all meiner Anstrengungen hatte ich es noch nicht zum eigenen Haus gebracht. Das Entscheidende war, daß ich mich nicht voll und ganz auf meine Geschäfte konzentriert hatte. Ich hatte mich weiterhin für Ogoni-Politik interessiert und mich 1976 sogar für die Bezirkswahlen im Bundesstaat aufstellen lassen. Ich gewann die Wahl, lehnte aber das Amt des Ratsvorsitzenden ab, das Minister Francis Ellah mir anbot. Ich war auch kein guter Abgeordneter, nachdem ich feststellte, daß die Ratsdebatten kein sonderlich hohes Niveau besaßen, und so trat ich nach einiger Zeit zurück.

Ab Oktober 1977 widmete ich mich jedoch mit ganzer Kraft meinem Geschäft. Der Laden und der Handel lehrten mich, jeden Pfennig umzudrehen und zu investieren. Das war für mich nichts Neues. Meine Mutter und mein Vater hatten dafür gesorgt, daß ich schon seit meinem siebten Lebensjahr wußte, wie man Waren auf den Märkten in Bori und dem Nachbarort Ikot Abasi im heutigen Bundesstaat Akwa Ibom verkaufte.

Eine weitere Lektion, die meine Mutter mir erteilt, die zu lernen ich mich jedoch geweigert hatte, war, wie wichtig es ist, Land zu besitzen. Ständig hämmerte sie mir ein, daß es nötig sei, Land zu besitzen. Ich erwiderte ihr immer, Grundbesitzer seien Bourgeois und würden von der Revolution verschlungen, von der ich träumte; wie, das sagte ich nicht.

Nun kam mir diese Lektion zustatten, als ich darüber nachdachte, wie ich den Gewinn investieren sollte, den ich mit meinem Geschäft erzielte. Ich fing an, in Grundbesitz zu investieren – in Land und Häuser. Wieder war ich nicht auf großartige Investitionen aus, sondern wollte gerade genug, um über die Runden zu kommen. Ich konnte mir ein Wohnhaus kaufen, ein Gebäude für mein Geschäft und mein Büro sowie ein oder zwei weitere Immobilien. Ende 1983 hatte ich meiner Mutter den sehnlichen Wunsch erfüllt, mir ein Haus in Bane zu bauen, dem Ogoni-Dorf, in dem sie lebt. Und damit war meine geschäftliche Karriere, soweit es mich betraf, am Ende.

Nun wandte ich mich dem Schreiben zu. Das hatte scheinbar nichts mit der Aufbauarbeit unter den Ogoni zu tun. Doch Ende 1983 hatte ein Putsch stattgefunden, und auch wenn ich an Politik interessiert war, hatte ich doch gelernt, der Militärpolitik in Nigeria sorgsam aus dem Wege zu gehen. Sie ging brutal gegen jeden Zivilisten vor, der sich an ihr beteiligte. Der Augenblick schien mir günstig, zu meiner ersten Liebe zurückzukehren. Romane über die Ogoni und Nigeria zu schreiben war eine lohnende Alternative zur Militärpolitik oder zur Politik überhaupt. Ich stürzte mich voller Begeisterung und mit einem Gefühl der Verantwortung in meine neue Berufung. Ich nahm meine Arbeit wirklich ernst und dachte, ich hätte wertvolle Zeit mit dem Handel verloren. Ich griff einige alte Manuskripte auf, die ich an der Universität oder während des Bürgerkrieges geschrieben hatte. Als ich 1973 mit dem Handel begann, hatte ich sie in eine Schublade geschoben. Sie waren größtenteils unvollendet.

Ich begann mit meinem Gedichtband, polierte eine Reihe Gedichte auf und schickte sie meinem geschätzten Freund und Ogoni-Landsmann Theo Vincent, Englischprofessor an der Universität Lagos. Während ich auf seine Beurteilung der Gedichtsammlung wartete, schrieb ich die zweite Hälfte meines ersten Romans, *Sozaboy*, und sandte ihn an Longman Nigeria, den Verlag, der 1973 meine Kinderbücher herausgebracht hatte. Anschließend nahm ich mir die Kurzgeschichten vor und schrieb elf neue, die den neunzehn Geschichten umfassenden Band *A Forest of Flowers*, wie er nun heißt, vervollständigten. All das geschah sozusagen in Windeseile.

Sobald Theo meinte, die Gedichte seien druckreif, schmiedete ich Pläne, sie selbst zu verlegen, nachdem mir ein Lektor bei Longman versichert hatte, nigerianische Verleger gingen nur äußerst zögernd an die Veröffentlichung von Gedichten und Dramen heran. Das maschinengeschriebene Manuskript schickte ich an die Druckerei Richard Clay in London. Es kam zurück mit Anmerkungen, die ich nicht verstand. Es war mir schrecklich, so dumm dazustehen, und ich beschloß, einen Lehrgang in Verlagswesen zu absolvieren.

Schon vorher kam ich zur Fernsehproduktion, nicht aus eigenem Antrieb, sondern aus reinem Zufall. An anderer Stelle habe ich bereits erzählt, wie mich eine Freundin aus der Zeit an der Universität Ibadan, Dr. Victoria Ezeokoli, die Programmdirektorin beim nigerianischen Fernsehen war, dazu gedrängt hat. Angefangen hat es als Scherz, doch nachdem ich erst einmal bei der Sache war, gab ich wie gewöhnlich mein Bestes. Ich hatte die Ideen, schrieb, produzierte, finanzierte und vermarktete eine Comedy-Serie, die fünf Jahre (von Oktober 1985 bis Oktober 1990) im nigerianischen Fernsehen lief und national wie international viel Lob erntete.

Die Fernsehproduktion feilte meine Fähigkeit aus zu schreiben, und der stürmische Erfolg der Serie, *Basi & Co.*, begründete meinen Ruf als kreativer Schriftsteller. Doch vor allem lernte ich mit der Presse umzugehen und die Promotion einer Idee zu organisieren, da die Publicity ein zentrales Moment für den Erfolg einer Fernsehserie ist. In dieser Hinsicht war die Fernseharbeit durchaus von Bedeutung für die Ogoni-Frage.

Nachdem das Fernsehprogramm gesendet wurde, machte ich mir allmählich Gedanken, warum Longman mir nicht mitgeteilt hatte, ob der Verlag *Sozaboy* herausbringen wollte oder nicht. Ich war es leid, noch länger zu warten, und beschloß, das Buch selbst zu verlegen. Ohne zu wissen, was ich tat, führte ich mich wie ein Verleger auf. Ich konnte mich lediglich auf das Wissen stützen, das ich am staatlichen College Umuahia und an der Universität Ibadan bei der Herausgabe von Studentenzeitungen erworben hatte. Mein entscheidender Fehler war, das Buch allein korrekturzulesen. Ich brauchte vier unabhängige Augenpaare! Als das Buch in gebundener Form erschien, wies es folglich mindestens fünfzig Druckfehler auf! Seitdem ist das Korrekturlesen für mich eines der interessantesten Momente der Verlagsarbeit. Ob ich wohl je ein fehlerfreies Buch herausbringen werde?

In rascher Folge erschienen mehrere Bücher, doch keines war mir wichtiger als mein Tagebuch des nigerianischen Bürgerkrieges, *On a Darkling Plain*. Ebenso wie *Sozaboy* stammte es aus einer äußerst prägenden Zeit meines Lebens, einer Zeit großer Dramatik und noch größerer Herausforderungen. Ein recht großer Teil des Buches war noch vor 1973 entstanden. Um es abzurunden, mußte ich jedoch weitere Recherchen anstellen und mir Gedanken machen, in welche Richtung die Entwicklung Nigerias in den achtziger Jahren ging.

Meine Recherchen näherten sich dem Ende, als ich aus heiterem Himmel in eine leitende Funktion des Bundesamtes für Massenmobilisierung zu Selbstvertrauen, sozialer Gerechtigkeit und wirtschaftlichem Aufschwung (Directorate of Mass Mobilisation for Self-Reliance, Social Justice and Economic Recovery – MAMSER) ernannt wurde. Die Ernennung im September 1987 kam für mich völlig überraschend. Ich verstand nicht, wie man mich als Geschäftsmann hauptamtlich in ein staatliches Amt berufen konnte. Doch einige Freunde von mir meinten, ich sei der Regierung gegenüber so kritisch gewesen, daß jemand beschlossen habe herauszufinden, ob ich es ernst meine oder nur in einer negativen Einstellung schwelge.

Das sollte für mich ein teures Abenteuer werden, fand ich. Meine gesamten Aktivitäten aufzugeben, um einer regelmäßigen Arbeit nachzugehen – was ich fast mein Leben lang noch nicht gemacht hatte –, gefiel mir ganz und gar nicht. Doch als ich die Antrittsrede des Mannes hörte, der Babangida am nächsten stand, dem Militärdiktator, der in einer Palastrevolte 1985 die Macht ergriffen hatte, und feststellte, daß das Amt seiner Konzeption nach das Land revolutionieren sollte, beschloß ich, es damit zu versuchen. Für ein Jahr wollte ich es machen, nicht länger. Das Amt hatte die Aufgabe:

- das Bewußtsein aller Nigerianer für ihre staatsbürgerlichen Rechte und Pflichten zu wecken;
- alle Nigerianer für den Kampf gegen die Vorherrschaft einiger weniger Einzelpersonen und Gruppen von innen und außen über unsere Ressourcen zu sensibilisieren, zu motivieren und zu rüsten;
- eine Umorientierung der Nigerianer zu bewirken, daß sie Verschwendung und Eitelkeit meiden und auf jede Vorspiegelung von Wohlstand in ihrem Lebensstil verzichten;
- ein Bewußtsein für Macht und ihren Einsatz sowie für die angemessene Rolle des Staates im Dienst an den kollektiven Interessen der Nigerianer zu schaffen;
- die Notwendigkeit zu propagieren, allen Unarten des öffentlichen Lebens entgegenzuwirken, einschließlich Korruption, Unaufrichtigkeit, Wahl- und Volkszählungsbetrug sowie ethnischer und religiöser Bigotterie;
- die Werte der harten Arbeit, Ehrenhaftigkeit, des Vertrauens auf die eigene Kraft, der Verpflichtung auf und Förderung von nationaler Integrität zu propagieren und
- Nigerianern die Tugenden des Patriotismus und der positiven Partizipation an nationalen Angelegenheiten einzuprägen.

Ich übernahm die Verantwortung für die Forschungsarbeit des Amtes. Das Jahr erwies sich als nutzbringend. Allerdings wurde mir schon bald klar, daß das Projekt trotz des ganzen Geldes, das die Regierung dafür ausgab, keinen Erfolg haben würde. Man konnte Menschen nicht ohne eine Ideologie mobilisieren. Und sie zu mobilisieren hieße sie aufzufordern, die Militärregierung als solche ernstlich in Frage zu stellen. Es gab also gewisse Dinge, die wir als Verwaltungsbeamte nicht tun konnten. Zudem gab es einige recht schwerwiegende organisatorische Mängel, die wir mit anderen Behörden in Nigeria gemeinsam hatten. Diese beiden Faktoren machten das Amt zu einer Totgeburt. Im Oktober 1988 quittierte ich den Dienst.

In diesem einen Jahr des Nachdenkens und der praktischen Arbeit für gesellschaftliche Mobilisierung und soziale Gerechtigkeit kam ich jedoch zu gewissen Schlußfolgerungen, die seither meine Einstellung zum Wandel und zur Gesellschaft Nigerias geprägt haben.

Sobald ich MAMSER verließ, machte ich mich daran, die Recherchen für mein Bürgerkriegstagebuch *On a Darkling Plain* abzuschließen. Ich hatte damals die Verträge für die Veröffentlichung von *Prisoner of Jebs* unter Dach und Fach gebracht, das 1985/86 in der Zeitschrift *Vanguard* als Fortsetzungsroman erschienen war. Ich schrieb unermüdlich Kurzgeschichten und Kinderbücher, und *Basi & Co.* lief nach wie vor und verschlang einen Großteil meiner Zeit und meines Geldes.

Ich hatte geplant, 1989 sechs Bücher herauszubringen, darunter auch *On a Darkling Plain*. Doch in diesem Jahr traten alle möglichen Probleme auf, unter anderem starb Nomsy, meine geliebte Freundin und Mutter von zweien meiner Kinder; sie ruhe in Frieden. Fünf der Bücher erschienen, aber *On a Darkling Plain* konnte ich erst am 22. März 1990 im Nigerian Institute of International Affairs in Lagos der Öffentlichkeit vorstellen.

Die Veranstaltung war gut besucht von der nigerianischen Bildungselite, Journalisten, Diplomaten und Literaten sowie den Frauen von Diplomaten und ausländischen Angehörigen verschiedener Organisationen – Mitgliedern des African Literature Club –, vor denen ich schon früher Lesungen aus meinen Werken gehalten hatte.

Ich nutzte die Gelegenheit, über die Verpflichtungen des Landes gegenüber dem Nigerdelta mit seinen Ölvorkommen zu sprechen:

Herr Vorsitzender, Herr Minister, Exzellenzen,
meine Damen und Herren,
ich freue mich, Ihnen *On a Darkling Plain: An Account of the Nigerian Civil War* vorstellen zu können. Den größten Teil des Buches habe ich zwar schon nach Ende des Bürgerkrieges 1970 geschrieben, es hat jedoch einige Zeit gedauert, bis ich überzeugt war, daß der richtige Zeitpunkt für die Veröffentlichung gekommen ist. Ich möchte Kole Omotoso danken, der mich zu seiner Veröffentlichung ermutigt hat.

Ein Bürgerkrieg ist ein zutiefst spaltendes Ereignis; darüber zu schreiben kann nicht einfach sein, zumal wenn man versucht, die Wahrheit darzustellen, und diese Wahrheit ebenso viele Seiten hat, wie es Protagonisten und Interessen gibt. In einem Land, das so viele ethnische Gruppen, Religionen, Gesellschaftsschichten und soziale Konflikte aufweist wie Nigeria, hat ein Bürgerkrieg ernsthafte Auswirkungen auf den einzelnen, auf Familien und Gemeinschaften. Darüber zu schreiben ist, als liefe man über ein Minenfeld. Es erlegt dem Autor eine schwere Verantwortung auf.

Diese Verantwortung habe ich vor langer Zeit übernommen und mit der nötigen Ernsthaftigkeit und Sorgfalt behandelt. Ich behaupte nicht, unfehlbar zu sein, aber ich versichere Ihnen, daß ich von einem so objektiven Standpunkt aus geschrieben habe, wie es unter den gegebenen Umständen möglich ist.

Ich erwarte nicht, daß das Buch allen gefällt. Ich erwarte, daß es zur Auseinandersetzung und zum Nachdenken anregt, daß es einen Beitrag zu den bestehenden Ansichten über den Bürgerkrieg leistet und einen neuen Weg im politischen Denken und gesellschaftlichen Verhalten der Nigerianer aufzeigen hilft.

Trotz meiner Vorbehalte gegenüber den Begleitumständen des letzten Bürgerkrieges möchte ich jenen Männern und Frauen beider Seiten, die nach ihrer Auffassung gegen Ungerechtigkeit, Heuchelei und Betrug gekämpft haben, meine Anerkennung aussprechen. Wir müssen dafür sorgen, daß jene, die im Kampf ihr Leben gelassen haben, nicht umsonst gestorben sind.

Viele, die am Krieg in der einen oder anderen Form teilgenommen und überlebt haben, werden mir bereitwillig zustimmen, daß das Land, für das wir gekämpft haben, nicht das ist, das wir heute haben. Es gibt noch weitere Kämpfe zu bestehen, nach der Auffassung und im Sinne der Nigerianer, wenn das Land, von dem wir träumen, entstehen soll.

Es ist nicht meine Absicht, hier eine Buchbesprechung zu geben; das hat Professor Theo Vincent auf seine unnachahmliche Weise bereits getan. Allerdings möchte ich auf zwei große Bereiche aufmerksam machen, die meine Geschichte und mein Studium der nigerianischen Gesellschaft in den Blickpunkt gerückt haben: die ethnische Frage und das Erdöl.

Die ethnische Prägung der nigerianischen Gesellschaft ist eine Tatsache. Sie läßt sich nicht wegbeten oder wegwünschen, und jene, die es zumindest in der Öffentlichkeit versuchen, brauchen sich nur das Beispiel der Sowjetunion, Jugoslawiens und Rumäniens anzusehen, um sich von diesem Irrtum zu befreien. Ich schlage deshalb vor, daß man der Beschaffenheit des Landes als Föderation aus 300 ethnischen Gruppen in der Formulierung der staatlichen Politik umfassend Rechnung trägt. Die gegenwärtige Teilung des Landes in eine Föderation, in der gewisse ethnische Gruppen auf mehrere Staaten aufgespalten sind, während andere gezwungen sind, in einer heiklen Einheit zusammenzuleben, die der föderalen Kultur des Landes abträglich ist, stellt ein Rezept für Uneinigkeit und zukünftige Kriege dar. Chief Awolowo hat es äußerst prägnant ausgedrückt: «In einer wahrhaft föderalistischen Verfassung hat jede Gruppe, so klein sie sein mag, das Recht auf die gleiche Behandlung wie jede andere Gruppe, so groß sie sein mag. Jede muß die Möglichkeit haben, ihre eigenen politischen Institutionen zu entwickeln. Die gegenwärtige Struktur stärkt einen indigenen Kolonialismus – ein krudes, hartes, unwissenschaftliches und unlogisches System.»

Im Zentrum dieses Bürgerkrieges stand weitgehend das Erdöl. Die Menschen, die in Gebieten mit Ölvorkommen leben, waren die Hauptopfer des Krieges. Zwanzig Jahre nach Kriegsende haben das Verteilungssystem der Einnahmen, die Erschließungspolitik einer Abfolge verschiedener Bundesregierungen und die Unsensibilität der nigerianischen Elite das Nigerdelta und seine Umwelt in ein ökologisches Katastrophengebiet verwandelt und seine Einwohner menschenunwürdigen Verhältnissen ausgesetzt.

Die Vorstellung, daß die Gebiete mit Erdölvorkommen dem Land zwar seine Einnahmen liefern, man ihnen aber einen angemessenen Anteil an diesen Einnahmen vorenthalten kann, weil man meint, daß die Einwohner dieses Gebietes zahlenmäßig eine kleine Gruppe ausmachen, ist ungerecht, unmoralisch, unnatürlich und gottlos. Warum sollen Menschen auf Land, in dem es Öl gibt, sich quälen lassen? Warum haben sie nur ein Anrecht auf 1,5 Prozent ihrer Ressourcen? Warum hat man ihnen dieses Geld nicht pünktlich bezahlt? Wo sind die Zinsen, die das Geld in den letzten zehn Jahren erbracht hat? Die Völker insbesondere von Rivers und Bendel State lasten schwer auf dem Gewissen Nigerias.

Das Schweigen nigerianischer Sozialreformer, Autoren und Juristen zu dieser Frage ist ohrenbetäubend. Daher müssen die betroffenen Völker sich unverzüglich wappnen und unmißverständlich ihr rechtmäßiges Erbe einfordern. Sie dürfen nicht vor der Ungeheuerlichkeit der Aufgabe und der Unmoral der Gegenwart zurückschrecken. Die Geschichte und die öffentliche Meinung der Welt stehen auf ihrer Seite. Ich rufe die Regierung Babangida auf, die Geltung der Menschenrechte und die Forderungen nach sozialer Gerechtigkeit auf die Minderheiten ganz Nigerias auszuweiten und besonders auf die Minderheiten im Nigerdelta und seiner Umgebung. Ich rufe die Regierung auf, diesen Gemeinschaften alle Gelder mit Zinsen auszuzahlen, die sie ihnen schuldet, und ihren prozentualen Anteil an den Öleinkünften radikal zu erhöhen.

Ich rufe die Elite von Nigeria auf, fair mit allen nigerianischen Gemeinschaften umzugehen, Taschenspielertricks als Instrument angewandter Sozialwissenschaften durch wissenschaftliche Methode zu ersetzen und den weniger Privilegierten in unserer Gesellschaft Mitgefühl entgegenzubringen, damit wir ein besseres Nigeria schaffen und der Zukunft ein sinnvolles Erbe und ein schönes Land übergeben können.

Es war ein umstrittenes Buch. Ich hatte meine Ansichten über die Rechte der ethnischen Minderheiten sehr pointiert zum Ausdruck gebracht und rechnete mit einer scharfen Reaktion ethnischer Hegemonisten in Nigeria. Sie enttäuschten mich nicht. Einige Ibo fanden das Buch besonders provozierend und fielen über mich, nicht über das Buch her, oft sogar ohne es gelesen zu haben.

Es war in gewisser Weise ein Zufall, daß ich damals gerade eine Kolumne in der staatlichen Wochenzeitung *Sunday Times* schrieb. Dr. Yemi Ogunbiyi, ein Akademiker, hatte erst kürzlich die Leitung der staatlichen *Daily Times* übernommen und suchte gute freischaffende Journalisten. (In Nigeria arbeiten freischaffende Journalisten unentgeltlich.) Er gab mir eine Chance, und ich schrieb eine Kolumne mit dem Titel «Similia». Diese Kolumne nutzte ich, um die Kritiken meines neuen Buches zu beantworten und die darin skizzierten Ideen abseits meiner sonstigen Aktivitäten weiterzuentwickeln.

Die Zeitungskolumne weitete meine Leserschaft aus und trug erheblich zur Verbreitung meiner Idee bei. Allwöchentlich sorgte ich dafür, daß die Leser den Namen Ogoni vor Augen hatten. Es war eine Fernsehmethode, die darauf abzielte, den Namen unauslöschlich in ihren Köpfen einzuprägen. Manchmal provozierte ich in meiner scharfen, polemischen Kolumne Leser absichtlich oder ließ einen Versuchsballon steigen.

Als die Kontroverse um *On a Darkling Plain* verebbte, hatte ich die Produktion der Serie *Basi & Co.* eingestellt, die Kolumne «Similia» stand kurz vor dem Aus (sie wandte sich zu sehr gegen das Establishment und wurde deshalb gestrichen), und meine Aufmerksamkeit konzentrierte sich zunehmend auf die Ogoni-Frage.

Schon als die Kontroverse über *On a Darkling Plain* noch in vollem Gange war, hatte ich angefangen, die Ogoni zu mobilisieren. Zuerst organisierte ich ein Seminar unter den Auspizien des neu gegründeten Zentralverbandes der Ogoni (Ogoni Central Union), zu dessen Vorsitzendem man mich gewählt hatte. Die klügsten Köpfe der Ogoni legten Beiträge über Aspekte des Ogoni-Lebens vor, über Kultur und Bildung, über die Zerrüttung der Ogoni, ihre traumatische Existenz, Landwirtschaft, Ökonomie, Frauen. Die Schlußfolgerungen des Seminars zeigten die Notwendigkeit auf, daß das Volk der Ogoni sich besser organisieren und die Verantwortung für seine politische Existenz übernehmen müsse. Ich warb bei Kagote, einem Club für die Ogoni-Elite, und im Ogoni Club, einem weiteren Verein für junge Ogoni-Akademiker, für die Idee, eine Massenorganisation zu gründen. Ich besuchte eine Sitzung nach der anderen und vertrat meine Ansichten unablässig und nachdrücklich. Ich stieß auf offene Ohren.

Es war in gewisser Weise ein glücklicher Umstand, daß damals die meisten Ogoni-Politiker vom politischen Prozeß ausgeschlossen waren, den der gerissene Diktator Babangida in Gang gesetzt hatte. Die Politiker waren verbittert über ihren Ausschluß und suchten nach relevanten Betätigungsmöglichkeiten, die ihnen weiter das Rampenlicht sicherten. Zudem standen sie nicht unter den Zwängen und Beschränkungen, die eine Parteizugehörigkeit ihnen auferlegt hätte. Als ich vorschlug, eine *Ogoni Bill of Rights* unter den Auspizien des Zentralverbandes der Ogoni zu unterzeichnen, erhob daher niemand Einwände. Am 26. August 1990 trafen wir uns in Bori (dem größten Ort der Ogoni), um die von mir entworfene Erklärung zu verabschieden; es herrschte eine Stimmung wie im Karneval. Alle stimmten der Erklärung zu und wollten sie unterzeichnen. Wir schlugen je fünf Unterzeichner für jedes der sechs Ogoni-Königtümer vor (bis dahin meiner Ansicht nach fälschlicherweise «Clans» genannt), für Babbe, Eleme, Gokana, Ken-Khana, Nyo-Khana und Tai, doch um alle zufriedenzustellen, mußten wir die Zahl der Unterzeichnenden auf sechs pro Königtum erhöhen.

Später ging das endgültige Dokument herum, und alle unterzeichneten es bis auf das Königtum Eleme, dessen staatlich bestelltes Oberhaupt, Ngei O. Ngei, den Vorsitz über unsere Versammlung führte. Letzten Endes warf er Fragen zu der Erklärung auf, die unsere Arbeit verzögert hätten. Wir beschlossen daher, Eleme vorerst auszulassen und erst später einzubeziehen, wenn wir eine Führung im Königtum Eleme ausgemacht hätten, die sich wahrhaft dem Fortschritt der Region verpflichtet fühlte.

OGONI BILL OF RIGHTS
Vorgelegt der Regierung und Bevölkerung Nigerias

Wir, das Volk der Ogoni (Babbe, Gokana, Ken-Khana, Nyo-Khana und Tai), mit etwa 500 000 Menschen eine unabhängige, eigenständige ethnische Nationalität innerhalb der Bundesrepublik Nigeria, möchten die Regierung und die Bevölkerung Nigerias auf folgende Tatsachen aufmerksam machen:

1. Das Volk der Ogoni ist vor der Errichtung des britischen Kolonialismus von keiner anderen ethnischen Gruppe im heutigen Nigeria erobert oder kolonisiert worden.

2. Die britische Kolonisierung hat uns zwangsweise von 1908 bis 1947 in den Verwaltungsbezirk Opobo eingegliedert.
3. Gegen diese erzwungene Eingliederung haben wir protestiert, bis 1947 die Ogoni Native Authority geschaffen und der damaligen Rivers Province unterstellt wurde.
4. 1951 sind wir zwangsweise in die Ostregion Nigerias eingegliedert worden, in der wir äußerste Vernachlässigung erfahren haben.
5. Gegen diese Vernachlässigung haben wir protestiert, indem wir 1957 gegen die in dieser Region regierende Partei gestimmt haben, und gegen die erzwungene Eingliederung, indem wir 1958 vor der Willink Commission of Inquiry into Minority Fears ausgesagt haben.
6. Dieser Protest hat 1967 zur Eingliederung unseres Volkes in den Bundesstaat Rivers geführt, der aus mehreren ethnischen Gruppen unterschiedlicher Kultur und Sprache besteht.
7. 1958 hat man auf unserem Land in K. Dere (Ölfeld Bomu) Erdöl entdeckt und in kommerziellen Mengen gefördert.
8. Von 1958 bis heute hat die Shell Petroleum Development Company (Nigeria) Limited auf unserem Land auf folgenden Ölfeldern Erdöl gefördert: (I) Bomu, (II) Bodo West, (III) Tai, (IV) Korokoro, (V) Yorla, (VI) Lubara Creek und (VII) Afam.
9. In über 30 Jahren Erdölförderung hat das Volk der Ogoni dem Staat Nigeria Gesamteinkünfte in einer geschätzten Höhe von 40 Milliarden Naira oder 30 Milliarden Dollar verschafft.
10. Als Gegenleistung für den oben genannten Beitrag hat das Volk der Ogoni NICHTS bekommen.
11. Heute besitzt das Volk der Ogoni
    a) KEINERLEI Vertretung in den Organen der Bundesregierung von Nigeria;
    b) keine Wasserleitung;
    c) keine Elektrizität;
    d) keine Beschäftigungsmöglichkeiten im öffentlichen Dienst auf Bundes-, Landes- und Kommunalebene oder in Privatunternehmen;
    e) keine Bundesförderung auf sozialem und wirtschaftlichem Gebiet.

12. Die Ogoni-Sprachen Gokana und Khana erhalten keine Förderung und drohen unterzugehen, während man uns andere nigerianische Sprachen aufzwingt.
13. Die ethnische Politik sukzessiver Bundes- und Landesregierungen treibt das Volk der Ogoni nach und nach in die Sklaverei und in den möglichen Untergang.
14. Die Shell Petroleum Development Company of Nigeria Limited stellt entgegen den gesetzlichen Bestimmungen der Bundesregierung Ogoni weder in wichtigen noch in anderen Ebenen ein.
15. Die Suche nach Erdöl hat zu einer ernsthaften Verknappung von Land und Nahrungsmitteln in der Ogoni-Region geführt, einem Gebiet mit der höchsten Bevölkerungsdichte Afrikas (durchschnittlich 575/km^2 gegenüber national durchschnittlich 115/km^2).
16. Nachlässige Gesetze gegen Umweltverschmutzung und unterdurchschnittliche Kontrollverfahren seitens der Bundesbehörden haben zu einer völligen Umweltzerstörung in Ogoni geführt und unsere Heimat in ein ökologisches Katastrophengebiet verwandelt.
17. Dem Volk der Ogoni fehlt es an Bildungsmöglichkeiten, Gesundheitsversorgung und anderen sozialen Einrichtungen.
18. Es ist untragbar, daß eine der reichsten Regionen Nigerias in äußerster Armut und Elend untergeht.
19. Eine Abfolge nigerianischer Bundesregierungen hat jedes Minderheitenrecht, das in der Verfassung Nigerias festgeschrieben ist, zum Nachteil der Ogoni mit Füßen getreten und den Reichtum der Ogoni durch Verwaltungsstrukturen und andere nachteilige Vorschriften ausschließlich in andere Teile der Republik transferiert.
20. Das Volk der Ogoni möchte seine Angelegenheiten selbst regeln.

Daher stellen wir nun unter Bekräftigung unseres Wunsches, Teil der Bundesrepublik Nigeria zu bleiben, folgende Forderungen an die Republik:

Dem Volk der Ogoni ist politische Autonomie zuzugestehen, als eigenständige, unabhängige Einheit gleich unter welchem Namen an den Angelegenheiten der Republik zu partizipieren, unter der Bedingung, daß diese Autonomie folgendes gewährleistet:
a) politische Kontrolle über Ogoni-Angelegenheiten durch Ogoni;
b) das Bestimmungs- und Verwendungsrecht über einen gerechten Anteil an den wirtschaftlichen Ressourcen der Ogoni für die Entwicklung von Ogoni;
c) adäquate und direkte rechtmäßige Vertretung in allen Staatsorganen Nigerias;
d) die Zulassung und Förderung der Ogoni-Sprachen als Verkehrssprachen im Gebiet der Ogoni;
e) die umfassende Förderung der Ogoni-Kultur;
f) das Recht auf freie Religionsausübung;
g) das Recht, die Umwelt und Ökologie in Ogoni vor weiterer Zerstörung zu schützen.

Die oben genannte Forderung stellen wir im vollen Bewußtsein, daß sie die Rechte keiner anderen ethnischen Gruppe der nigerianischen Föderation schmälert und nur Frieden, Gerechtigkeit und fairen Umgang und somit Stabilität und Fortschritt im Staat Nigeria fördern kann.

Wir stellen die oben genannte Forderung in der Überzeugung, daß, wie Obafemi Awolowo geschrieben hat, in einer echten Föderation jede ethrische Gruppe, so klein sie sein mag, das Recht auf die gleiche Behandlung hat wie jede andere ethnische Gruppe, so groß sie sein mag.

Wir fordern diese Rechte als gleichberechtigte Mitglieder der nigerianischen Föderation, die einen Beitrag zum Wachstum der Föderation leisten und geleistet haben und ein Anrecht besitzen, von dieser Föderation umfassende Gegenleistungen zu erwarten.

Einstimmig angenommen vom Volk der Ogoni am 26. August 1990 in Bori, Rivers State, unterzeichnet:

BABBE: HRH Tsaro-Igbara, Gbenemene Babbe; HRH F. M. K. Noryaa, Menebua, Ka-Babbe; Chief M. A. M. Tornwe III, J. P.; Prince J. S. Sangha; Dr. Israel Kue; Chief A. M. N. Gua.

GOKANA: HRH James P. Bagia, Gberesako XI, Gbenemene Gokana; Chief E. N. Kobani, J. P., Tonsimene Gokana; Dr. B. N. Birabi; Chief Kemte Giadom, J. P.; Chief S. N. Orage.

KEN-KHANA: HRH M. H. S. Eguru, Gbenemene Ken-Khana; HRH C. B. S. Nwikina, Emah III, Menebua Bom; M. C. Daanwii; Chief T. N. Nwieke; Ken Saro-Wiwa; Simeon Idemyor.

NYO-KHANA: HRH W. Z. P. Nzidee, Gbenemene Baa I of Nyo-Khana; Dr. G. B. Leton, OON, JP; Lekue Lah-Loolo; L. E. Mwara; Chief E. A. Apenu; Pastor M. P. Maeba.

TAI: HRH B. A. Mballey, Gbenemene Tai; HRH G. N. Gininwa, Menebua Tua-Tua; Chief J. S. Agbara; Chief D. J. K. Kumbe; Chief Fred Gwezia; HRH A. Demor-Kanni, Menebua Nonwa.

Als Vorsitzender des Zentralverbandes der Ogoni sandte ich das Dokument an Babangidas Kabinett des Armeerates (Armed Forces Ruling Council). Wie ich erwartet hatte, erhielten wir lediglich eine Eingangsbestätigung von den Bürokraten der Residenz (Babangida war vielleicht der einzige nicht gewählte Präsident der Welt). Aber die Würfel waren gefallen.

Wir hatten beschlossen, die Erklärung in einer überregionalen Tageszeitung zu veröffentlichen, und ich hatte darauf bestanden, daß die Unterzeichnenden zu den Kosten für den Anzeigenplatz in der Zeitung beitragen sollten. Das war eine Möglichkeit, die Unterzeichnenden auf die Opfer zu verpflichten, die der Kampf zwangsläufig fordern würde.

Nun organisierten wir die Verbreitung der *Bill of Rights* in allen sechs Ogoni-Königtümern. Wir hatten vor, das Dokument der Masse der Ogoni vorzustellen und zu erklären. Da es in Englisch verfaßt war, mußten wir es ihnen in den Ogoni-Sprachen nahebringen. Mit dieser Aufgabe betrauten wir unter anderem Ledum Mitee, einen brillanten jungen Ogoni-Anwalt. Auf diese Form der Bildungsarbeit sollten wir im Laufe unseres Kampfes zunehmend vertrauen.

Bis Ende des Jahres gab es im Ogoni-Gebiet beträchtliche Aufregung über die *Ogoni Bill of Rights*. Auch weiterhin nutzte ich jedes erdenkliche Forum, um nachdrücklich für einen gewaltlosen Kampf einzutreten. Am 26. Dezember 1990 hielt ich auf Einladung die Hauptrede beim Jahresempfang des Kagote Club:

Sehr geehrte Chiefs, Gemeindeälteste, liebe Landsleute,
meine Damen und Herren,
ich freue mich, heute nachmittag hierzusein, und danke Ihnen für die Einladung, diese Rede zu halten.

Lassen Sie mich Ihnen zu Beginn meinen Glückwunsch aussprechen, daß Sie diese Organisation im Laufe dieses Jahres lebendig erhalten haben. Ich bin überzeugt, wenn Sie an dieser Einstellung festhalten, wird der Kagote Club mit der Zeit den Gang der Ereignisse in Ogoni zum Besseren beeinflussen.

Sie alle kennen sicher die überaus ernste Lage, in der sich Ogoni heute befindet. Noch nie zuvor in der Geschichte unseres Volkes waren wir kollektiv mit derart erschreckenden Herausforderungen konfrontiert. Noch nie zuvor bestand eine solche Notwendigkeit zur Einigkeit, Geschlossenheit und Übereinstimmung. Selbst auf die Gefahr hin, langweilig zu werden, da ich dies schon an anderer Stelle behandelt habe, möchte ich die ernste Gefahr umreißen, der sich Ogoni gegenübersieht. Historisch war das Volk der Ogoni immer stark und unabhängig. Aus diesem Grund sind die Ogoni auch nie von anderen Völkern kolonisiert und im Verlauf des berüchtigten Transatlantik-Sklavenhandels nie als Sklaven verschleppt worden, waren sie bei ihren Nachbarn als «Kannibalen» bekannt und konnten sich den fruchtbarsten und gesündesten Teil der Ebene des nördlichen Nigerdeltas bewahren. Hinzu kam das von unseren Vorfahren erlassene Gesetz, das Eheschließungen mit unseren Nachbarn verbot, mit Ausnahme der Ibibos, deren Frauen Ogoni-Männer heiraten durften. Es trug dazu bei, die Eigenart der Ogoni zu erhalten, ihre Sprache und Kultur zu bewahren und zu verhindern, daß sie in größeren Nachbargruppen aufgingen oder verwässert wurden.

Gleichzeitig sind die Ogoni dafür bekannt, daß sie «in ihren originellen, abstrakten Masken eine außergewöhnliche Kunstfertigkeit erreichen». Besonders möchte ich Sie auf die Worte «außergewöhnlich» und «originell» hinweisen. Sie kennzeichnen die Besonderheit des Ogoni-Volkes, die wir nicht vergessen dürfen.

Wichtig ist in diesem Zusammenhang auch, daß die Ogoni eine Begabung sowohl als Geschichtenerzähler wie auch in anderen Formen der Kunst besitzen und sich dort ohne weiteres behaupten können. Die Ogoni haben erstklassige Beiträge zur englischsprachigen modernen Literatur Afrikas geleistet. Und vor der Errichtung des britischen Kolonialismus besaßen die Ogoni ein überaus geordnetes Gemeinwesen.

Der britische Kolonialismus brachte der Ogoni-Gesellschaft tiefgreifende Erschütterungen und erlegte uns eine Rückständigkeit auf, aus der wir uns nach wie vor zu befreien suchen. Es war der britische Kolonialismus, der uns fremde Verwaltungsstrukturen aufzwang und uns in den Inlandskolonialismus Nigerias trieb. Von der verwaltungsmäßigen Eingliederung des Ogoni-Gebietes in den Opobo-Bezirk über die Gründung der Rivers Province 1947 bis zur Schaffung der Ostregion 1951 und des Rivers State 1967 kämpft das Volk der Ogoni gegen Kolonialismus und für eine Rückkehr zu seiner geliebten Autonomie und Selbstbestimmung. Ich fühle mich in der Überzeugung ermutigt, daß wir in diesem heroischen Kampf unseres Volkes allmählich das Licht am Ende eines ungeheuer dunklen Tunnels sehen.

Einige von Ihnen sind seit den Anfängen an diesen Kämpfen beteiligt. Die meisten von Ihnen dürften um die Kämpfe Birabis und anderer im Zentralverband der Ogoni und der Ogoni State Representative Assembly von den dreißiger bis in die fünfziger Jahre wissen.

Ich muß hier unmißverständlich sagen, daß dieser Kampf erheblich erschwert wurde durch das, was ich als den kruden, nackten Charakter des nigerianischen Inlandskolonialismus bezeichnet habe, eines Kolonialismus, der grausam, gefühllos und abscheulich ist. Seine Methoden bestehen in einer empörenden Verweigerung unserer Rechte, einer widersprüchlichen Aneignung unserer wirtschaftlichen Ressourcen und einer Menschenverachtung, die unser Volk zu demoralisieren sucht, indem sie es als schwach, obskur und dumm hinstellt. All das hält den Tatsachen, hält der Geschichte nicht stand. Denn die Ogoni arbeiten hart, sind talentiert und intelligent. Wenn wir schon unter unseren elenden Bedingungen das geschafft haben, was wir bisher erreicht haben, kann sich dann jemand vorstellen, was wir erreicht hätten, wenn wir Chancengleichheit besessen hätten?

Als Folge des Inlandskolonialismus haben die Ogoni praktisch ihren Stolz auf sich und ihre Fähigkeiten verloren, haben sie bei Wahlen für eine Vielzahl von Parteien gestimmt, sich als ewige Vasallen anderer ethnischer Gruppen gesehen und sind schließlich zu dem Glauben gelangt, es gebe für sie keinen anderen Weg als den Abstieg.

Bedenkt man den Betrug bei der Volkszählung, die Mißstände der Verwaltungsstruktur, die ungerechte Verteilung staatlicher Mittel und den mangelnden Schutz der Minderheitenrechte in der nigerianischen Verfassung, so müssen wir es schon für ein Wunder halten, daß Ogoni überhaupt noch existiert. Ja, wir existieren bloß noch; existieren noch so gerade. Unsere Kinder besuchen größtenteils keine Schule, und jene, die eine Schulbildung erhalten haben, finden keine Arbeit. Wer Arbeit hat, hat keine Aufstiegschancen, weil der Aufstieg sich in Nigeria nicht nach Verdienst, sondern nach Beziehungen richtet. Unsere Sprachen sterben, unsere Kultur geht unter. Für ein Volk, das jenen, die im unwirtlichen Nigerdelta leben, Nahrung geliefert hat, ist es eine unerhörte Schande, daß wir heute Nahrungsmittel kaufen. Land ist in Ogoni äußerst knapp, und das vorhandene reicht nicht mehr aus, unsere rasch wachsende Bevölkerung zu ernähren. Wo sollen unsere Kinder in 20 Jahren leben und Ackerbau treiben? Die Ogoni haben am Wirtschaftsleben Nigerias keinen Anteil. Und all das geschieht einem Volk, dessen Heimat zu den reichsten Gegenden Afrikas gehört. In den letzten 32 Jahren hat Ogoni Nigeria ein Einkommen von schätzungsweise 30 Milliarden US-Dollar verschafft und dafür NICHTS bekommen außer einer zerstörten Landschaft, einer Luft voller Kohlendioxyd, Kohlenmonoxyd und Kohlenwasserstoff; ein Land, in dem es kein Wild mehr gibt; ein Land der verseuchten Flüsse und Bäche, der fischlosen Gewässer, ein Land, das in jedem Sinne des Wortes ein ökologisches Katastrophengebiet ist. Das kann man nicht hinnehmen.

Was ist zu tun? So hoffnungslos die Lage ist, so trostlos das Bild sich auch darstellt, wir können und müssen etwas unternehmen, um Ogoni zu retten. Die Verantwortung liegt bei Ihnen und mir, und wir alle müssen zusammenarbeiten, um unser Volk zu retten und unsere Nachkommenschaft zu schützen.

Wie in der Ogoni Bill of Rights deutlich gesagt, die der Regierung und der Bevölkerung Nigerias im Oktober 1990 vorgelegt wurde, ist das einzige, was das Volk der Ogoni retten wird, die Schaffung der politischen Autonomie, einhergehend unter anderem mit dem Recht, einen gerechten Anteil an den Ogoni-Ressourcen auf die Entwicklung von Ogoni zu verwenden – auf Bildung, Gesundheitswesen, Landwirtschaft und Kultur. Das ist die große Aufgabe, die sich uns im letzten Jahrzehnt des 20. Jahrhunderts stellt.

Manche mögen angesichts der Ungeheuerlichkeit dieser Aufgabe fragen: «Können wir das schaffen?» Die Antwort lautet rückhaltlos: JA. Denn wo ein Wille ist, ist auch ein Weg. Ogoni muß gerettet werden.

Den ersten wichtigen Schritt haben wir getan, indem wir zu einer klaren Einstellung gefunden, eine einheitliche Führung erzielt und unsere Sache vor Nigeria und, das muß ich Ihnen sagen, auch vor einigen internationalen Organisationen dargelegt haben, die sich für die Angelegenheit interessieren. Unsere nächste Aufgabe ist es, jeden Mann, jede Frau und jedes Kind der Ogoni für das Wesen und die Notwendigkeit unserer Sache zu mobilisieren, damit jeder sie kennt, von ihrer Notwendigkeit überzeugt ist und an sie glaubt wie an eine Religion und sich weigert, sich durch Einschüchterung oder Täuschung davon abbringen zu lassen. Und schließlich müssen wir anfangen in Aktion zu treten, um unsere gegenwärtigen Vorteile in politische Ergebnisse umzusetzen.

Das ist kein, ich wiederhole, KEIN Aufruf zur Gewalt. Wir haben einen moralischen Anspruch an Nigeria. Dieser moralische Anspruch erwächst aus dem Mord an 30 000 Ogoni während des Bürgerkrieges durch Anhänger Ojukwus ebenso wie aus der widerrechtlichen Aneignung unseres Erdöls im Wert von 30 Milliarden US-Dollar und der Zerstörung unserer Umwelt, die sich noch einmal auf die gleiche Summe beläuft. Unsere Stärke erwächst aus diesem moralischen Vorteil, und das ist es, was wir mit Nachdruck deutlich machen müssen.

Sie werden daher feststellen, daß die Ogoni eine Agenda haben, und in der Umsetzung dieser Agenda kommt jedem, wie schon gesagt, eine Rolle zu. Es ist nicht die Zeit, Feste zu feiern und fröhlich zu sein wie Schafe, die sich unwissend zur Schlachtbank führen lassen. Es ist an der Zeit, nachzudenken und zu handeln. Brüder und Schwestern, habt den Mut, Rechte für die Ogoni zu fordern. Wir haben die Moral, die Zeit und die Weltöffentlichkeit auf unserer Seite.

Wo immer ein oder eine Ogoni sein mag, er oder sie darf unsere Agenda zur Rettung unseres Volkes, unserer Sprache, unserer Kultur, unseres Erbes nicht vergessen. Ogoni müssen zusammenarbeiten als einzelne wie auch als Gruppen, weil das der einzige Weg für uns ist, zu überleben. Wo immer sie auch sein mögen, sie müssen ihre Zugehörigkeit zum Volk der Ogoni lautstark verkünden und wenn möglich von den Dächern rufen. Das zu tun ist durchaus keine Schande, und es kann kaum laut genug geschehen. Die Ogoni sitzen so tief im Brunnen, daß sie sich nur mit lautem Rufen bei jenen Gehör verschaffen können, die oben auf dem Boden stehen.

Ich denke, es ist gut zu wissen, daß es in der gängigen politischen Praxis, wie ich bereits mehrfach bei anderer Gelegenheit gesagt habe, völlig gleichgültig ist, welche Partei gewinnt, für die große Mehrheit der Ogoni ändert sich dadurch nicht viel. Beide Parteien stützen sich auf Grundlagen, die dem Fortschritt der Ogoni abträglich sind. Daher brauchen sich die Ogoni und ihre Politiker nicht den Kopf zu zerbrechen, welche der Parteien gewinnt, gewinnen kann, nicht gewinnt oder gewinnen sollte.

Allerdings müssen wir den Fortschritt in Richtung auf ein demokratisches System unterstützen, da wir nur durch demokratisches Handeln unsere Rechte geltend machen können. Es ist die Pflicht der Parteipolitiker unter uns, die Ogoni, ihre Wählerschaft, zu vertreten und die Agenda der Ogoni in ihren Parteien durchzusetzen. Ich bin der Überzeugung, daß die Ogoni-Agenda die einzige ist, die Nigeria vor zukünftiger Zerstörung bewahren kann. Dieses Programm fordert die Gleichberechtigung aller ethnischen Gruppen, ob groß oder klein, innerhalb der nigerianischen Föderation sowie die Entwicklung eines echten, unverwässerten Föderalismus innerhalb der Nation. Auf diese Weise werden Nigerianer nicht unterdrückt, sondern ihre Kreativität wird befreit und ihre

Produktivität und ihr Selbstvertrauen gefördert. Der Betrug im Land wird ein Ende haben, die Korruption wird auf ein Minimum reduziert, und es wird Gerechtigkeit herrschen.

Da wir nun ins Jahr 1991 gehen, muß ich Ihnen sagen, daß mich ein Ereignis besonders ermutigt hat. Im November/Dezember war ich vier Wochen lang als Gast der United States Information Agency in den Vereinigten Staaten. Dort traf ich eine kleine Gruppe von Ogoni-Akademikern, die alle erfolgreich in guten Stellungen arbeiteten, manche selbständig. Es gibt einen Ogoni-Anwalt mit eigener Kanzlei in Houston, einen Ogoni-Apotheker mit einer Apothekenkette, Ogoni-Ärzte mit eigenen Privatkliniken und Ogoni-Professoren. Das zeigt, was Ogoni selbst unter härtesten Wettbewerbsbedingungen zu leisten imstande sind, wenn sie eine gewisse Chancengleichheit haben.

Meine letzte Bitte an Sie alle ist daher: Arbeiten Sie hart, denken Sie nach, nehmen Sie jede Bildungschance für Ihre Familie, Freunde und Kollegen wahr, und arbeiten Sie zusammen an der Umsetzung des Ogoni-Programms. Und da die Ogoni ihren vollen Anteil am Leben Nigerias haben sollen, müssen Ogoni an allen Aspekten nigerianischen Lebens teilhaben – an Sport, Kunst, Debatten, Feiern, an allem Nigerianischen. Wir haben so viel zu diesem Land beigetragen, wir können es uns nicht leisten, uns etwas darin entgehen zu lassen.

Mitglieder Ihrer Organisation haben in der Umsetzung des Ogoni-Programms eine überaus entscheidende Rolle zu spielen. Wie ich die Dinge sehe, steht die Generation, der ich angehöre, im Begriff, vom Schauplatz abzutreten. Nun muß sich die nächste Generation darauf vorbereiten, dort weiterzumachen, wo wir aufhören. Deshalb rufe ich die Ogoni-Jugend auf, sich durch Studium, Engagement, Beteiligung an der Entwicklung des Gemeinwesens und aufrichtiges Interesse für die Angelegenheiten Nigerias, Afrikas und der heutigen Welt auf die Führung vorzubereiten.

Zum Abschluß möchte ich Ihnen danken, daß Sie mir Gelegenheit gegeben haben, vor diesem auserwählten Publikum das Ogoni-Programm zu erläutern. Ich hoffe, Sie werden hier mit dem Entschluß fortgehen, zur Verwirklichung einer neuen Ordnung im Staat Nigeria beizutragen – einer Ordnung, die Nigeria in die Lage versetzt, seinen Platz unter den zivilisierten Ländern der Welt einzunehmen, und dem schwarzen Mann hilft, die Schmach der Jahrhunderte abzustreifen.

Gott segne Sie.

Es dauerte geraume Zeit, bis die Mittel für eine ganzseitige Anzeige zur Veröffentlichung der *Bill of Rights* in einer überregionalen Tageszeitung beisammen waren. In der Zwischenzeit trafen wir uns, um zu beschließen, unter welcher Organisation wir operieren sollten, da nicht alle Unterzeichnenden dem Zentralverband der Ogoni angehörten.

Bei einem Treffen im Haus des inzwischen verstorbenen Edward Kobani in Bodo entschieden wir uns für den Namen der Organisation: Movement for the Survival of the Ogoni People (MOSOP), wobei uns jemand auf die klangliche Ähnlichkeit mit dem Namen des israelischen Geheimdienstes Mossad aufmerksam machte. Die Wahl der Funktionäre fiel nicht schwer; die Posten waren vakant, und es gab Arbeit zu erledigen. Ich hatte mich entschlossen, den Vorsitz der Organisation nicht zu übernehmen; ich fand, daß ich ihr und den Ogoni am besten dienen konnte, wenn ich schrieb, ihre Ideen verbreitete und die Pressearbeit übernahm. Im übrigen war es notwendig, so viele Anhänger der Elite wie möglich in die Organisation einzubinden. Wenn sie keine erkennbare Rolle darin spielten, würden sie sich, wie ich sie kannte, nur zu gern aus der Bewegung zurückziehen.

Schließlich erklärte sich Dr. Garrick Leton bereit, den Vorsitz zu übernehmen, und L. L. Lah-Loolo wurde Vizepräsident. Den Posten des Sekretärs erhielt der junge Anwalt Saanakaa, der gleichzeitig Präsident des Ogoni-Clubs war. Chief Titus Nwieke wurde zum Schatzmeister ernannt.

Ich muß betonen, daß es keine Wahl im eigentlichen Sinne gab. Wir waren ein Lenkungsausschuß, gebildet, um die MOSOP zu gründen. Ich wurde zum «Sprecher» ernannt, eine Rolle, die es mir erlaubte, nicht nur im Namen der Bewegung, sondern für das Volk der Ogoni zu sprechen.

Damals war ich noch sehr beschäftigt. Ich war gerade dabei, die Produktion von *Basi & Co.* abzuschließen, und auch die Kolumne «Similia» in der *Sunday Times* sollte bald eingestellt werden. Ich hatte ein sehr betriebsames Jahr hinter mir. Neben meiner üblichen Arbeit hatte ich auch Gelegenheit, auf Einladung des dortigen Afrikanischen Instituts in die Sowjetunion zu reisen, und später fuhr ich, wie schon erwähnt, durch die Vereinigten Staaten und konnte sechs Wochen lang die verschiedensten Leute treffen.

Beide Reisen brachten wichtige Erkenntnisse für die weitere Entwicklung der Sache der Ogoni, die mittlerweile mein Hauptanliegen war. In der Sowjetunion hatte ich Gelegenheit, die Anfänge des Untergangs eines Vielvölkerstaates zu erleben, der die ethnischen Gruppen mit Zwang und Gewalt zusammengehalten hatte. Das dumpfe Grollen des Zerfalls war bereits zu hören, und nachdem ich meine Aufzeichnungen mit denen von Edwin Madunagu, einem erklärten Marxisten bei der Zeitung *Guardian*, verglichen hatte, der ebenfalls die Sowjetunion bereiste, stand für mich außer Zweifel, daß die Union kurz vor dem Zusammenbruch war. Meine Dolmetscher und Führer, allesamt junge Leute, bestätigten meinen Eindruck.

Die Reise in die Vereinigten Staaten schärfte mein Bewußtsein für die Notwendigkeit, die Ogoni im Kampf um ihre Umwelt zu organisieren. Bei einer Gruppe in Denver, Colorado, die sich für die Bäume in der Wildnis von Colorado einsetzte, erlebte ich, was eine Umweltschutzgruppe in der Durchsetzung von Forderungen an Staat und Unternehmen leisten konnte.

Einige Nachforschungen und die Erinnerung an meine Kindheit zeigten mir, wie groß das Bewußtsein der Ogoni für ihre Umwelt schon immer war und wie weit sie in ihrem Bemühen gingen, sie zu schützen. Auch ich hatte dieses Bewußtsein immer schon besessen. In meiner Schrift *The Ogoni Nationality Today and Tomorrow*, erschienen 1968 während des nigerianischen Bürgerkrieges, hatte ich unter anderem ausdrücklich erklärt: «Wir weigern uns zu akzeptieren, daß die einzige Verantwortung, die Shell-BP unserem Land schuldet, in der Plünderung unseres Bodens besteht...» Und in einem Gedicht hatte ich geschrieben:

> *The flares of Shell are flames of hell*
> *We bake beneath their light*
> *Nought for us save the blight*
> *Of cursed neglect and cursed Shell.*

(Die Fackeln von Shell sind Flammen der Hölle
wir braten in ihrem Licht
für uns bleibt nichts
als der verdammte Fluch des Elends und Shell.)

Auch bei dem Versuch, Shell nach dem Blow-out 1971 auf der Ölquelle Bomu 11 zur Zahlung einer Entschädigung an die Ogoni-Landbesitzer zu bewegen, hatte ich eine große Rolle gespielt.

Leider hatte ich es versäumt, die Menschen für den Schutz ihrer Umwelt zu organisieren. Die *Ogoni Bill of Rights*, die ich entworfen und den Ogoni-Oberhäuptern und führenden Persönlichkeiten im August 1990, bevor ich in die Vereinigten Staaten fuhr, zur Verabschiedung vorgelegt hatte, legte eine starke Betonung auf Umweltschutz. Die Reise überzeugte mich nun, daß die Umwelt eine Hauptstütze in der aufkeimenden Bewegung für das Überleben der Ogoni sein mußte.

Ich kehrte mit dem Wissen nach Nigeria zurück, daß meine Karriere als Geschäftsmann endgültig vorüber war; das galt auch für meine Fernseharbeit. Nach meinem Artikel «The Coming War in the Delta» strich Dr. Yemi Ogunbiyi die Kolumne «Similia», was mir zeigte, daß mein Eintreten für die Ogoni und gegen die Demütigung der Menschen in den Erdölgebieten des Nigerdeltas für die Babangida-Regierung nicht tragbar war. Dr. Ogunbiyi stand selbst unter Druck, weil er die Zeitung nicht zum Sprachrohr der Regierung machte, und wurde bald ohne große Förmlichkeiten entlassen – das Ende einer überaus spannenden Zeit im Leben der *Daily-Times*-Gruppe.

Von diesem Zeitpunkt an widmete ich mich voll und ganz der Sache der Ogoni. Gedanklich machte ich mir die beiden Facetten der Lage klar: die völlige Zerstörung der Umwelt durch die Ölkonzerne, die im Ogoni-Gebiet Erdöl suchten und förderten, namentlich Shell und Chevron; und die politische Marginalisierung und ökonomische Strangulierung der Ogoni, für die die jeweiligen Regierungen die Verantwortung trugen.

1991 wurde ich 50 Jahre alt und wollte diesen Tag mit einem umfangreichen Projekt feiern. Ich hatte die Absicht, nicht weniger als acht Bücher herauszubringen, sieben von mir und einen Band mit

Erzählungen des nigerianischen Nachwuchsschriftstellers Maxwell Nwagboso. Ich schrieb wie wild, trieb die Herstellung in aller Eile voran und konnte am 10. Oktober, meinem Geburtstag, die acht Bücher in der J. K. Randle Hall in Lagos der Öffentlichkeit präsentieren. Bei dieser Gelegenheit erläuterte ich einige Ansichten über die Lage Nigerias, da es meiner Überzeugung entspricht, daß Literatur in einer kritischen Situation wie der Nigerias nicht von Politik zu trennen ist. Sie muß vielmehr der Gesellschaft dienen, indem sie sich in die Politik stürzt und sich einmischt. Autoren dürfen nicht nur schreiben, um zu unterhalten oder die Gesellschaft mit amüsiertem, kritischem Blick zu betrachten. Sie müssen intervenieren. Meiner Erfahrung nach können afrikanische Staaten Autoren ignorieren, weil sie sich mit der Tatsache trösten, daß nur wenige lesen und schreiben können und jene, die lesen, wenig Zeit für den Luxus finden, sich mit Literatur über ein Maß hinaus zu beschäftigen, das die für Prüfungen vorgeschriebenen Texte überschreitet. Deshalb muß der Schriftsteller *l'Homme engagé* sein: der intellektuelle Mann der Tat.

Er muß sich an Massenorganisationen beteiligen. Er muß direkten Kontakt zu den Menschen herstellen und die Stärke der afrikanischen Literatur nutzen – das gesprochene Wort. Denn das Wort bedeutet Macht, und noch mächtiger ist es, wenn es allgemein verbreitet wird. Deshalb wird ein Autor, der sich an Massenorganisationen beteiligt, seine Botschaft wirkungsvoller vermitteln als einer, der nur schreibt und darauf wartet, daß die Zeit Wunder für seine Literatur bewirkt. Das einzige Problem, das ich sehe, ist, daß ein solcher Schriftsteller ständig darum ringen muß, seine Authentizität zu wahren, die Gefahr läuft, von den Anforderungen der Politik korrumpiert zu werden. Es kommt zwangsläufig zu einem Ringen, doch das sollte nur dazu beitragen, ihn noch besser zu machen. Denn gut schreiben wir über das, was wir uns ausdenken, besser über das, was wir gehört haben, und am besten über Dinge, die wir unmittelbar erlebt haben.

Vermutlich aus diesem Grund haben sich die besten nigerianischen Schriftsteller aktiv politisch engagiert. Wole Soyinka, Nigerias Nobelpreisträger, ist ein herausragendes Beispiel dafür. Selbst der normalerweise friedliche und weise Chinua Achebe war gezwungen, in einer der politischen Parteien zu arbeiten, um seinen Aufruf an alle Nigerianer zu unterstützen, «Bekehrungsarbeit für zivilisierte Werte» zu leisten. Chris Okigbo starb im Kampf auf der Seite der Sezessionisten Biafras. Und Festus Iyayi ist in der Gewerkschaftsbewegung und seit jüngstem in der Organisation Campaign for Democracy engagiert. Das beweist nur, was ich an anderer Stelle gesagt habe: In einer so kritischen Situation wie der Nigerias ist es müßig, bloß dazusitzen und zuzusehen oder schriftlich festzuhalten, wie Schläger und Bauerntölpel das Land zugrunde richten und das Volk menschenunwürdig behandeln.

Das soll nicht heißen, daß ich den Wert jener herabmindere, die nur schreiben, dastehen und warten. Ich reagiere lediglich auf meine gesellschaftliche Situation, wie es jeder Schriftsteller meines Gewichts tun muß.

Meine Rede bei der gut besuchten Präsentation befaßte sich dementsprechend viel mit Politik und wenig mit Literatur:

Ehe der Vorhang fällt

Herr Vorsitzender, Exzellenzen, meine Damen und Herren,
liebe Freunde,
ich möchte Ihnen allen danken für die freundliche Unterstützung, die Sie explizit oder allein durch Ihre Anwesenheit zum Ausdruck gebracht haben. Es ist gut zu wissen, daß es Menschen gibt, denen an den eigenen Vorstellungen liegt, solange man lebt.

Sein Anliegen macht den Schriftsteller aus. Mit fünfzig mag er zwar noch Träume und Visionen haben, aber er muß auch auf die Wahrheit zurückfallen. So widme ich mich denn heute einer Sache, die immer schon mein Hauptanliegen als Mensch und Schriftsteller war: der Entwicklung eines stabilen, modernen Nigeria, das sich zivilisierte Werte zu eigen macht; einem Nigeria, in dem keine ethnische Gruppe und kein Bürger unterdrückt wird, einem demokratischen Staat, in dem Minderheitenrechte geschützt sind, ein Recht auf Bildung besteht, Rede- und Versammlungsfreiheit gewährleistet sind und Kompetenz und Verdienst als Richtschnur gelten. In der Überzeugung, daß die Mehrheit der Nigerianer dieses Anliegen teilt, werde ich immer und überall dafür einstehen.

Sollte es je einen Zweifel gegeben haben, daß das Nigeria unserer Träume noch in weiter Ferne liegt, so hat der jüngste Bericht der Weltbank über Nigeria diesen Zweifeln ein Ende gesetzt. Was wir heute haben, sind die kümmerlichen Überreste eines Landes, in dem Analphabetismus herrscht, dem es an moralischer Kraft fehlt, das finanziell bankrott ist und sich gefährlich nah am Rande der Katastrophe bewegt. Das sollte uns aus jeglicher Selbstgefälligkeit wachrütteln.

Die großen Fragen von heute betreffen die Struktur der Föderation, unsere Umwelt, eine Wirtschaft, überfrachtet mit Schulden, die wir zurückzahlen und nicht nur zum Nachteil unserer Kinder umschichten dürfen, Bildung und die Zukunft unserer Jugend. In den Büchern, die ich heute hier vorgestellt habe, sind diese Fragen behandelt.

Solange die Föderation in ihrer Struktur schwach ist, so lange werden wir weiterhin von Militärdiktaturen ins zivile Chaos stürzen, immer mit dem gleichen Ergebnis: Anarchie. Nigeria ist eine Föderation ethnischer Gruppen. Seit 1966 bemüht sich das Militär, diese Föderation in ein zentralistisches System zu überführen, immer mit dem gleichen trostlosen Ergebnis. Historische Kräfte, die in der ganzen Welt am Werk sind, gebieten, daß alle Vielvölkerstaaten Konföderationen unabhängiger ethnischer Gruppen werden. Die Sowjetunion und Jugoslawien sind einschlägige Fälle. Nigeria kann nicht gegen den Strom schwimmen. Die gegenwärtigen Versuche, dies zu tun, könnten zum völligen Zusammenbruch des Staates führen, wenn sie nicht unverzüglich umgekehrt werden.

Wir müssen die Unterdrückung ethnischer Minderheiten auf der Stelle beenden und allen Nigerianern die Freiheit geben, sich zum Ausdruck zu bringen und ihre Kultur, ihre Sprache und ihr politisches System zu entwickeln und dazu ihre Ressourcen nach besten Kräften einzusetzen. Das sagte vor fast fünfzig Jahren schon der verstorbene Chief Obafemi Awolowo. Die Lage in unserem Land hat sich in dem Maße verschlechtert, wie wir es versäumt haben, seine Ideen zu beachten.

Die Verschmutzung durch Erdöl ist eine große Bedrohung für die nigerianische Umwelt. Ich möchte an dieser Stelle anmahnen, daß die Umweltschäden im Nigerdelta von den Ölgesellschaften zu beheben sind, die dort nach Öl bohren; die Zerstörung des ökologischen Systems muß ein Ende haben, die menschenunwürdige Behandlung der Einwohner in diesem Gebiet muß aufhören und Wiedergutmachung für vergangenes Unrecht geleistet werden.

Die beiden Aufgaben, die ich oben aufgezeigt habe, sind von grundlegender Bedeutung für das Wohl unseres Landes und die Verbesserung aller anderen Lebensbereiche in unserem Staat.

Es wird behauptet, der Weg in die Zukunft liege im gegenwärtigen Übergangsprogramm, das zu einer demokratischen Zivilregierung führen soll. Dieser zweite Versuch unterscheidet sich im Grunde in nichts von dem Experiment von 1979. Allerdings ist er in seiner Ausrichtung verheerender. Man hat den Übergangsprozeß mit einem Zug verglichen, der sich angeblich auf dem Weg befindet. Dem muß ich widersprechen. Der Zug ist verrostet und steht im Bahnhof; die Strecke steckt voller Gefahren, die Passagiere im Zug leiden und haben Hunger, die große Mehrheit der Passagiere und ihr Gepäck haben erst gar keinen Platz gefunden. Ich glaube nicht, daß wir angesichts der herrschenden Mißstände innerhalb eines Jahres sechs Wahlen und eine Volkszählung friedlich durchzuführen imstande sind. Zudem ist die Verfassung, die die Demokratie herbeiführen soll, mangelhaft; sie schützt die Minderheitenrechte nicht, die eine Grundvoraussetzung für Demokratie sind; sie ist von Militärs zusammengedoktert worden; und die Schaffung neuer Bundesstaaten und Landesregierungen in jüngster Zeit hat gegen einen Großteil ihrer gesetzlichen Vorgaben verstoßen.

In den letzten 30 Jahren haben einige Militärs zu diktieren versucht, welche Richtung der Staat einschlagen sollte. Die Ergebnisse waren gleichbleibend unerquicklich, wie das Militär selbst kürzlich zugegeben hat. Das Erscheinungsbild eines demokratischen Nigeria kann und darf nicht durch militärisches Dekret bestimmt werden; es muß auf einer kollektiven Entscheidung aller Nigerianer beruhen, die in einem demokratischen Kontext ohne Zwang zustande kommt. Die Militärs sind hingebungsvolle Nigerianer, aber sie sollten sich jetzt ehrenhaft und rückhaltlos aus dem politischen Prozeß zurückziehen und ihren angemessenen Platz im Staat einnehmen, damit die Nigerianer das Streben nach einer guten Regierung ohne Angst vor Einschüchterung wieder selbst in die Hand nehmen können.

Ich möchte damit nicht auf die Militärs eindreschen. Nein. Ganz eindeutig haben wir es hier mit einem massiven Versagen der Vision und des Geistes auf seiten der nigerianischen Elite zu tun – einem Versagen, das zur mühelosen Versklavung Afrikas geführt hat und afrikanische Herrscher noch lange am Sklavenhandel hat festhalten lassen, nachdem Europa seiner bereits müde war.

Jeder, der das Töten, Plündern und Brandschatzen während der Zivilregierung 1964 und 1965 miterlebt hat, jeder, der den massiven Wahlbetrug und die Plünderung der Staatskasse 1979 bis 1983 durch Zivilisten erlebt hat, die Nigeria in die Leibeigenschaft des Schuldendienstes getrieben und alle Nigerianer in eine von Strukturanpassungsprogrammen bestimmte Sklaverei getrieben hat, muß bei dem Gedanken zittern, daß dieses Land im Begriff steht, zu einer Zivilregierung zurückzukehren.

Wer meint, die Aufteilung Nigerias in 50 Bundesstaaten (gut 40 davon für die ethnischen Mehrheitsgruppen) und 600 Bezirksregierungen und die Verteilung der Öleinkünfte zwischen Bundes-, Landes- und Bezirksregierungen etwa nach einer Formel 50:25:25 könne die Probleme der ethnischen Unterdrückung, der ethnischen Konkurrenz, der moralischen Unzulänglichkeit und anderer Übel lösen, geht ein komplexes Problem mit einer simplizistischen Lösung an.

Jeder Yoruba, der an die Aufteilung des Yorubagebietes in sechs Bundesstaaten zugunsten einer Erhöhung des Yoruba-Anteils an den Öleinnahmen glaubt, muß sich fragen, wieso Chief Obafemi Awolowo in der Lage war, Westnigeria erfolgreich mit wesentlich weniger Geld zu regieren, als es den sechs Bundesstaaten heute zusammen zur Verfügung steht.

Jeder Nigerianer, der auf die Aufteilung der Öleinnahmen vertraut, muß sich fragen, wieso Korea und Japan, die nur geringe oder gar keine Bodenschätze besitzen, heute führende Industrieländer sind.

Nigerianer, die den ethnischen Mehrheitsgruppen angehören, müssen sich fragen, ob es notwendig ist, daß sie die ethnischen Minderheiten sinnlos zermalmen, offen betrügen und ausplündern und in die Vernichtung treiben – und in wessen Namen das alles geschieht.

1958 lag klar auf der Hand, daß die ethnischen Gruppen, die die Föderation Nigeria bilden sollten, die Grundlage ihrer Zusammenarbeit festlegen mußten. Die Briten wandten ein, falls das geschehe, müsse man die Unabhängigkeit verschieben. Die politische Führung Nigerias beschloß, erst einmal die Unabhängigkeit anzustreben und später Gespräche zu führen. Zu diesen Gesprächen kam es erst 1966 nach mehreren Morden an Politikern und Massakern an einfachen Bürgern. Doch schon bald verließ Ojukwu die von Gowon 1966 einberufene Ad-hoc-Konferenz, als die Diskussionen nicht in die von ihm gewünschte Richtung gingen. Wir stürzten in einen Bürgerkrieg.

Viele der von Ojukwu aufgeworfenen Fragen, die zum Krieg geführt haben, sind heute noch ebenso aktuell wie damals. Das ungeordnete Ende des Krieges, das hastige Einlenken der Ideologen Biafras, die es nicht schafften, an ihren Argumenten festzuhalten, die Gier nach dem Erdöl im Nigerdelta und die unduldsame Haltung des nigerianischen Militärs gegenüber jeder Philosophie bewirkten zusammengenommen, daß die Nigerianer aufhörten, eine vernünftige Lösung für ihr kollektives Dilemma zu suchen. Heute sinkt das Schiff unseres Staates! Einige wenige manipulieren das System zu ihrem Vorteil, aber unsere Intellektuellen, unsere Frauen, unsere Jugend, die Masse gehen vor die Hunde. Bildungswesen, Wirtschaft, Gesundheitswesen, all das ist ein einziger Trümmerhaufen. Und dennoch bleiben wir bei unserer nationalen Begriffsstutzigkeit. Speichelleckerei und Selbsttäuschung belügen die Öffentlichkeit und wollen uns glauben machen, daß alles gut sei oder doch bald gut werde. Nein. Wie ich schon in *Basi & Co* gesagt habe: um zu sein, müssen wir denken.

Die Worte Descartes': *Cogito, ergo sum*. Wir Nigerianer müssen ernsthaft nachdenken. Wir müssen die simplizistischen Lösungen verwerfen, die uns jetzt angeboten werden.

Ich gebe nicht einzelnen oder Gruppen die Schuld. Ich möchte lediglich die Katastrophe mildern, die oberflächliches Denken oder sogar der völlige Verzicht aufs Denken in den letzten

700 Jahren über Afrika gebracht hat. Nigeria hat etwas Besseres verdient, als wir heute haben.

Deshalb schlage ich vor, daß gewählte Vertreter aller ethnischen Gruppen Nigerias in einer Nationalversammlung zusammenkommen, um eine Interimsregierung zu wählen, die aus 20 achtbaren nigerianischen Männern und Frauen besteht, aus ehemaligen Richtern von erwiesener Integrität, religiösen Würdenträgern, ehemaligen Diplomaten, Intellektuellen und erfahrenen Politikern aller Landesteile. Die Interimsregierung soll ein Jahr im Amt bleiben, während die Nationalversammlung über eine tragfähigere politische Struktur und andere, außerhalb der Verfassung angesiedelte Fragen berät, die zu einem progressiveren, stabileren und demokratischeren Staat führen.

Ich rufe alle ethnischen Minderheiten in Nigeria auf, sich dem Beispiel der Ogoni anzuschließen und ihr Recht auf politische Autonomie und Freiheit in Nigeria einzufordern. In der Vergangenheit hat ein solches Engagement der Minderheiten Nigeria schon einmal gerettet. Das kann auch nun so sein, da unser Land sich wieder an einem Wendepunkt befindet.

Ich appelliere an jene Freunde unseres Landes, deren Bemühungen diesen Staat ursprünglich zusammengebracht haben und deren Investitionen und Technologie es heute in Gang halten, die Suche nach einer vernünftigen Lösung für das Dilemma Nigerias zu unterstützen, ohne unserer schwer geprüften Bevölkerung eine allzu große Last aufzuerlegen.

Ehe der Vorhang fällt.

Ich appelliere auch an die nigerianische Presse, weiterhin couragiert für ein demokratisches Nigeria nach den Wünschen aller Nigerianer einzutreten, einen Kreuzzug für soziale Gerechtigkeit und die Rechte und Freiheiten der unterdrückten Masse, der unterdrückten ethnischen Gruppen und der Unterprivilegierten unseres Landes zu führen.

Sonst wird der Vorhang fallen.

Vielen Dank.

Die Präsentation unter Leitung von Professor Claude Ake (auf den ich später noch komme) war ein Erfolg, soweit ich es beurteilen konnte. Sie war gut besucht. Joy Nunieh las eine der Ogoni-Sagen aus meiner eben erschienenen Sammlung *The Singing Anthill: Ogoni Folktales*, und mein ältester Sohn, Kenule Jr., kam aus London, um zum Abschluß des Tages seinen Dank auszusprechen.

Noch während ich die Bücher schrieb, redigierte und verlegte, bemühte ich mich weiterhin um Unterstützung für mein Hauptprojekt, jenen entgegenzutreten, die die Ogoni diskriminierten.

Im wesentlichen stieß ich jedoch auf verschlossene Türen. Im Sommer 1988 traf ich William Boyd, den gefeierten britischen Schriftsteller, in England bei dem in Akademikerkreisen bekannten, vom British Council organisierten «Cambridge Seminar». Da ich sein preisgekröntes Buch «*Unser Mann in Afrika*» gelesen hatte, war ich begeistert, als er kam, um aus dem Werk zu lesen, an dem er gerade arbeitete. Nach der Lesung fragte ich ihn unter uns, weshalb er «*Unser Mann in Afrika*» in Ibadan habe spielen lassen.

«Mein Vater war Doktor an der University of Ibadan», antwortete er.

So fügte sich eins zum anderen. Ich erinnerte mich an Dr. Boyd aus unserer Zeit an der Universität Ibadan. Er war ein guter, lustiger Mann und sehr beliebt bei seinen Studenten. Er besaß einen Anekdotenschatz über seine Reaktion auf ihre Lieblingskrankheit: das Händeklatschen. Ich stellte mich William Boyd vor, und er erkannte mich als Autor von *Sozaboy*, ein Buch, das er sehr gern gelesen hatte, wie er mir sagte. Von diesem Augenblick an entwickelte sich eine Freundschaft, die mir sehr geholfen hat.

An William wandte ich mich, wann immer ich in meinen Bemühungen für die Ogoni gegen eine Mauer lief. Ich erinnere mich, daß er mir 1991 riet, mich mit Amnesty International und Greenpeace in Verbindung zu setzen. Ich rief bei Greenpeace an. «Wir arbeiten nicht in Afrika», lautete die ernüchternde Antwort, die ich bekam. Und als ich bei Amnesty anrief, fragte man mich: «Ist jemand tot? Ist jemand im Gefängnis?» Als ich das verneinte, erklärte man mir, da sei nichts zu machen. Ob ich wütend war? Das Volk der Ogoni wurde zwar umgebracht, aber auf eine unkonventionelle Weise. Amnesty International interessierte sich nur für konventionelle Tötungsmethoden.

Und was Greenpeace anging, warum kümmerten sie sich nicht um Afrika? Um die Ogoni? Allem Anschein nach waren die Ogoni dem Untergang geweiht.

Von dieser Reise nach London kehrte ich völlig verzweifelt zurück. Die Erkenntnisse, die ich bei meinen Reisen gesammelt hatte, mündeten in eine Ergänzung zur *Ogoni Bill of Rights*, die dem Lenkungsausschuß der MOSOP vorgelegt und verabschiedet wurde. «Der Appell an die internationale Gemeinschaft» erschien als Anzeige in einer überregionalen nigerianischen Tageszeitung; diesmal bezahlte ich die Anzeige selbst, ohne auf Beiträge anderer Ogoni zu warten.

Ergänzung zur Ogoni Bill of Rights

Wir, das Volk der Ogoni als unabhängige und eigenständige ethnische Gruppe innerhalb der Bundesrepublik Nigeria, erklären hiermit:

A. Am 2. Oktober 1990 richteten wir eine «Ogoni Bill of Rights» an den Präsidenten der Bundesrepublik Nigeria, General Ibrahim Babangida, und an die Mitglieder des Regierungsrates der Streitkräfte.

B. Nach einer Wartezeit von einem Jahr hat sich der Präsident nicht in der Lage gesehen, uns die Audienz zu gewähren, um die wir ersucht haben, um die in der Ogoni Bill of Rights enthaltenen legitimen Forderungen zu erörtern.

C. Unsere in der Ogoni Bill of Rights dargelegten Forderungen sind legitim, gerecht, entsprechen unseren unveräußerlichen Rechten und stehen in Einklang mit den Werten der zivilisierten Welt.

D. Seit dem 2. Oktober 1990 hat die Regierung der Bundesrepublik Nigeria fortgesetzt eine Politik betrieben und Maßnahmen angeordnet, die das Ogoni-Volk weiter marginalisieren, uns politische Autonomie, das Recht auf unsere Ressourcen, die Entfaltung unserer Sprachen und unserer Kultur, eine angemessene rechtmäßige Vertretung in allen Staatsorganen Nigerias und den Schutz unserer Umwelt und Ökologie vor weiterer Zerstörung verwehren.

E. Wir können nicht länger untätig zusehen, wie wir als Volk unserer Menschenwürde beraubt, langsam ausgerottet und in den Untergang getrieben werden, während unsere reichen Bodenschätze ausschließlich zum Wohl und Nutzen anderer nigerianischer Gemeinschaften und der Aktieneigner multinationaler Ölkonzerne abgezogen werden.

Unter Bekräftigung unseres Wunsches, Teil der Bundesrepublik Nigeria zu bleiben, ermächtigen wir hiermit die Bewegung für das Überleben der Ogoni (MOSOP) für die Fortdauer dieser Ungerechtigkeiten bei der Menschenrechtskommission der Vereinten Nationen, dem Sekretariat des Commonwealth, der Afrikanischen Kommission für Menschenrechte und Völkerrecht, der Europäischen Gemeinschaft sowie bei allen internationalen Körperschaften vorstellig zu werden, die eine Rolle in der Erhaltung unseres Volkes spielen, und folgendes darzulegen:

1. Die Regierung der Bundesrepublik Nigeria verweigert uns seit Erlangung der Unabhängigkeit 1960 bis heute in äußerster Mißachtung der Menschenrechte unsere politischen Rechte auf Selbstbestimmung, unsere wirtschaftlichen Rechte auf unsere Ressourcen, unsere kulturellen Rechte auf die Entwicklung unserer Sprachen und unserer Kultur und die sozialen Rechte auf Bildung, Gesundheitsversorgung und angemessene Wohnmöglichkeiten sowie die rechtmäßige Vertretung in staatlichen Organen.
2. Die Bundesrepublik Nigeria verweigert uns seit über 33 Jahren die Zahlung von Feldesabgaben und bergrechtlichen Förderabgaben für die Erdölförderung aus unserem Boden in Höhe von schätzungsweise zwanzig Milliarden US-Dollar.
3. Die Verfassung der Bundesrepublik Nigeria schützt keines unserer Rechte als ethnische Minderheit von 500 000 Menschen in einer Nation von über hundert Millionen Einwohnern und setzt die Stimmenmehrheit und Militärgewalt der ethnischen Mehrheitsgruppen jederzeit skrupellos gegen uns ein.
4. Die multinationalen Ölkonzerne, namentlich Shell (NL/GB) und Chevron (USA), haben einzeln und gemeinschaftlich unsere Umwelt und Ökologie zerstört, dreißig Jahre lang Gas in unseren Dörfern abgefackelt, Verseuchungen durch Öllecks, Blow-

outs und so fort verursacht und die Angehörigen unseres Volkes einer menschenunwürdigen Behandlung ausgesetzt, indem sie ihnen Arbeitsplätze und alle Vorteile vorenthalten haben, die Industriekonzerne in Europa und Amerika den Regionen ihrer betrieblichen Tätigkeit üblicherweise zukommen lassen.

5. Die (bürokratische, militärische, industrielle und akademische) Oberschicht Nigerias hat sich gegen diese Verletzungen der Menschenwürde durch die ethnische Mehrheit blind und taub gestellt und steht in heimlichem Einverständnis mit den Agenten der gegen uns gerichteten Zerstörung.

6. Eine Wiedergutmachung vor nigerianischen Gerichten einzuklagen ist uns verwehrt, da die Enteignung unserer Rechtsansprüche und Ressourcen in den Verfassungen der Bundesrepublik Nigeria von 1979 und 1989 gesetzlich verankert ist, Verfassungen, die beschlossen wurden von einer Verfassunggebenden Versammlung, eingesetzt von einem Militärregime, und die die Minderheitenrechte in keiner Weise schützen und nicht der stillschweigenden Übereinkunft entsprechen, die bei der Unabhängigkeit Nigerias getroffen wurde.

7. Das Volk der Ogoni lehnt Gewalt in seinem gerechten Kampf für seine Rechte in der Bundesrepublik Nigeria ab, wird aber mit allen legalen Mitteln und so lange wie nötig für soziale Gerechtigkeit und Gleichberechtigung für sich und seine Nachkommen kämpfen und insbesondere politische Autonomie als eigenständige, unabhängige Gruppe innerhalb der nigerianischen Nation fordern mit dem vollen Recht auf (I) Kontrolle über politische Angelegenheiten der Ogoni, (II) Nutzung von mindestens 50 Prozent der wirtschaftlichen Ressourcen des Ogoni-Gebietes für die Entwicklung der Ogoni; (III) Schutz der Umwelt und Ökologie im Ogoni-Gebiet vor weiterer Zerstörung; (IV) Sicherstellung einer umfassenden Entschädigung für die Gesundheitsschäden, die Angehörigen unseres Volkes durch Abfackeln von Gas, Öllecks, Blow-outs und so fort entstanden sind, durch folgende Ölkonzerne: Shell, Chevron und ihre nigerianischen Komplicen.

8. Ohne Intervention der internationalen Gemeinschaft werden die Regierung der Bundesrepublik Nigeria und die ethnische

Mehrheit diese verderbliche Politik fortsetzen, bis das Ogoni-Volk vom Erdboden verschwunden ist.

Einstimmig angenommen vom Ogoni-Volk am 26. August 1991 in Bori, Rivers State, Nigeria.

Mir war durchaus klar, daß auch andere Gruppen das gleiche Schicksal erlitten wie die Ogoni. Um das umfassendere Problem anzugehen, dachte ich daran, Organisationen zu gründen, die sich mit Umweltfragen und politischen Problemen bedrohter Völker befaßten. So wurden die Organisation für die Rechte ethnischer Minderheiten in Nigeria (Ethnic Minority Rights Organisation of Nigeria) und die Nigerianische Umweltschutzgesellschaft (Nigerian Society for the Protection of the Environment) geboren, die beide später in die Organisation für die Rechte ethnischer Minderheiten in Afrika (Ethnic Minority Rights Organisation of Africa – EMIROAF) eingingen.

Einen Silberstreif am Horizont gab es jedoch. Im Oktober 1990, kurz vor meiner Reise in die Vereinigten Staaten, hatten ein paar Jugendliche der Etche-Gemeinschaft im Rivers State, Nachbarn der Ogoni, gegen Shells destruktives Treiben in diesem Gebiet protestiert. Wie üblich reagierten die Behörden mit brutaler Willkür. Etwa 80 Menschen wurden brutal ermordet und fast 500 Häuser dem Erdboden gleichgemacht. Das machte Schlagzeilen, und einige Nachrichtenmagazine widmeten der Sache beträchtlichen Platz. Die Meldung sickerte nach England durch, wo zwei Filmemacher, Glen Ellis und Kay Bishop, bereits Recherchen über die Machenschaften Shells in der Dritten Welt anstellten. Diese Meldung brachte sie nach Port Harcourt und zwangsläufig auch zu mir.

So kam es, daß über den Fall der Ogoni in dem Dokumentarfilm *The Heat of the Moment* berichtet wurde, den Channel 4 im Oktober 1992 in Großbritannien ausstrahlte.

Noch in anderer Hinsicht war der Besuch von Glen und Kay von großer Bedeutung. Als sie mich für den Film interviewten, erzählte ich ihnen von den frustrierenden Erfahrungen mit meinen Kampagnen für die Sache der Ogoni. Sie versprachen, mir bei weiteren Besuchen in Großbritannien zu helfen – und haben Wort gehalten.

Bei meiner nächsten Reise klopfte ich an verschiedene Türen: bei Friends of the Earth, Survival International und anderen. Es führte wieder zu nichts, obwohl ich vieles dabei lernte.

Im Juni 1992 befand ich mich auf einer gesponserten Deutschlandreise. Ich sollte an einem Literaturseminar der Universität Bayreuth teilnehmen und mit anderen Afrikanern, die ebenfalls an dem Seminar teilnahmen, durch Deutschland reisen. Zu der Gruppe gehörten Dr. Femi Osofisan, ein großer nigerianischer Dramatiker, Dichter und bekannter Akademiker, sowie Afem Akeh, der Literaturredakteur der *Daily Times*. Außerdem waren noch ein südafrikanischer Dichter, ein ugandischer Beamter und ein zimbabwischer Folklorist dabei. Auf der Reise durch Deutschland bat ich um Erlaubnis, einen Abstecher nach Göttingen zu machen, um die Gesellschaft für bedrohte Völker zu besuchen. Dort brachte man mich auf die Idee, daß es sinnvoll wäre, nach Genf zu gehen, um an einer Sitzung des UN-Ausschusses für Indigene Völker teilzunehmen. Zum einen könnte ich dort die Sache der Ogoni vor der Weltöffentlichkeit darlegen, und zum anderen würde ich verschiedene nichtstaatliche Organisationen kennenlernen, die sich für Menschenrechte einsetzten.

Also ging ich im Sommer 1992 nach Genf. Ich hatte früher schon Kontakt mit der Unrepresented Nations and Peoples Organisation (UNPO) aufgenommen, die auch der EMIROAF eine Einladung nach Genf schickte und anbot, Workshops abzuhalten, bei denen wir den Umgang mit den Vereinten Nationen lernen könnten.

Die UNPO war eine echte Entdeckung. Gegründet hatte die Organisation zwei Jahre zuvor ein junger niederländischer Anwalt und Sohn eines niederländischen Diplomaten, Michael van Walt van der Praag, der die rechtlichen Interessen des Dalai Lama vertreten hatte. Bei der Beschäftigung mit der Tibet-Frage war er zu dem Schluß gekommen, daß es auf der ganzen Welt verschiedene Völker gab, die dringend Gehör finden mußten und eine Interessenvertretung in internationalen Foren sowie Anleitung im gewaltlosen Kampf für ihre Rechte brauchten. Die Organisation war rasch gewachsen und hatte bereits einigen Einfluß bei Völkern in der ehemaligen Sowjetunion, in Asien und sogar in Europa. Bald sollten noch weitere Afrikaner hinzukommen: Im Sommer 1992 kannten jedoch nur die Batwa aus Rwanda und die Ogoni die UNPO.

Von Michael lernte ich sehr viel über die Arbeitsweise der Vereinten Nationen und ihrer Menschenrechtskommission, und besonders bei diesem ersten Kontakt mit den UN gab er mir wertvolle Hinweise. Von besonderem Reiz war die UNPO für mich, weil sie darauf bestand, daß ihre Mitglieder in ihrem Kampf für Autonomie, Selbstbestimmung oder Unabhängigkeit jeder Gewalt abschwören.

Die UNPO hatte ein kleines Büro in Den Haag, das fast ausschließlich mit ehrenamtlichen Helfern besetzt war, die sich mehr als üblich für ihre Aufgabe einsetzten. Später sollte diese Organisation eine herausragende, lebenswichtige Rolle im Kampf der Ogoni spielen wie auch in dem der Abkhazia, Chechenya, Bourgainville und anderer.

In diesem Sommer erhielt ich Gelegenheit, unsere Sache dem UN-Ausschuß für Indigene Völker darzulegen:

Frau Vorsitzende,
ich möchte Ihnen danken, daß Sie mir Gelegenheit geben, vor der 10. Sitzung des Ausschusses für Indigene Völker zu sprechen... Ich spreche im Namen des Ogoni-Volkes, einer eigenständigen ethnischen Gruppe innerhalb der Bundesrepublik Nigeria. Verzeihen Sie mir, wenn ich in dieser Sache ein wenig emotional bin. Ich bin ein Ogoni.

Das Ogoni-Gebiet erstreckt sich über gut tausend Quadratkilometer auf den Ebenen im Nordosten des Nigerdeltas. Mit 500 000 Einwohnern weist dieses Gebiet eine Bevölkerungsdichte von etwa 575 pro Quadratkilometer auf und gehört damit zu den am dichtesten besiedelten ländlichen Gebieten der Welt; im Vergleich dazu liegt die durchschnittliche Bevölkerungsdichte Nigerias bei 115 pro Quadratkilometer.

Die Ogoni leben seit Menschengedenken als Bauern und Fischer in diesem Gebiet und besaßen ein gut organisiertes Gemeinwesen, bevor die britischen Kolonialherren es 1901 eroberten. Innerhalb von dreizehn Jahren zerstörten die Briten die Struktur der Ogoni-Gesellschaft. Die britische Herrschaft in diesem Gebiet war «willkürlich», und es wurden keine Verträge mit den Ogoni geschlossen. Als 1960 die Kolonialherrschaft endete, hatten die Briten die Ogoni nolens volens einer neuen Nation zugeteilt, Nigeria, bestehend aus noch etwa 350 anderen Völkern, die bis dahin in

Großbritanniens kommerziellem und imperialem Interesse mit Zwang, Gewalt und vielen Auseinandersetzungen zusammengehalten wurden.

Das Land, das die Briten zurückließen, war vorgeblich eine föderalistische Demokratie, doch die in der Föderation zusammengefaßten ethnischen Gruppen waren nur durch wenige Übereinkünfte verbunden, und die Völker klafften weit auseinander und waren ihrer Kultur und Größe nach so unterschiedlich, daß Zwang und Gewalt die einzigen Mittel zu sein schienen, den Bestand des Staates zu sichern. Unter diesen Umständen mußten die Interessen der schwachen Minderheiten wie der Ogoni zwangsläufig leiden und haben gelitten.

1958 entdeckte man im Ogoni-Gebiet Erdöl, und seitdem wurden Öl und Gas im Wert von schätzungsweise 100 Milliarden US-Dollar aus dem Land der Ogoni herausgeholt. Als Gegenleistung dafür hat das Volk der Ogoni rein gar nichts bekommen.

Die Erdölförderung hat das Ogoni-Gebiet in Ödland verwandelt: Land, Flüsse und Bäche sind vollständig und dauerhaft verseucht; die Luft ist verpestet mit Kohlenwasserstoffdämpfen, Methan, Kohlenmonoxyd, Kohlendioxyd und Ruß von dem Gas, das seit 33 Jahren in unmittelbarer Nähe menschlicher Siedlungen 24 Stunden am Tag abgefackelt wird. Saurer Regen, Öllleckagen und Öl-Blow-outs haben das Gebiet der Ogoni verwüstet. Hochdruck-Pipelines verlaufen gefährlich kreuz und quer über landwirtschaftliche Nutzflächen und durch Ortschaften der Ogoni.

Eine Folge dieser unkontrollierten Umweltverschmutzung und -zerstörung ist die völlige Vernichtung des Ökosystems. Mangrovenwälder sterben durch die Ölverseuchung ab und weichen schädlichen Nypa-Palmen; der Regenwald ist der Axt der Ölkonzerne zum Opfer gefallen, der gesamte Wildbestand ist verschwunden, die Gewässer sind tot, das Ackerland ist unfruchtbar durch sauren Regen, und das einst paradiesische Ogoni-Gebiet ist nicht mehr länger eine Quelle frischer Luft und üppiger Vegetation. Überall sieht und spürt man nichts als Tod. Die Zerstörung der Umwelt ist eine tödliche Waffe im Krieg gegen die Ureinwohner, das Volk der Ogoni.

Erschwerend kommt zu dieser ökologischen Zerstörung die politische Marginalisierung und vollständige Unterdrückung der Ogoni und vor allem die Tatsache, daß man ihnen alle Rechte verweigert, auch die Rechte an ihrem Land. Bei Erlangung der Unabhängigkeit bestand Nigeria aus drei Regionen. Seitdem hat man 30 Bundesstaaten geschaffen, weitgehend für die ethnischen Mehrheitsgruppen, die das Land beherrschen. Die meisten der so geschaffenen Bundesstaaten sind nicht lebensfähig und zu ihrem Überleben vollständig auf die Ogoni-Ressourcen angewiesen. Die Forderungen der Ogoni nach Autonomie und Selbstbestimmung innerhalb des Staates Nigeria werden ignoriert. Die Ogoni sind eingepfercht in einen Vielvölkerstaat, in dem sie eine Minderheit bleiben und daher unter verschiedenen erheblichen Beeinträchtigungen leiden. Feldesabgaben und bergrechtliche Förderabgaben für Ogoni-Erdöl werden nicht an das Ogoni-Volk gezahlt. Trotz des ungeheuren Reichtums ihres Landes leben die Ogoni weiterhin unter primitivsten Bedingungen ohne Elektrizität, Wasserleitung, Krankenhäuser, Wohnungen und Schulen. Die Ogoni sind zur Sklaverei und zum Aussterben verurteilt.

Frau Vorsitzende, angesichts dieser schrecklichen Lage hat das Volk der Ogoni fortwährend couragiert soziale Gerechtigkeit und Gleichberechtigung gefordert. Im Oktober 1990 haben die Ogoni-Oberhäupter und führenden Vertreter dem Präsidenten Nigerias und seinem Regierungsrat eine Bill of Rights vorgelegt. In dieser Erklärung forderten sie (a) politische Kontrolle der Ogoni-Angelegenheiten durch Vertreter des Ogoni-Volkes; (b) das Recht, einen gerechten Anteil der wirtschaftlichen Ressourcen des Ogoni-Gebietes für die Ogoni-Entwicklung zu kontrollieren und zu nutzen; (c) angemessene und unmittelbare rechtmäßige Vertretung in allen Staatsorganen Nigerias; (d) Zulassung und Förderung der Ogoni-Sprachen als Verkehrssprachen im Ogoni-Gebiet und (e) das Recht, die Umwelt und Ökologie des Ogoni-Gebietes vor weiterer Zerstörung zu schützen. Die Ogoni warten nach wie vor auf eine Antwort auf diese Minimalforderungen.

Diese Bill of Rights und das von mir verfaßte Buch *Genocide in Nigeria: The Ogoni Tragedy*, das die Lage der Ogoni ausführlich darlegt, wurden dem Sekretariat des Ausschusses in mehrfacher Ausfertigung vorgelegt. Die Ausrottung der Ogoni scheint eine systematische Politik zu sein. Die Ogoni haben unter den Militärdiktatoren gelitten, die Nigeria in den letzten Jahrzehnten regiert haben. Die neue Verfassung, die bis 1993 zu einer demokratischen Regierung führen soll, schützt die Rechte der Ogoni nicht. Vielmehr schreibt sie die Enteignung ihres Landes fest. Eine jüngst abgeschlossene bundesweite Volkszählung unterläßt jeglichen Hinweis auf die ethnische Herkunft aller Einwohner, was in einem Vielvölkerstaat eine grobe Verletzung der Rechte ethnischer Gruppen darstellt.

Nigeria hat eine Auslandsverschuldung von über dreißig Milliarden Dollar. Von diesen Schulden wurde nichts für Projekte im Ogoni-Gebiet oder für Projekte verwendet, die den Ogoni auch nur im entferntesten zugute gekommen wären. Der Internationale Währungsfonds und die Weltbank, denen sehr an einer Rückzahlung der Schulden liegt, drängen auf eine verstärkte Förderung von Erdöl und Erdgas, die 94 Prozent des Bruttoinlandsprodukts von Nigeria ausmachen. Diese Ausbeutung ist nicht im Sinne des Volkes der Ogoni, da sie die Umweltzerstörung im Ogoni-Gebiet und die Dezimierung der Ogoni nur verschlimmert. Studien haben gezeigt, daß heute mehr Ogoni sterben als geboren werden. Die Ogoni sehen sich einer mächtigen Kombination gigantischer Kräfte von nah und fern gegenüber, die von Habgier und kaltem Kalkül geprägt sind. Allein die internationale Gemeinschaft, deren Handeln von Mitgefühl und Verantwortungsgefühl für die Menschheit bestimmt ist, kann die Katastrophe abwenden, die den Ogoni droht. Das Volk der Ogoni wendet sich mit seinem Appell nun an diese Gemeinschaft...

Nationale Ideen von nationaler Unabhängigkeit, die Tatsache, daß Afrikaner über Afrikaner in Staaten herrschen, die aus und für europäische Wirtschaftsinteressen entstanden sind, haben die Neigung des Menschen, schwächere Völker mit Zwang, Gewalt und rechtlicher Haarspalterei zum Zweck der Sklaverei und Ausrottung zu unterwerfen, nicht beseitigt, sondern verstärkt. Ich lade Sie mit allem Respekt ein, Nigeria zu besuchen und sich selbst davon zu überzeugen, daß es dort eine Vielzahl von indigenen Völkern gibt, die unglaublich unter ihren Herrschern und den Wirtschaftsinteressen anderer Nationen leiden.

In diesem Sommer blieb ich zehn bis zwölf Tage in Genf. Anfang der achtziger Jahre hatte ich einmal mit meinen Söhnen dort Urlaub gemacht und ihnen die Gebäude der Vereinten Nationen gezeigt. Damals wußte ich noch nichts über ihre ungemein wichtige Arbeit. Nun sah ich selbst, wie rückständig Nigeria in bezug auf den Aufbau nichtstaatlicher Organisationen war, durch die sich die Arbeit für den Schutz unserer Rechte vorantreiben ließ.

In Genf stellte ich auch wertvolle Kontakte zu Menschen und Gruppen aus anderen Teilen der Welt her. Ich erfuhr, daß die Vereinten Nationen sich seit über einem Jahrzehnt mit den Problemen von Völkern wie den Ogoni (indigenen Völkern) oder von ethnischen Minderheiten verschiedener Länder befaßten. Ich hätte schon viel früher nach Genf kommen sollen.

Erstaunlich war für mich das Ausmaß des Elends unter den indigenen Völkern in der ganzen Welt. Jeder Fall war von großer Bedeutung für jene, die sich für ihn einsetzten, und man hatte die Möglichkeit, die eigenen Belange in eine globale Perspektive zu rücken. Ich fürchte jedoch, daß ich Genf nach zwei Wochen mit der Überzeugung verließ, daß die Ausbeutung der Ogoni der verbrecherischste Fall war, von dem ich gehört hatte, und daß er um so tragischer war, als die Opfer sich darüber nicht im klaren waren oder, falls doch, nicht wußten, wie sie sich daraus befreien sollten.

Das vielleicht wichtigste Ergebnis meiner Reise nach Genf war, daß meine Rede vor dem UN-Ausschuß in nigerianischen Zeitungen erschien. Und das trug, wie ich glaube, mit dazu bei, die Ogoni-Elite zu überzeugen, daß meine Arbeit doch einen gewissen Wert hatte. Auch wenn man es mir nicht sagte, gab es doch viele Skeptiker, die sich gefragt haben dürften, welche Chancen wir hatten, unsere Sache gegen einen mächtigen Konzern wie Shell und ein faschistisches Regime wie das Babangidas durchzufechten, das fest entschlossen war, jeden Pfennig auszugeben, den das Erdöl einbrachte; oder auch gegen die gesamte Oberschicht Nigerias, die nicht arbeiten wollte, sondern munter von dem großen Los lebte, das sie mit den Öleinnahmen gewonnen hatte, ohne sich Gedanken über die Kosten für diese Einkünfte zu machen.

Seit der Lenkungsausschuß der MOSOP Anfang 1991 formal gebildet wurde, hatte ich festgestellt, daß die Bereitschaft, an den Ausschußsitzungen teilzunehmen, recht gering war. Sosehr wir uns auch bemühten, gelang es uns nicht, eine beschlußfähige Mitgliederzahl zu den Sitzungen zusammenzubringen. Es war, als hätten sich alle Unterzeichner der *Bill of Rights* nach der Unterzeichnung des Dokuments 1990 zur Ruhe gesetzt. Selbst als Babangida und seine Militärs ihre Karten auf äußerst unsensible, banditenhafte Weise aufdeckten und weitere Bundesstaaten und Regierungsbezirke schufen, die die Ogoni und andere im Rivers State ausschlossen, schien das nur wenige zu kümmern.

Doch allein schon dieses Vorgehen empörte mich derart, daß es mich in meinem Beschluß bestärkte, die brutale Entrechtung der Völker im Nigerdelta mit seinen Ölvorkommen selbst um den Preis des Lebens in Frage zu stellen, öffentlich anzuprangern und ihr ein Ende zu bereiten. Die Art und Weise, wie diese Staaten und Bezirksregierungen gebildet wurden, war ein Affront gegen Wahrheit und Zivilisation, ein Schlag ins Gesicht der modernen Geschichte; es war ein Raubüberfall. Damit leitete Babangida die Ressourcen des Deltas, der Ogoni und anderer ethnischer Minderheiten den ethnischen Mehrheiten zu, den Haussa-Fulani, den Ibo und den Yoruba, da die meisten der neuen Bundesstaaten und Bezirksregierungen in der Heimat dieser drei Volksgruppen lagen. Keiner dieser neu geschaffenen Staaten und Distrikte war aus sich heraus lebensfähig: Sie alle waren angewiesen auf die Öleinkünfte, die nach skandalösen Kriterien unter diesen Staaten und Bezirken aufzuteilen waren, zum Beispiel nach flächenmäßiger Ausdehnung, Gleichbehandlung, Entwicklungsstand und ähnlichen Dummheiten. Die himmelschreiende Ungerechtigkeit dieses Verfahrens verletzte mein Rechtsempfinden unbeschreiblich.

Über die Entwicklung nachzudenken und zuzusehen, wie Nigeria durch die Unfähigkeit und Banditenmethoden der herrschenden Militärs und Zivilpolitiker buchstäblich vor die Hunde ging, bestärkte mich in der Überzeugung, daß nur eine politische Umstrukturierung Nigeria retten konnte. Das hatte ich in meinen verschiedenen Büchern und öffentlichen Erklärungen seit 1990 immer wieder gesagt, doch meine Worte waren offenbar auf taube Ohren gestoßen. Es mußte etwas anderes geschehen, um die Dringlichkeit der Frage deutlich zu machen.

Nach November 1990 hatten allerdings die jungen Ogoni den Fehdehandschuh aufgegriffen. Sie gründeten das Komitee für Autonomie der Ogoni (Committee for Ogoni Autonomy – COA) und trafen sich regelmäßig in Port Harcourt. Mein Neffe Barika Idamkue, der an der Universität in Port Harcourt Politik studierte, war die treibende Kraft der Bewegung. Sie taten nichts anderes, als sich über das Ogoni-Problem weiterzubilden und einen Kern sachkundiger Aktivisten herausbilden zu helfen, um den sich unsere Jugend später sammeln konnte. Ich sprach mit dieser Gruppe, wann immer ich in Port Harcourt war und sie sich trafen. Das gab mir Gelegenheit, sie über meine Aktivitäten für das Volk der Ogoni auf dem laufenden zu halten. Als meine Neffe 1991 nach Bori umzog, verlor ich die Verbindung zu ihnen. Sie kamen weiter in Bori zusammen, doch nun setzte sich die Gruppe aus anderen Mitgliedern zusammen.

Mein Kontakt zur UNPO in Genf und zu anderen Organisationen und Aktivisten hatte mich mit dem Wesen eines gewaltlosen Kampfes bekannt gemacht. Und wie erfolgreich Mobilisierungsbewegungen in Nigeria gearbeitet hatten, wenn sie sich auf die Zugehörigkeit zu einer ethnischen Gruppe stützten, wußte ich bereits. Awolowo, Azikiwe und Ahmadu Bello hatten ihre Landsleute, die Yoruba, Ibo und Haussa-Fulani, jeweils mit Erfolg mobilisiert. Das gleiche könnte ich bei den Ogoni leisten, dachte ich.

Innerhalb kurzer Zeit schrieb und verlegte ich das Buch *Genocide in Nigeria: The Ogoni Tragedy*, das die Geschichte der Ogoni eindringlich schilderte und auf ihre Umweltprobleme und politischen Schwierigkeiten aufmerksam machte.

Ein Grund, weshalb der Lenkungsausschuß der MOSOP nicht effektiv arbeitete, lag vielleicht im Wiederaufleben der Parteipolitik begründet. Als wir 1990 die *Bill of Rights* unterzeichneten, waren die meisten Ogoni-Politiker, wie gesagt, von der aktiven Politik ausgeschlossen. 1991 wurde dieser Ausschluß für einige von ihnen aufgehoben, und das lockte sie wohl von den Bemühungen der MOSOP weg.

Bis 1992 hatte Babangida in seiner unberechenbaren, trickreichen Art, das nigerianische Volk zu manipulieren und hinters Licht zu führen, den Ausschluß der meisten Politiker aufgehoben, doch einige ältere Ogoni-Politiker arbeiteten nach wie vor mit uns in der MOSOP.

Ihr Engagement in der mühevollen Arbeit, die notwendig war, um unsere Sache voranzubringen, war jedoch fragwürdig geworden. Mainstream-Politiker arbeiten für unmittelbare Anerkennung. Eine Bewegung wie die MOSOP engagiert sich dagegen in einer alternativen Politik mit langfristigerer Perspektive.

Eine Folge davon war, daß in den Zeiten meiner Auslandsaufenthalte kaum Sitzungen stattfanden, und wenn sie im Haus des Vorsitzenden, Dr. Garrick Leton, zustande kamen, dann führten sie kaum oder gar nicht zu Ergebnissen.

Nach der Veröffentlichung des Berichts über meinen Besuch bei den Vereinten Nationen und durch die Sendung des Dokumentarfilms *Heat of the Moment* kamen nach und nach einige jüngere Männer zu den Sitzungen des Lenkungsausschusses. Dennoch war uns die Notwendigkeit klar, unsere Basis über die Unterzeichner der *Bill of Rights* und diese paar jungen Männer hinaus auszuweiten. Also organisierten wir am 14. und 28. November eine zweitägige Rundreise durch das Ogoni-Gebiet.

Die Ergebnisse, die wir erzielten, waren für mich völlig überraschend. Ich hatte im Laufe der Jahre nicht viel Kontakt zur Ogoni-Jugend gehabt, da es keine Organisation gab, die sich um das ganze Ogoni-Volk kümmerte. Bei dieser Rundreise stellte ich fest, daß sehr viele junge Leute Wut auf eine Gesellschaft verspürten, die sie betrogen hatte, und uns mit Feuereifer zuhörten, um zu lernen. Ich muß an dieser Stelle erklären, daß der Begriff «Jugend» sich hier auf Leute unter vierzig bezieht.

Gewöhnlich hielt Dr. Leton als Präsident bei dieser Rundreise eine Eröffnungsansprache und übergab anschließend mir als «Sprecher der Ogoni» (einer Art Vordenker und treibender Kraft) das Wort. Ich umriß dann ungeschönt die Lage und rief dazu auf, etwas zu unternehmen, um uns aus unserem grausamen Schicksal zu befreien. Es folgten noch weitere Redner, auch aus dem Publikum, und anschließend stellten wir auf Beschluß aller Anwesenden den Antrag vor, den ich vorbereitet hatte.

Dieser Antrag forderte Shell, Chevron und die Nigerian National Petroleum Corporation (NNPC), also die drei Ölkonzerne, die in Ogoni tätig waren, auf, eine Entschädigung von vier Milliarden US-Dollar für die Umweltzerstörung sowie sechs Milliarden Dollar für nicht gezahlte Feldesabgaben und bergrechtliche Förderabgaben zu zahlen, und zwar innerhalb von 30 Tagen; ansonsten würden wir davon ausgehen, daß sie sich entschlossen hätten, das Land zu verlassen. In allen sechs Ogoni-Königtümern wurde diese Resolution einstimmig angenommen.

Zwei Begebenheiten haben sich mir unauslöschlich eingeprägt, weil sie mir sehr viel Trost und Ermutigung gegeben haben: Die erste war am 14. November 1992 in Bori bei einer Zusammenkunft im Suanu Finimale Nwika Conference Center, das zum Schauplatz manch einer aufrüttelnden Versammlung werden sollte. Dort stieß ich auf überaus offene Ohren und hochintelligente Fragen eines sachkundigen Publikums.

Die zweite fand in einer weiterführenden Schule in Kpor im Königtum Gokana statt. Der inzwischen verstorbene Edward Kobani hatte gute Arbeit geleistet. Angespornt durch den Umstand, daß die Gokana nicht zu den Versammlungen kamen und damit die Sache des Ogoni-Volkes verrieten, ging er zwischen dem 14. November, dem Tag der ersten Versammlungsreihe, und dem 28. desselben Monats, an dem wir nach Gokana kamen, überall herum und lud die Leute persönlich ein. Sie kamen in Scharen.

Da die Halle, in der wir dicht zusammengedrängt waren, sich als zu klein erwies, waren wir gezwungen, die Veranstaltung ins Freie zu verlegen. Ich sprach in einer der vier Ogoni-Sprachen vom Balkon im ersten Stock der Schule in Kpor, Gokana. Die Reaktion war spontan und überwältigend. Nach dem Gesichtermeer unter mir zu urteilen, hätte man meinen sollen, ich hielte diesen Menschen schon seit Jahren Vorträge. Wenn ich im nachhinein darüber nachdenke, wird mir klar, was damals geschah. Ich sagte diesen Menschen nichts, was sie nicht schon gewußt hätten. Ich verlieh lediglich den Tatsachen und Ängsten eine Stimme, die sie seit Jahren in ihrem Inneren mit sich herumgetragen hatten, aber nicht auszusprechen wagten aus Angst vor den Repressalien, die der nigerianische Staat, wie sie wußten, ohne Zögern gegen sie einsetzen würde.

Die üblichen Resolutionen wurden durch Abstimmung verabschiedet, und zum Abschluß sprach Chief E. B. Nyone aus Lewe das seltsamste Gebet, das ich je gehört habe und wohl je hören werde. Es war eigentlich kein richtiges Gebet. Es war eine politische Rede, nach

Ogoni-Tradition witzig, satirisch und gelegentlich sarkastisch, hin und wieder akzentuiert mit einem «im Namen Jesu», worauf die Menge laut mit «Amen» antwortete. Es entließ uns alle in Hochstimmung.

Als ich abfuhr, lief die Menge hinter meinem Wagen her, winkte und schrie vor Freude. War ich zufrieden? Die Erwartungen, die ich in den Ogoni geweckt hatte, lasteten schwer auf mir.

B. M. Wifa, ein Ogoni aus Kono und ehemaliger Staatsanwalt von Rivers State, ist ein alter Freund von mir aus unserer Grundschulzeit, den ich immer sehr geschätzt habe. Er war in unserer Zeit an der Native Authority School in Bori ungemein gescheit und absolvierte dann das Methodisten-College Uzuakoli, wo er sich besonders in Mathematik hervortat. Wenn er gewollt hätte, hätte er Ingenieur werden können. Er entschied sich jedoch für Jura, und da er kein Stipendium bekam und niemand in Ogoni ihn finanziell unterstützen konnte, mußte er lange in Großbritannien studieren und arbeiten, ehe er schließlich Anwalt wurde. Ich hatte großes Vertrauen in seinen juristischen Rat, er beriet als Anwalt meinen Verlag Saros International, und ich gab ihm immer meine Sachbücher zu lesen, um sicherzugehen, daß sie keine Verleumdungen enthielten. Regelmäßig unterhielt ich mich mit ihm über meine Vorstellungen über das Volk der Ogoni, und obwohl er in unserem Kampf keine herausragende Rolle übernehmen wollte, war er bereit, ihn in aller Stille zu unterstützen.

An ihn wandte ich mich, als ich die «Zahlungsaufforderung» an die drei Ölkonzerne aufsetzte. Nachdem er den Entwurf auf Herz und Nieren geprüft hatte, sandte ich das Schreiben am 3. Dezember 1992 im vollen Bewußtsein ab, daß sie es ignorieren würden.

Die vier vorhergehenden Tage hatte ich mit jungen Ogoni verbracht, um einen großen Protestmarsch vorzubereiten, den wir für den 4. Januar planten.

Der 4. Januar stellte in gewisser Weise ein bedeutsames Datum dar, das wir mit Bedacht ausgewählt hatten. Am 2. Januar sollte der in Ungnade gefallene Diktator Babangida die Macht aus der Hand geben. Falls er dies tat, wollten wir der neuen Regierung deutlich machen, daß das Ogoni-Volk die Ausbeutung und den Sklavenstatus in Nigeria nicht länger hinzunehmen bereit war. Sollte Babangida die Macht nicht abgeben, würden wir ihn direkt angehen und zum Schlimmsten herausfordern.

Diese Entscheidung hatte ich allein gefällt, ohne sie den Ogoni unmittelbar vorzulegen. Ich wollte sie lediglich zum Handeln anleiten und an ihrer kollektiven Reaktion überprüfen, ob es für sie akzeptabel war. Der einzige, den ich ins Vertrauen zog, war der Historiker Dr. Ben Naanen, ein junger Akademiker an der University of Port Harcourt, dessen analytische Fähigkeiten ich sehr schätze. Als ich ihm die Sache an meinem 51. Geburtstag am 10. Oktober 1992 bei einem Essen in einem Chinarestaurant in der Londoner Innenstadt zum erstenmal darlegte, war er mit den Feinheiten nicht einverstanden, ließ sich aber bald überzeugen.

Nachdem die «Zahlungsaufforderung» den Ölkonzernen zugegangen war, fuhr ich nach London. Ich hatte vor, an der Eröffnung des von den Vereinten Nationen ausgerufenen Internationalen Jahres für die indigenen Völker der Welt in New York teilzunehmen. Als ich nach London kam, stellte ich jedoch fest, daß es mir wegen Schwierigkeiten mit dem Visum nicht möglich war, nach New York zu fliegen. So nutzte ich die Zeit, Greenpeace zu bewegen, Beobachter zu dem für den 4. Januar 1993 geplanten Protestmarsch für die Ogoni-Umwelt zu entsenden.

Anfangs wollten sie nichts davon hören. Als ich jedoch versicherte, daß ich mit mindestens 300000 Teilnehmern an dem Marsch rechnete, erklärten sie sich schließlich bereit, einen Kameramann hinzuschicken. Shelley Braitwaite, eine Australierin der Rainforest Action Group mit Sitz in London, willigte zudem ein, als mein Gast ins Ogoni-Gebiet zu kommen und an dem Marsch teilzunehmen.

Kurz vor Weihnachten kehrte ich nach Nigeria zurück. In Lagos machte ich Zwischenstation, um die Presse für den 4. Januar ins Ogoni-Gebiet einzuladen.

Wieder in Port Harcourt, stellte ich fest, daß die Sicherheitskräfte wegen der geplanten Demonstration erheblich in Unruhe waren. Dr. Leton und Edward Kobani hatten sich die Aufmerksamkeit der Spezialisten des berüchtigten repressiven Staatssicherheitsdienstes State Security Service (SSS) zugezogen. Am Weihnachtstag rief Dr. Leton mich in aller Frühe an.

«Der SSS hat mich schon wieder vorgeladen», stöhnte er.

«Zu Weihnachten?» fragte ich erstaunt.
«Ja.»
«Was können sie denn wollen, das nicht bis morgen oder übermorgen warten kann?»
«Weiß der Himmel.»
«Ich komme mit, wenn Sie nichts dagegen haben», sagte ich.

Ich zog mich an und machte mich auf den Weg zu Dr. Leton. Von dort fuhren wir zum Präsidium des gefürchteten State Security Service. An der Pforte fragten wir nach dem Leiter des Sicherheitsdienstes. Als man uns sagte, er sei zu Hause, fuhren wir dorthin. Wir hatten beschlossen, uns nicht mit Untergebenen abzugeben, da sie höchstwahrscheinlich nur Mätzchen mit uns machen würden. Wir trafen State Director Terebor in seinem Haus an. Ein kleiner Mann mit unmenschlichem Gesicht, der Englisch mit Yoruba-Akzent sprach. Wie üblich erkundigte ich mich, wo er herstamme, und erfuhr, daß er aus dem Ondo State (einem der sechs Yoruba-Staaten) kam. Er hatte Physik an der University of Ife studiert, und ich begriff einfach nicht, was er beim berüchtigten SSS tat, während das Land nach Physiklehrern in weiterführenden Schulen schrie. Ich glaube, er sagte etwas darüber, daß der Lehrerberuf wenig Anerkennung bringe.

Wir plauderten über Allgemeines, und als wir nachfragten, warum man uns am Weihnachtstag zu einem Sicherheitsgespräch lade, statt uns das Fest mit unseren Familien feiern zu lassen, entschuldigte er sich und bot uns etwas zu trinken an. Dann rief er seine Untergebenen an, von denen zwei bald danach kamen, sein unmittelbarer Assistent, ein Mr. Egwi aus dem Delta State, sowie ein weiterer Mitarbeiter aus dem Enugu State. Mr. Egwi war recht aufgebracht, daß wir uns an seinen Chef gewandt hatten, statt uns bei ihm zu melden, wie er es angeordnet hatte. Wir unterhielten uns recht allgemein, und ich versicherte, daß die Ogoni und ihre Führung nicht auf Ruhestörung aus waren, sondern auf ihre gewohnte Weise das Ende des Jahres feiern wollten. Wir boten ihnen unsere umfassende Kooperation an, um sicherzustellen, daß es nicht zu Ausschreitungen käme, und ich gab allen dreien meine Visitenkarte mit den Adressen und Telefonnummern meines Büros und meiner Wohnung. Es stimmt schon, ich warf ihnen einen Köder hin. Das wichtigste war, daß sie Dr. Leton nicht weiter belästigten, der den ständigen Schikanen der scharfen Hunde vom Sicherheitsdienst nach meiner Einschätzung auf Dauer nicht gewachsen war. Jedenfalls hatte ich beschlossen, das Schußfeuer der Kritik auf mich zu lenken, das der Entschluß zur Mobilisierung der Ogoni auslösen würde.

Wir trennten uns in freundlichem Einvernehmen. Kaum war ich zu Hause, klingelte das Telefon, und Rufus Ada George, der Gouverneur von Rivers, meldete sich. Er lud mich zum Mittagessen in den Regierungssitz ein. Noch während ich mich anschickte, der Einladung Folge zu leisten, rief er noch einmal an und erkundigte sich, wo er Dr. Leton erreichen könne. Ich gab ihm seine Telefonnummer.

Dr. Leton und ich trafen kurz nacheinander im Regierungssitz ein. Dort fanden wir fast das vollständige Kabinett vor. Ich kannte nicht viele, abgesehen vom stellvertretenden Gouverneur, Dr. Odili, und meinem Freund und Ogoni-Landsmann, Dr. Israel Kue, einem der besten Schüler unserer Zeit an der *Native Authority School* in Bori, der dann auf die Methodist Boys High School in Oron ging und mit mir das Government College in Umuahia besucht hatte, das er mit Auszeichnung absolvierte.

Anschließend studierte er an der Universität Ibadan Medizin und schloß sein Studium in den Vereinigten Staaten ab. In einer anderen Gesellschaft hätte er ein großer Kardiologe werden können. In Nigeria war er zu einem Posten im Kabinett von Rivers State verurteilt. Er war eines der ältesten Kabinettsmitglieder, von denen die meisten ihrem Gouverneur ergeben wie Hausburschen gegenübersaßen.

Noch ein weiterer Ogoni war anwesend, Dr. Nwifa Ndegwe, den ich ganz entschieden nicht mochte. Er hatte die Okrika Grammar School besucht und war ein Klassenkamerad von Gouverneur Ada George. Anschließend hatte er an der Makerere University in Uganda einen Doktortitel erworben. Als der nigerianische Bürgerkrieg seinen Höhepunkt erreichte und ich auf der Suche nach Ogoni war, die die Entwicklung von Rivers fördern könnten, ermunterte ich ihn, in die Heimat zurückzukehren, und verschaffte ihm verschiedene Staatsämter. Beim Zusammenbruch des Gowon-Regimes geriet er unter heftige Kritik des Untersuchungsausschusses, der die Affäre unter Vorsitz von Cyrus Nunieh, dem ersten Ogoni-Anwalt, untersuchen sollte und Ermittlungen in den Institutionen von Rivers State anstellte.

Dr. Ndegwe nahm eine Lehrtätigkeit am College of Science and Technology in Port Harcourt auf. Die Tricks und Finten des Babangida-Regimes und der Sieg seines Freundes Rufus Ada George bei den Gouverneurswahlen ermöglichten ihm eine Rückkehr ins öffentliche Leben. Als die Oil Minerals Areas Commission (OMPADEC) gebildet wurde, eine Kommission, zuständig für die Auszahlung der lächerlichen Beträge, die die Nutznießer der Ölvorkommen im Nigerdelta den armen Einwohnern dieser Region zukommen ließen, berief Ada George Dr. Ndegwe als Vertreter von Rivers State in diesen Ausschuß.

Gouverneur Rufus Ada Georges Gesellschaft sprach für ihn. Bevor er Gouverneur wurde, kannte ich ihn nicht. Ich hatte gehört, daß er während der Zweiten Republik Minister in der Rivers-State-Regierung von Melford Okilo war – einer selten nutzlosen Regierung. Später erfuhr ich, daß er nach dem Sturz der Regierung durch einen Militärputsch 1984 als Finanzdirektor in ein Unternehmen des libanesischen Geschäftsmanns Gilbert Chagoury eintrat, den ich aus meiner Zeit als Geschäftsmann gut kannte und sehr schätzte. Gilbert verstand sich auf Nigeria und seine führenden Köpfe! Und er war ein ungemein guter Geschäftsmann mit einem Näschen für Geld.

Ada Georges Verbindung zu Gilbert hatte ihm zum Posten des Gouverneurs verholfen. Er ist ein großer Mann mit Brille, trägt ständig weite, weiße Hemden in viktorianischem Pyjamastil zu weißen Hosen, die den Eindruck einer abergläubischen Heiligkeit vermitteln, beansprucht für sich, ein wiedergeborener Christ zu sein, und bekennt sich zur Mitgliedschaft in einer seltsamen Kirche der Pfingstbewegung, die von einem wenig bekannten Mann in Port Harcourt gegründet wurde.

Als wir uns zum erstenmal begegneten, tat er freundlich und bedachte mich mit einem gewinnenden Lächeln, das seine lückenhaften Zähne sehen ließ. Als ich mich anfangs nach Unterstützung in meinem Kampf für die Umwelt des Nigerdeltas umgesehen hatte, half er mir ein wenig. Wie sich jedoch herausstellte, wollte er lediglich, daß ich im Ausland Lärm schlug, ohne die Opfer der Umweltzerstörung im Nigerdelta über ihr Recht auf eine gesunde Umgebung aufzuklären.

Am Weihnachtstag 1992 war er wie üblich ganz in seinem Element und wies mir am Eßtisch einen Platz neben ihm zu, während seine

Kabinettsmitglieder schweigend wie die Hennen im Regen am anderen Ende des Tisches zusammengluckten. Es gab ein aufwendiges Menü mit Wein und Champagner, alles auf Staatskosten. Da ich solchen Luxus nicht gewöhnt war, genoß ich das Essen weidlich. Als ich die Vorladung ins Sicherheitsbüro ausgerechnet an Weihnachten ansprach, behauptete er, nichts davon zu wissen. Ein gerissener Politiker!

Zwei Tage später zeichnete der Kagote Club mich als ersten mit seinem Verdienstorden, dem Ogoni National Merit Award, aus. Zur Preisverleihung in Bori hielt ich folgende Ansprache:

Sehr geehrte Chiefs, Gemeindeälteste, liebe Landsleute, meine Damen und Herren,
ich möchte dem Vorstand und den Mitgliedern des Kagote Clubs für die Auszeichnung danken, die mir heute verliehen worden ist. Bislang habe ich zwar alle nigerianischen Ehrungen abgelehnt, weil ich die meisten nigerianischen Entscheidungen für einen Verstoß gegen den gesunden Menschenverstand und die guten Sitten halte; Ihre Einladung konnte ich jedoch nicht ablehnen, denn wenn es für einen Ogoni etwas gibt, das er ehren sollte, so ist es der Respekt eines Ogoni für den anderen. Schon in der Bibel heißt es: Der Prophet gilt nichts in seinem eigenen Land und seinem eigenen Haus. Als erster vom Eliteclub des Ogoni-Volkes ausgezeichnet zu werden ist daher entschieden als Ehre aufzufassen. Ich bin dafür sehr dankbar und freue mich, diese Auszeichnung an die 30 weisen Männer weiterzugeben, die am 26. August 1990 das historische Dokument der Ogoni Bill of Rights unterzeichnet haben.

Die Auszeichnung, die Sie mir heute verliehen haben, erfüllt mich mit Demut, aber sie gibt mir auch Hoffnung. Mit Ihrer Entscheidung haben Sie meine These anerkannt, daß das Volk und die Nation der Ogoni sich einer schrecklichen Lage gegenübersieht, daß wir uns aber aus dem Sumpf befreien können, in den unser übergroßer Reichtum uns paradoxerweise getrieben hat, indem wir auf unsere althergebrachten Traditionen, auf unsere schöpferische Kraft vertrauen.

Das Leben und die Leistungen moderner Ogoni wie T. N. Paul Birabi, S. F. Wika, Reverend Wiko, Reverend Badey und Bischof

Vincent, um die Verstorbenen seligen Andenkens zu nennen, bestärken mich nur in der Überzeugung, daß das Volk der Ogoni einen rechtmäßigen Platz in Afrika und der menschlichen Zivilisation für sich in Anspruch nehmen kann.

Der bescheidene Beitrag, den ich geleistet habe und für den Sie mich, wie ich annehme, mit dieser Auszeichnung bedacht haben, besteht darin, dem Volk der Ogoni jene Identität, jene Selbstachtung wiederzugeben, die annähernd hundert Jahre britischer Kolonialherrschaft und nigerianischen Inlandskolonialismus ihnen zu nehmen suchten. Das ist jedoch nicht mehr als der allererste Schritt auf einem sehr langen Weg. Und das ist mit ein Grund, weshalb ich mir gewünscht hätte, daß Ihre Entscheidung, mir diesen Preis zuzusprechen, erst später gekommen wäre.

Der Weg, der vor uns liegt, birgt noch viele Gefahren, und ihn zu gehen erfordert die ganze Kraft, den unerschütterlichen Glauben, die gesamte Ausdauer und die völlige Hingabe des ganzen Volkes, unabhängig vom Beruf und den Fähigkeiten des einzelnen. Ebenso wie ich meine literarischen Fähigkeiten nutzen konnte, um die Identität der Ogoni in nationalen und internationalen Kreisen wiederherzustellen, ist jeder einzelne Ogoni, der oder die entschlossen ist, sich in den Dienst unseres Volkes zu stellen, imstande, einen Weg zu finden und zu verfolgen, der uns allen dient.

Den ersten wichtigen Schritt haben wir getan, indem wir uns über eine Linie klargeworden sind, uns auf eine einheitliche Führung geeinigt haben und unsere Sache Nigeria dargelegt haben. Unsere nächste Aufgabe ist, alle Ogoni, ob Mann, Frau oder Kind, über das Wesen und die Notwendigkeit unserer Sache aufzuklären und für sie zu gewinnen, damit jeder sie kennt und an sie glaubt wie an eine Religion und sich weigert, sich durch Einschüchterung oder Bestechung von ihr abbringen zu lassen. Und schließlich müssen wir Aktionen in Angriff nehmen, um unsere jetzigen Vorteile in politische Resultate umzumünzen.

Diesem Programm, das wir uns gesetzt haben, sind wir treu geblieben. Wir haben die Identität der Ogoni wiederhergestellt und das Volk der Ogoni auf die nationale Agenda gesetzt; wir haben das gesamte Volk mobilisiert. Nun müssen wir zum nächsten Programmpunkt übergehen: zur Einsetzung einer Regierung von

Ogoni für Ogoni in einem Ogoni-Staat innerhalb eines föderalistischen Nigeria. Das ist von großer Bedeutung, da wir eine Situation nicht dulden können und dürfen, in der unsere besten Männer und Frauen aus unserem Land vertrieben werden; eine Situation, in der unsere natürlichen Begabungen unserem Land nicht zur Verfügung stehen.

Diese Feststellung treffe ich wohlüberlegt. Alle erfolgreichen Ogoni-Männer und -Frauen leben in Port Harcourt, Lagos oder ähnlichen Zentren Nigerias oder des Auslands. Im Ogoni-Gebiet zu bleiben bedeutet, keinen Erfolg zu haben. Draußen in der Diaspora ist der Ogoni bedeutungslos und gezwungen, seine Kinder außerhalb der Ogoni-Kultur großzuziehen. Es ist durchaus nicht erstaunlich, daß eine neue Generation bestens ausgebildeter Ogoni-Männer und -Frauen außerhalb ihres Volkes heranwächst, heiratet und eine neue Generation großzieht, die ihrem Volk noch weiter entfremdet ist, weil sie nicht in der Kultur und den Traditionen der Ogoni aufgewachsen ist. Das ist der sichere Weg zur Ausrottung unseres Volkes.

Ich habe nichts dagegen, daß Menschen sich auf die Suche nach grüneren Weiden machen, ich sage lediglich, daß sie dies aus freier Entscheidung und nicht notgedrungen tun sollten. Ich bin sicher, wenn es eine staatliche Verwaltungsebene gäbe, die in der Lage wäre, die Tatkraft und den Sachverstand unserer besten Leute in allen Bereichen menschlichen Strebens zu binden – auf akademischem, industriellem und administrativem Gebiet –, dann würden die meisten, die heute in Port Harcourt und Lagos leben und arbeiten, sicher nicht dort sein. Ich zum Beispiel warte ungeduldig darauf, nach Bori zurückzukehren, um für immer dort zu leben. Da das Ogoni-Gebiet extreme Reichtümer aufweist, dürfte es nicht schwierig sein, eine staatliche Verwaltungsebene zu schaffen, die mir das ermöglicht. Die Beendigung unseres erzwungenen Exils muß unser nächstes Anliegen sein.

Als ich am 26. Dezember 1990 meine Rede in Kono hielt, mögen manche mich nicht ernst genommen haben. Und dennoch sind die zentralen Grundsätze der Ogoni Bill of Rights zur Grundlage für die Alternative zu Babangidas verpfuschtem Demokratieprogramm geworden.

Ich verweise auf Chief Anthony Enahoras Bewegung der nationalen Erneuerung (Movement for National Reformation), eine Bewegung, die die Position der Ogoni zu einem lockeren Föderalismus oder einer Konföderation als einzig möglicher Zukunft für Nigeria fast vollständig übernommen hat. Ich glaube, daß diese Bewegung internationale Unterstützung finden und bei allen Nigerianern in nächster Zukunft auf Zustimmung stoßen und unseren Alptraum beenden wird.

Das wird uns mehr als willkommen sein, da General Babangidas Präsidentschaft mit seiner Herrschaft der Schlechtesten ein völliger Fehlschlag war und für die Ogoni und andere Völker des Nigerdeltas den Tod bedeutet hat. Sein lauthals propagierter Zugwagen des Übergangs ist völlig verrostet und hat weder eine Bescheinigung der Betriebssicherheit noch eine Versicherung; seine Zulassung ist abgelaufen. Und dennoch besteht der Fahrer darauf, eine endlose Reise mit ihm anzutreten. Seine Fahrerlaubnis muß verlängert werden, aber er besteht darauf, ohne sie weiterzufahren und sich auf seine Fähigkeit zu verlassen, die Verkehrspolizisten unterwegs zu bestechen. Vollgeladen mit Stimmenfängern, hält der Zugwagen an seltsamen Orten, um Gestrandete als Passagiere aufzunehmen. Wenn ein unwissender Passagier sich später über den Zustand des Wagens beschwert, schreien die Stimmenfänger ihn nieder, bringen ihn zum Schweigen und drohen, ihn hinauszuwerfen und auf Gedeih und Verderb bewaffneten Räubern auszuliefern. Die Stimmenfänger, die auf ihre «Prämiengelder» vom Fahrer angewiesen sind, singen sein Loblied, selbst wenn er leichtfertig ohne Ersatzreifen oder Scheinwerfer auf den Abgrund zufährt. Ich fürchte diesen Zugwagen, seinen Fahrer und die Stimmenfänger, und ich habe Angst um die Passagiere. Gebe Gott, daß sie unschuldige Passanten nicht in einen tödlichen Unfall verwickeln. Ich rate jedem, sich so weit wie möglich von der Route dieses Todesfahrzeugs fernzuhalten.

Wir müssen unseren Glauben an die Ogoni Bill of Rights festigen und gewaltlos auf die Erlangung unserer Rechte hinwirken. Und wir müssen uns unbedingt auf die Erfüllung unserer Forderungen vorbereiten, denn die Herausforderungen, die sich uns nach ihrer Durchsetzung stellen, sind ebenso groß wie alle vorhergehenden.

Ich wage die Vorhersage, daß wir unser Ziel noch vor Ende dieses Jahrzehnts erreichen werden.

Ich persönlich habe mich voll und ganz dem Volk der Ogoni verschrieben. Für mich hat dieser Kampf oberste Priorität vor allen anderen Interessen. Denn ich bin fest überzeugt, daß das, was die Ogoni erreichen, anderen ethnischen Minderheiten und unterdrückten Völkern in ganz Afrika als Vorbild dienen wird. Was Sie heute getan haben, ist daher eine große Ermutigung für mich und für andere auf diesem Kontinent, die ihrem Volk aufrichtig und ernsthaft dienen wollen.

Ich habe mich bemüht, T. N. Paul Birabi nachzueifern, dem verstorbenen Vater Ihres scheidenden Präsidenten, Dr. Bennet Birabi, der, wie ich sehe, in die Fußstapfen seines berühmten Vorfahren tritt und uns damit alle Ehre macht. Ich denke, daß ich in der Mitte meiner Laufbahn stehe, und hoffe, noch mehr tun zu können, solange ich lebe. Doch an einem Tag wie diesem erinnere ich mich an Longfellows berühmtes Gedicht:

> Lives of great men all remind us
> We can make our lives sublime
> And departing leave behind us
> Footprints on the sands of time.
>
> Let us, then, be up and doing,
> With a heart for any fate;
> Still achieving, still pursuing,
> Learn to labour and to wait.

Ich möchte mich nochmals bei Ihnen bedanken; Gott segne Sie.

Während der nächsten Woche stand ich ständig in Verhandlungen mit Gouverneur Ada George und den Sicherheitskräften. Sie wollten nicht, daß der Protestmarsch der Ogoni stattfände. Ich begriff ihre Bedenken nicht. Der Marsch war als friedliche Veranstaltung angemeldet. Sie argumentierten, es würde zu Gewalttätigkeit kommen. Ich sah diese Möglichkeit nicht. Ich forderte sie auf, den Marsch genauestens zu beobachten und jede Tendenz zu Gewalt im Keim zu ersticken. Aber sie waren ebenso nervös wie ich unerbittlich.

Ada George zum Trotz (der kraft seines Amtes auch Vorsitzender des Sicherheitsrates von Rivers war, bestehend aus der Führungsspitze der Streitkräfte, der Polizei und des SSS), setzten wir die Vorbereitung der Demonstration fort. Bald traf der Fotograf von Greenpeace, Tim Lambon, ein und begann, die verwüstete Umwelt in Ogoni zu filmen. Er wurde bei seiner Arbeit in keiner Weise behindert.

Wie bereits erwähnt, war mir nicht ganz klar, wieviel Sachkenntnis bei jungen Ogoni vorhanden war. Doch als sie sich in meinem Büro um mich scharten und wir den Tag vorbereiteten, erfuhr ich nach und nach so manches über sie. Ihre Begeisterung und Hingabe an die Sache, die wir aufgezeigt hatten, war recht ausgeprägt.

Dann kamen die üblichen Zweifel von den üblichen Seiten. Dr. Leton plädierte dafür, daß wir die Demonstration absagten. Das Militär habe das Ogoni-Gebiet eingeschlossen. Babangida habe beschlossen, die Macht, die sein angestammtes Recht sei, nicht zu übergeben, und habe Befehl gegeben, keine Demonstrationszüge im Land zuzulassen. Jeder, der mit einem Plakat in der Hand bei einem Protestmarsch erwischt würde, solle erschossen werden. Dr. Leton behauptete sogar, er habe einen Traum gehabt, in dem er mit einem Plakat in der Hand erschossen wurde.

Diese Art der Argumentation von einem Mann, der die Bewegung anführen sollte, entmutigte mich. Ich fürchtete, daß sie die Jüngeren anstecken und die Arbeit eines ganzen Jahres zunichte machen könnte. Ich setzte große Erwartungen in den Protestmarsch: Es war ein psychologischer Durchbruch. Wenn wir der Obrigkeit die Stirn bieten und erfolgreich gegen unsere Diskriminierung protestieren könnten, wären die Ogoni auf dem Weg in eine echte Zukunft.

Am Samstag, 2. Januar, war die Diskussion immer noch im Gange. Der Planungsausschuß, bestehend aus mir und einigen Jugendlichen, war noch bei der Arbeit, Plakate waren geschrieben und verpackt, Lautsprecheranlagen besorgt und der Ablauf schriftlich festgelegt – alles auf meine Kosten. Aber würden wir marschieren? Ich berief eine Sitzung in Dr. Letons Haus in Beeri ein, etwas außerhalb vom Zentrum des Ogoni-Volkes in Bori. Und dann stieg Gott vom Himmel herab.

Er erschien in Gestalt eines engen Verwandten, der uns mitteilte, er habe auf eigene Faust die Truppenverteilung in der Umgebung erkundet. Polizei und Armee seien zwar präsent, würden aber erst nach dreimaliger Warnung schießen. Auf jeden Fall würden sie erst Schüsse in die Luft abgeben, bevor sie in die Menge schössen.

Ob es nun der Wahrheit entsprach oder nicht, es zerstreute die Ängste. Von diesem Augenblick an war keine Rede mehr davon, aus Angst vor Armee oder Polizei nicht zu marschieren. Wir beendeten die Sitzung voller Optimismus und fuhren nach Hause.

Ich fragte bei den Koordinatoren, die wir für jedes Ogoni-Königtum ernannt hatten, nach, ob alles in Ordnung sei. Sie bejahten. Je vier Männer und, wo möglich, eine Frau hatten die Aufgabe übernommen, in jedem Dorf Komitees zu gründen, die wiederum dafür sorgen sollten, daß alle sich mit Tanzgruppen, Maskeraden und ähnlichem am Protestmarsch beteiligten.

Ein Wort zum Festcharakter des Marsches. Spaß hätte bei einem so ernsten, bedeutenden Protest vielleicht keine Rolle spielen sollen. Aber einige Dinge machten mir große Sorgen. Es stimmte schon, wir hatten allen gesagt, es würde nicht zu Gewalttätigkeiten kommen; es würde kein einziger Stein geworfen. Aber wie konnten wir sichergehen, daß das auch befolgt wurde? Die Menge im Griff zu haben war ein weiteres Problem. Wenn wir die Männer, Frauen und Kinder, die kommen würden, nicht beschäftigten, würde der Teufel eine Beschäftigung für sie finden. Daher der Entschluß, sie mit Musik und Vorführungen zu unterhalten. Das nächste Problem war, was wir machen sollten, falls jemand verletzt würde. Das Krankenhaus in Bori war zu nichts zu gebrauchen. Es gab zwar einen guten Ogoni-Arzt, John Nwidaada aus Kpean, einen netten jungen Mann, der in Moskau studiert hatte. Aber er hatte keinerlei medizinische Ausrüstung. 1952 hatte man das Krankenhaus mit großem Trara eröffnet. Ich gehörte damals unserer Schulband in Bori an, die zu diesem Anlaß spielte. T. N. Paul Birabi hatte eine Rede gehalten und seiner Hoffnung Ausdruck verliehen, das Krankenhaus möge dazu beitragen, allen Ogoni medizinische Versorgung zu geben. Seine Hoffnungen hatten sich nicht erfüllt. Anfangs leistete das Krankenhaus gute Arbeit, doch nach und nach verkam es so sehr, daß es im Januar 1993 nicht besser war als die Ambulanzen, die es in meiner Kindheit in jedem Ogoni-Königtum gab.

Was das medizinische Problem anging, konnten wir nicht viel tun. Die Klinik meines Bruders Owens hatte einen Krankenwagen, den er uns natürlich mit Personal ebenso zur Verfügung stellte wie seine eigenen Dienste. Ich hoffte das Beste.

An diesem Samstag wurden wir mit der letzten Überprüfung der Vorbereitungen nicht ganz fertig. So setzten wir eine weitere Sitzung für den nächsten Tag, den 3. Januar, nach dem Sonntagsgottesdienst an.

FÜNFTES KAPITEL

Wir hatten ursprünglich nicht daran gedacht, den Protestmarsch am 4. Januar mit einem ökumenischen Gottesdienst und einem Besuch der Grabstätte von T. N. Paul Birabi am Vortag zu verbinden. Die Anregung dazu kam von Goodluck Diigbo, einem Journalisten aus Kaani, der regelmäßig in mein Büro kam und mir wertvolle Ratschläge zur Öffentlichkeitsarbeit gab. Er war ein Geschenk des Himmels, da er ein guter Organisator war und die Mentalität und Einstellung der Ogoni damals wesentlich besser kannte als ich. Er lebte unter ihnen, ich nicht. Er kannte den Einfluß der christlichen Kirchen auf die Menschen, ich war mir dessen nicht bewußt. Auch die mobilisierende Wirkung des Rundfunks kannte er sehr gut, da er beim Radiosender des Bundesstaates, Radio Rivers, arbeitete.

Nachdem wir den Vorschlag angenommen hatten, einen Gottesdienst abzuhalten und Birabis Grab zu besuchen, traten wir an Archidiakon Ntor heran, einen ausgezeichneten Mann, den ich als Kind kennengelernt hatte, als er noch im Staatsdienst war. Später hatte er sich für das Priesteramt entschieden und versah derzeit in der anglikanischen Kirche das Ogoni-Gebiet. Seim Amtssitz befand sich in Yeghe, einem Nachbarort von Bori, dessen Peterskirche wohl das schönste Gebäude im Ogoni-Gebiet ist. Yeghe war auch der Geburtsort von T. N. Paul Birabi, dessen Grab neben der Kirche liegt. Die Peterskirche bot sich daher für den ökumenischen Gottesdienst an, und Archidiakon Ntor hatte keinerlei Bedenken, ihn auszurichten.

Als die Familie Birabi erfuhr, daß wir das Grab besuchen wollten, bat sie um finanzielle Unterstützung, um die Umgebung des Grabes sauber und ordentlich zu halten, die wir ihr auch gewährten.

Am Sonntag morgen, dem 3. Januar, war ich schon früh auf den Beinen und machte mich gleich nach dem Frühstück auf den Weg nach Yeghe, begleitet von Alfred Ilenre, dem Generalsekretär der Organisation für die Rechte ethnischer Minderheiten in Afrika, EMIROAF, der als Beobachter des Protestmarsches gekommen war, sowie von meinem jungen Freund Hauwa Madugu.

Hier sei ein Wort zu Alfred Ilenre gesagt, der den Kampf der Ogoni noch erheblich unterstützen sollte. Er stammte aus Ishan, hatte sich nach dem Schulabschluß um 1958 gleich dem Journalismus zugewandt und an verschiedenen nigerianischen Tageszeitungen gearbeitet und war später während des Unabhängigkeitskampfes Angolas bei der angolanischen Botschaft in Lagos. Ich lernte ihn durch einen anderen Freund kennen, Tam Fiofori, als ich auf der Suche nach einem Journalisten war, der mir bei der Werbung für mein Buch *On a Darkling Plain* helfen konnte. Von dieser Zeit an entwickelte sich zwischen uns eine Freundschaft, die mir immer von unschätzbarem Wert bleiben wird. Er ist ein kluger Mann, besitzt fundierte Kenntnisse über die politischen Verhältnisse Nigerias und hat einige der bekanntesten nigerianischen Politiker getroffen und interviewt, darunter auch Obafemi Awolowo. Seine tiefgreifenden Einsichten in die Lebensverhältnisse Nigerias sollten mir sehr zugute kommen.

Als ich an diesem Morgen nach Yeghe kam, waren nur Archidiakon Ntor und einige Mitglieder des Kirchenchors da. Ich war enttäuscht. Ich hatte erwartet, daß die Einwohner von Yeghe, wenn schon niemand sonst, sich in Scharen um die Kirche drängen würden. Auch eine Stunde später, gegen zehn Uhr, waren erst wenige Besucher da. Wir warteten bis elf Uhr, und auch da hatten sich noch nicht genügend Gläubige eingefunden. Archidiakon Ntor beschloß, daß wir mit dem Gottesdienst anfangen sollten. Ich war ehrlich enttäuscht, tröstete mich jedoch mit der Tatsache, daß Dr. Leton und Edward Kobani mit Bischof J. B. Poromon von der Methodistenkirche eingetroffen waren, der die Predigt halten sollte.

Ich hätte mir keine Sorgen machen brauchen. Nach einer Weile war die Kirche brechend voll, und draußen drängten sich noch mehr Gläubige. Bis zum Offertorium, bei dem die Gläubigen zum Altar tanzen und Gott ihre Gaben darbringen sollten, war klar, daß wir nicht so bald nach Hause kommen dürften, wenn wir diesen Teil des Gottesdienstes nicht abkürzten. Chiefs, Frauen, Männer und Kinder aus allen Teilen des Ogoni-Gebietes, sogar aus dem weit entfernten Eleme, waren gekommen, um Gott zu huldigen und für den Erfolg unseres Protestmarsches zu beten.

Am besten ist mir die Lesung von Ledum Mitee in Erinnerung geblieben, der seit jüngstem eine herausragende Rolle in der MOSOP einnahm. Archidiakon Ntor hatte eine sehr passende Passage aus den Klageliedern Jeremias ausgewählt, die ich hier in voller Länge aufnehmen möchte:

> Bedenke, o Herr, was uns widerfuhr! Schau her und sieh unsere Schmach! Unser Erbteil fiel Fremden zu, unsere Häuser kamen an Ausländer. Waisen sind wir geworden, vaterlos, unsere Mütter Witwen gleich. Unser Trinkwasser erhalten wir nur gegen Geld, unser Holz nur gegen Bezahlung. Bis über den Hals verfolgt man uns; wir sind es müde, man gönnt uns nicht Ruhe. Wir reichten Ägypten und Assur die Hand, uns zu sättigen mit Brot. Unsere Väter haben gefehlt, sie sind dahin; doch ihre Sünden müssen wir tragen. Knechte herrschen über uns; niemand befreit uns aus ihrer Gewalt. Wir ernten unsere Nahrung mit Lebensgefahr, bedroht vom Schwerte der Wüste. Wie ein Ofen glüht unsere Haut von den Qualen des Hungers. Man schändete unsere Frauen in Sion, Jungfrauen in Judas Städten. Fürsten wurden von Feindeshand erhängt, Älteste nicht entsprechend geehrt. Jünglinge müssen den Mühlstein schleppen, und Knaben straucheln unter der Holzlast. Greise halten sich fern vom Tor, Jünglinge von ihrem Saitenspiel. Entschwunden ist die Freude unseres Herzens, unser Reigen in Trauer verkehrt. Die Krone ist uns vom Haupte gefallen. Weh uns, daß wir gesündigt! Darob ist unser Herz krank, darum sind unsere Augen verdüstert: Um den Sionsberg, der verwüstet ist, auf dem Schakale sich tummeln. Du aber, Herr, thronst in Ewigkeit; dein Thron steht fest von Geschlecht zu Geschlecht. Warum willst du uns für immer vergessen und verlassen auf lange Zeit? Führe uns, Herr, zu dir zurück, so kehren wir um! Mach unsere Tage neu, ganz wie sie ehedem waren! Oder hast du uns völlig verworfen, zürnst du uns so gewaltig? (Klagelieder 5)

Eine Passage, die der Lage der Ogoni besser entspricht, hätten wir in der Literatur wohl kaum finden können. Und ich war gewiß nicht der einzige in der Kirche, der an diesem Tag die Botschaft in ihrem wahren Tenor empfing. Ich spürte ein leichtes Beben durch die Reihen gehen, als Ledum die Lesung beendete.

Ebenso interessant war die Predigt Bischof Pomorons (eines

Ogoni), die er in hervorragendem Khana hielt. Ich verließ den Gottesdienst überaus ermutigt und mit neuer Kraft und Glauben gestärkt.

Als wir schließlich zu Birabis Grab zogen, war die Menge zu einer schier unkontrollierbaren Masse angewachsen, aber ich lernte die enorme Disziplin der Ogoni kennen, die sich am folgenden Tag zeigen sollte. Nach den ersten Begrüßungsworten herrschte Stille, und niemand regte sich mehr.

Dr. Leton, Edward Kobani und ich hielten in dieser Reihenfolge jeweils eine Ansprache. Garrick Leton ist kein großer Redner, da er eher schüchtern ist und leicht stottert, doch als Edward das Podium betrat, erwies er sich als wahres Juwel. «Habt keine Angst», mahnte er das Publikum. «Es wird euch nichts geschehen auf diesem Land, das Gott uns gegeben hat!» Große Worte, die alle bewegen sollten, sich der Obrigkeit und den Ölkonzernen mutig entgegenzustellen. Sie halfen mir sogar, eine der besten Reden zu halten, die ich je aus dem Stegreif gehalten habe. Später habe ich einen Teil davon auf einer Videoaufnahme gesehen, und sie gefiel mir immer noch. Ich hob nachdrücklich hervor, daß es uns um einen gewaltlosen Kampf für unsere Rechte ging, daß ich kein Blutvergießen in diesem Kampf wollte und wir nicht länger zulassen dürften, daß mit uns geschehe, was den Indianern Amerikas, den Aborigines Australiens und den Maoris Neuseelands passiere. Schließlich versicherte ich dem Volk der Ogoni, daß es letzten Endes siegen werde.

Die Ansprache sollte die nigerianischen Zustände in Frage stellen und die Ogoni ermutigen, sich ihrer Diskriminierung entgegenzustellen. Eine kurze, aber wirkungsvolle Rede, fand ich. Und mit Freude stellte ich fest, daß die Presse aus Lagos Vertreter geschickt hatte, die das Ereignis verfolgten.

Als wir das Grab Birabis verließen, bemerkte ich etwas, das mittlerweile eine regelmäßige Erscheinung war: Eine Schar jubelnder Kinder, Frauen und Jugendlicher folgte mir auf Schritt und Tritt, wollte mir die Hand schütteln, mich berühren und raubte mir jegliche Privatheit. Sie liefen, Staub aufwirbelnd, hinter meinem Wagen her, und als ich den Friedhof verließ, wußte ich, daß etwas mit den Ogoni geschehen war.

Das einzige, was mich zutiefst betrübte, war die auffallende Abwesenheit Bennet Birabis in der Kirche wie auch am Grab seines Vaters.

Es war ein Verrat, von dem ich wußte, daß er ihn immer verfolgen würde. Mir war klar, daß die Ogoni ihm das nie verzeihen würden.

Die Sitzung, die nach dem Gottesdienst in Beeri angesetzt war, war gut besucht, wesentlich besser als die am Vortag. Sie fand im Haus von Chief Ema Apenu statt, einem Ingenieur und Cousin von Dr. Leton. Da überall große Begeisterung herrschte, brauchten wir den Vorbereitungen vor Ort nur noch den letzten Schliff zu geben.

In jedem Ogoni-Königtum gab es sechs Koordinatoren und in jeder Gemeinde vier, die für Planung und reibungslosen Ablauf der Aktivitäten sorgten. Wie bereits gesagt, hatten wir beschlossen, unsere Aktivitäten mit Unterhaltung aufzulockern, um mögliche Gewalt zu verhindern. Verschiedenen Jugendlichen hatten wir in allen Einzelheiten erklärt, wie sie Plakate, Spruchbänder und Poster machen sollten.

Die Hauptkundgebung sollte in Bori stattfinden, dem Zentrum von Ogoni, und dort mußten die Aktionen gut organisiert werden. Wir hatten einige vertrauenswürdige Männer gefunden, denen wir die Verantwortung für diesen Teil übertragen hatten. Einer von ihnen war Theophilus Tornwini, der in der Native Authority School in Bori mein Lehrer war, später in den Staatsdienst von Rivers trat und mir im Laufe der Jahre ein geschätzter Freund wurde. Er war nicht viel älter als ich, und es betrübte mich sehr, als er den Staatsdienst recht früh verlassen mußte, obwohl er den Ogoni und Nigeria noch viel hätte geben können.

Wir gingen die Vorbereitungen gründlich durch und stellten fest, daß alles so gut lief, wie es unter den gegebenen Umständen eben ging, und wir keinen Grund zur Sorge hatten. Ich konnte nur auf unser Glück vertrauen, daß am nächsten Tag alles gutgehen würde. Guten Mutes machte ich mich auf den Rückweg nach Port Harcourt.

Die Fahrt nach Port Harcourt dürfte unter normalen Umständen eigentlich nicht mehr als eine halbe Stunde in Anspruch nehmen. Die ganze Strecke ist völlig eben. Doch die Straße war in einem so schlechten Zustand, daß die Fahrt zu einem Hindernisrennen wurde. Das verdreifachte die Fahrtzeit. Der Gedanke, wieviel Geld aus dem Ogoni-Gebiet herausfloß und daß es trotzdem nicht gelang, ein so kurzes Stück Straße befahrbar zu machen, war unerträglich.

In Abuja, der neuen Hauptstadt Nigerias, wurden mit Öleinnahmen Felsen gesprengt, Berge durchbrochen und Straßen gebaut, die kaum benutzt wurden.

Wieder in Port Harcourt, aß ich rasch etwas und zog mich dann in mein Büro zurück, um die Rede vorzubereiten, die ich am nächsten Morgen in Bori halten sollte. Wir hatten vereinbart, daß außer dem Präsidenten Dr. Leton auch ich, Ledum Mitee als Vertreter der Ogoni-Jugend und eine Frau, die noch zu benennen war, eine Rede halten sollten. Ich hatte die nette, humorvolle junge Anwältin Joy Nunieh gebeten, den Entwurf einer Rede im Namen der Ogoni-Frauen aufzusetzen.

Die ganze Nacht arbeitete ich an meiner Rede und redigierte die Ansprachen der anderen. Meine Angestellten hatten frei, außerdem war es ohnehin Sonntag, und so mußte ich allein an meinem Computer arbeiten. Alfred Ilenre leistete mir Gesellschaft und munterte mich auf, wenn meine Kräfte nachließen.

Gegen vier Uhr morgens waren die Reden fertig, und ich ging völlig erschöpft zu Bett. Doch schon um sechs Uhr war ich wieder auf. Ich hatte keinen Appetit auf Frühstück, war überaus reizbar und schroff gegen alle, die zufällig in meiner Nähe waren. Die meisten verstanden wohl, wie ich mich fühlte, und sahen es mir nach.

Kurz nach sieben machten wir uns auf den Weg nach Bori. Ich hatte vor, in den Hauptgemeinden aller sechs Ogoni-Königtümer vorbeizufahren, mußte dazu aber alle führenden Persönlichkeiten der Ogoni beisammenhaben. Daher beschloß ich, direkt nach Beeri zu Dr. Leton zu fahren und ihm seine Rede zu geben.

Auf der Straße war es erstaunlich ruhig. Es war Montag morgen, der erste Arbeitstag des Jahres nach den Weihnachtsfeiertagen und Neujahr. Gewöhnlich hätten viele auf dem Rückweg nach Port Harcourt sein müssen, nicht nur aus dem Ogoni-Gebiet, sondern auch aus Opobo, Andoni und Ibiboland. Uns begegnete jedoch kein einziger Wagen, bis wir nach Bori kamen.

Dort hingen einige Spruchbänder über der Straße und verkündeten den «Ogoni-Tag im internationalen Jahr der indigenen Völker der Welt». Kurz vor Bori, etwa ab Yeghe, bemerkten wir Anzeichen, daß Menschen sich auf den Marsch vorbereiteten. Eine Reihe von Jugendlichen, Männern und Frauen bildeten bereits Grüppchen mit Zweigen in Händen, dem Umweltsymbol, das wir ausgesucht hatten. Mein Bruder Owens war bereits in seinem Krankenwagen auf der Straße und beobachtete die Vorgänge.

Ich fuhr nach Beeri und gab Dr. Leton seine Rede. Er wartete schon auf mich und sagte mir, sein Cousin, der Ingenieur Apenu, habe sich bereits zu Fuß auf den Weg nach Tabangh gemacht, dem Hauptort des Königtums Nyo-Khana.

Anschließend fuhr ich nach Mogho im Zentrum von Gokana, wo der erste wunderbare Anblick mich erwartete. Es war kurz nach neun. Tim Lambon, der Greenpeace-Fotograf, und Shelley Braithwaite von der Rainforest Action Group, die in Port Harcourt mein Gast war, hatten wie gewohnt schon vor sieben Uhr angefangen, in der Umgebung Aufnahmen zu machen.

Als ich vorfuhr, strömte eine Menschenmenge so groß, wie ich sie bis dahin noch nicht gesehen hatte, aus verschiedenen Straßen zum Sportplatz der Grundschule von Mogho, dem Kundgebungsort. Offenbar waren sie schon seit sieben Uhr früh unterwegs und waren nach K. Dere zum Bomu-Ölfeld marschiert, um dort symbolisch das Ölfeld mit seiner lodernden Gasfackel zu übernehmen. Alle Arbeiter von Shell hatten die Gegend am Vortag verlassen.

In einem endlosen Strom steuerten diese armen, diskriminierten Ogoni mit grünen Zweigen, Spruchbändern oder Plakaten in Händen und Liedern auf den Lippen auf den Sportplatz von Mogho zu. Aus ihren Mienen sprach Wut, jedoch auch Stolz, und auch mich erfüllte ein unglaublicher Stolz auf sie. Nur mit großer Mühe hielt ich die Tränen zurück, die in mir aufstiegen. Heute ging es um die Stärkung ihrer Kraft, die es ihnen möglich gemacht hatte, sich endlich gegen ihre Unterdrücker zu erheben.

Die Jugendlichen wollten nicht zulassen, daß ich zu Fuß von meinem Wagen zum Versammlungsort ging. Sie bestanden darauf, mich auf den Schultern zum Podium zu tragen, wo ich eine Ansprache an die erregte, brodelnde Menge halten sollte.

Als wir zum Podium kamen, stellte sich ein neues Problem: die Menge im Griff zu halten. Es bestand durchaus die Möglichkeit, daß das Podium zusammenbrach oder die Menschenmenge, die nach vorn drängte, um einen Blick auf mich zu erhaschen oder dem Zentrum des Geschehens näher zu sein, mich und andere zerquetschte. In diesem Fall passierte jedoch nichts dergleichen. Es gelang mir, die Menge mit dem traditionellen Gruß «M kana mon Gokana» («Ich grüße alle Gokana») zu beruhigen, worauf sie geschlossen antworteten: «E zira» («Wir erwidern den Gruß»). Edward Kobani sprach und gratulierte ihnen zur symbolischen Übernahme der Ölfelder. Er selbst war bei dieser Aktion vorangegangen, was für einen Mann seines Alters eine große Sache war. Dann fragte er: «Sind die Diebe nicht in dem Moment weggelaufen, als wir, die Eigentümer des Grund und Bodens, aufgetaucht sind, um unseren Anspruch geltend zu machen?» «Ja», rief die Menge begeistert, und dann erschollen Jubelrufe und Applaus auf dem ganzen Platz. Ich war sehr stolz auf meinen Freund, den großen Ogoni-Patrioten, der er immer war.

Ich hielt eine kurze Ansprache auf gokana, zeigte in knappen Worten den Grund für unseren Marsch auf und versicherte ihnen, daß wir alle zum Kampf bereit sein müßten, so lange er auch dauern mochte, da es keine Alternative dazu gebe. Ich gratulierte ihnen zu ihrer gelungenen Aktion des Tages und versicherte ihnen, daß auf lange Sicht der Sieg unser sei.

Ich mußte meine Kräfte für die Ansprachen aufsparen, die ich in anderen Orten noch halten mußte. Die Sonne stand bereits hoch am Himmel, es war stickig und schwül. Auf allen Gesichtern glänzte Schweiß, und zudem war die Luft voller Staub, der unser Unbehagen steigerte.

Die Ogoni-Jugendlichen trugen mich vom Podium in einer langsamen Prozession auf ihren Schultern zurück zu meinem Wagen. Es war durchaus keine angenehme Art der Fortbewegung, und ich war nicht ohne Sorge um meine Sicherheit. Schließlich gelangte ich zum Wagen, den die Jugendlichen nun aber nicht durchlassen wollten; statt dessen setzten sie sich auf die Kühlerhaube und versperrten meinem Fahrer die Sicht, als er versuchte abzufahren.

Als wir uns stückchenweise vortasteten, flog ein Hubschrauber über den Sportplatz, und ein einsamer Polizist kam freundlich auf uns zu. Ich machte mir Sorgen um ihn wie auch um den offenen Lastwagen, der mit einigen Polizisten in der Gegenrichtung an uns vorbei zur Polizeistation des Ortes fuhr. Ich wußte, daß über tausend Polizisten im Ort waren; später erfuhr ich, daß man ihnen keinen Lohn oder keine Sonderzulage für den Auswärtseinsatz gezahlt hatte. Jedenfalls hielten sie sich den ganzen Tag außer Sicht; die wenigen, die sich blicken ließen, fraternisierten offen mit den Demonstranten.

Schließlich gelang es uns, Mogho schweißnaß zu verlassen. Wir fuhren in das Königtum Tai. Inzwischen waren mehr Menschen unterwegs zu den verschiedenen Versammlungsorten. Als wir nach Kira kamen, wo die Kundgebung für das Tai-Gebiet stattfinden sollte, war der Platz voller Menschen, die trommelten, sangen und tanzten.

Dr. Leton war inzwischen zu uns gestoßen und wandte sich kurz an die Menge, nachdem Noble Obani-Nwibari, der herausragendste Tai-Aktivist, ihn vorgestellt hatte. Anschließend sprach ich in meiner Muttersprache Khana und erntete begeisterte Jubelrufe. Nach mir ergriff Noble das Wort, und als er geendet hatte, fuhren wir weiter nach Bori, wo die größte Kundgebung zu erwarten war.

Die Fahrt nach Bori war angenehm, da diese Strecke recht eben und kurz war. Die Straße war voller Menschen, Alt und Jung war zu Fuß auf dem Weg nach Bori. Als wir in die Nähe des Treffpunkts kamen, dem Sportplatz der Birabi Memorial Grammar School, wurde das Gedränge dichter. Natürlich waren hier wesentlich mehr Menschen als in Gokana, man hätte meinen sollen, an diesem Tag seien alle Ogoni auf diesem Rasen zusammengekommen. Es warteten jedoch noch in zwei weiteren Orten Menschen auf mich – in Baen im Königtum Ken-Khana und in Tabangh im Königtum Nyo-Khana.

Es war nahezu unmöglich, sich einen Weg durch die Menge zu bahnen, die unglaublich viel Staub aufwirbelte, was das Sitzen in meinem Wagen ohne Klimaanlage recht unbehaglich machte. Wir schlossen die Wagenfenster und schwitzten vor uns hin, während wir uns schrittweise vorarbeiteten. Schließlich gelangten wir in den VIP-Bereich, und ich stieg unter begeisterten Zurufen der Demonstranten aus. Bis auf die staatlich bezahlten traditionellen Ogoni-Oberhäupter und Parteipolitiker waren alle Honoratioren der Ogoni-Gesellschaft vertreten, und die Stimmung war euphorisch.

Am anderen Ende des Platzes wurde getrommelt, und Tanzgruppen gaben kunstvolle Vorführungen. Ich schüttelte den anwesenden Chiefs und führenden Vertretern die Hand. Die Menge drängte zum VIP-Stand, und nur mit Mühe konnten wir verhindern, daß die Sonnendächer umfielen. Allmählich wurde es zum Problem, die Menge unter Kontrolle zu halten. Ich fand, je eher wir anfingen, um so früher wäre die Veranstaltung beendet, was etwaige Zwischenfälle oder Unfälle vermeiden half. Also bedeutete ich dem vorher ernannten Zeremonienmeister, er solle anfangen.

Chief Gbarazian aus Bori, Chief Gbaranee aus Yeghe und Chief Apere aus Kaani brachten gemeinsam nach Ogoni-Tradition ein Trankopfer dar und riefen die Götter des Landes an, unser Vorhaben zu segnen.

Anschließend wurde Dr. Leton vorgestellt und verlas seine Ansprache, in der er der Regierung erklärte, daß die Ogoni nicht nach den Sternen griffen, sondern lediglich ihre Rechte forderten, einschließlich des Rechts auf moderne Lebensbedingungen und auf ihr Überleben.

Ihm folgte Joy Nunieh; sie schilderte die erheblichen Schwierigkeiten, denen sich die Frauen unter den Bedingungen der Umweltzerstörung und wirtschaftlichen Strangulation gegenübersahen.

Nach ihr sprach Ledum Mitee als Vertreter der Ogoni-Jugend; er versicherte der Menge, daß die Jugend ihr Erbe verteidigen werde und kein Gefängnis sie hindern könne, ihre Ansprüche durchzusetzen.

Wie ich feststellte, war die Presse vollzählig vertreten. Am Vortag hatte ich in Yeghe das Team der Zeitschrift *Newswatch* gesehen, einen Reporter mit einem Fotografen. Hier waren nun noch weitere Journalisten von verschiedenen Zeitungen und Rundfunkstationen. Wir hatten ein Team beauftragt, Videoaufnahmen zu machen, das ebenfalls bei der Arbeit war. Jemand, den ich damals noch nicht kannte, später aber besser kennenlernen sollte, Meshack Karanawi aus Baen, ein Dozent für Kommunikationswissenschaft an der Universität Port Hacourt, war mit einem überaus sprechenden Symbol am Treffpunkt erschienen, einer verbrannten nigerianischen Flagge, die er an einer Stange über die Köpfe aller Redner hielt.

Als die Reihe an mir war, das Wort zu ergreifen, stieg ich aufs Podium und ließ den Blick über die Menge schweifen. Aus dieser erhöhten Position bemerkte ich eine neue Eigenschaft an den Ogoni, eine Eigenschaft, die ich an ihnen nicht kannte. Ich sah Eifer, Entschlossenheit und Freude in den jungen Gesichtern, die zu den Männern auf dem Podium aufschauten. Und ich wußte, daß hier eine neue Saat aufgegangen war, für die alles zu tun war, um sie zu wässern, zu nähren, großzuziehen und zu ernten. Die Ogoni würden gewiß nie wieder wie früher sein. Ich spürte aber auch, daß ich sie niemals enttäuschen durfte, sonst wären sie bereit, mich zu lynchen!

Auf dem Platz war es unglaublich staubig, da Tänzer, Maskierte und Feiernde auch während der Ansprachen weiterfeierten. Ich bat um Ruhe. Als es völlig still auf dem Platz war, betrachtete ich die Menge, schätzte die Stimmung ein und beschloß, nicht wie sämtliche Vorredner englisch zu sprechen, sondern khana. Allerdings hielt ich mich an das vorbereitete Manuskript, begann jedoch aus einer Augenblickseingebung mit unserem Solidaritätslied «Aaken, aaken pya Ogoni aaken» («Steh auf, steh auf, Volk der Ogoni, steh auf»). Dieses Lied hatte ich während des Bürgerkrieges 1968/69 geschrieben, um die Ogoni damals zu mobilisieren. Der neuen Ogoni-Bewegung kam es ganz gelegen, es wurde mit geballter rechter Faust gesungen, die in Schulterhöhe geschwungen wurde. Es rief die Ogoni auf, zu arbeiten, zu lernen und zu kämpfen, und mündete in dem Schwur, die Unterdrückung nicht länger hinzunehmen. Später fügte ein Ogoni-Aktivist eine freudige Note hinzu. Es war ein unfehlbares Mittel, die Getreuen an ihre neuen Pflichten zu gemahnen.

Meine vorbereitete Rede lautete:

Königliche Hoheiten, sehr geehrte Chiefs und Gemeindeälteste, Herr Präsident der Bewegung für das Überleben der Ogoni, meine Damen und Herren,
ich danke Ihnen, daß Sie mir Gelegenheit geben, heute hier zu sprechen. Ich ergreife das Wort in einer doppelten Funktion als Präsident der Organisation für die Rechte ethnischer Minderheiten in Afrika (EMIROAF), die für die Menschenrechte und das Recht auf Umweltschutz für indigene Völker und ethnische Minderheiten in Afrika eintritt, und als Sprecher der Ogoni.

Das Jahr 1993 ist offiziell zum Internationalen Jahr der indigenen Völker der Welt nach Resolution 46/128 der Vollversammlung der Vereinten Nationen erklärt worden. Die Eröffnungsfeiern fanden am 10. Dezember 1992, dem Internationalen Tag der Menschenrechte, in New York statt. Dieses Ereignis wurde unterstützt vom Zentrum für Menschenrechte, von der Internationalen Arbeitsorganisation der Vereinten Nationen, dem Entwicklungsprogramm der Vereinten Nationen, dem Umweltprogramm der Vereinten Nationen, dem Weltkinderhilfswerk und der UNESCO.

Die Ausrufung dieses internationalen Jahres zeugt vom Interesse, das das Schicksal der indigenen Völker in der internationalen Gemeinschaft findet. Zwar sind die Fälle der Ureinwohner Amerikas, Australiens und Neuseelands wohlbekannt, aber die indigenen Völker Afrikas haben bislang nur wenig Aufmerksamkeit erfahren. EMIROAF hofft, dieses Vakuum zu füllen, und zu diesem Zweck haben wir die Bemühungen der Ogoni voll unterstützt, auf ihre Notlage aufmerksam zu machen. Wir haben die Absicht, im Laufe dieses Jahres noch weitere Aktivitäten zu organisieren.

Entgegen der Ansicht, in Schwarzafrika gebe es keine indigenen Völker, haben unsere Recherchen ergeben, daß das Schicksal von Gruppen wie den Zangon Kataf und den Ogoni in Nigeria sich im Kern nicht von dem der Aborigines in Australien, der Maori in Neuseeland und der Indianer in Nord- und Südamerika unterscheidet. Gemeinsam ist ihnen eine Geschichte der widerrechtlichen Usurpation ihres Landes und ihrer Ressourcen, der Zerstörung ihrer Kultur und schließlich der Dezimierung ihres Volkes. Indigene Völker merken oft erst, was geschieht, wenn es schon zu spät ist. In der Mehrzahl der Fälle sind sie Opfer des Treibens habgieriger Außenstehender. EMIROAF wird auch weiterhin Mobilisierungsarbeit leisten und die Interessen der indigenen Völker des afrikanischen Kontinents vertreten. In diesem Sinne haben wir es übernommen, das Schicksal des Ogoni-Volkes in Nigeria öffentlich zu machen.

Die Ogoni sind bedroht und gefährdet. Seit 1958 in ihrem Gebiet Öl entdeckt wurde, sind sie Opfer eines tödlichen ökologischen Krieges geworden, in dem kein Blut vergossen, keine Knochen gebrochen und niemand verstümmelt wird. Und dennoch sterben ständig Menschen. Männer, Frauen und Kinder sind in Gefahr; Pflanzen, Wild- und Fischbestände werden vernichtet, Luft und Wasser verpestet, und schließlich stirbt das Land. Heute ist Ogoni zu Ödland verkommen.

Leider ist der internationalen Gemeinschaft die Grausamkeit dieses ausgeklügelten, unkonventionellen Krieges noch nicht vollständig klargeworden. Es ist ein Verrat an der Menschlichkeit von einem multinationalen Ölkonzern, nämlich Shell, dem kleinen, wehrlosen Volk der Ogoni mehr als 30 Milliarden US-Dollar abzunehmen und als Gegenleistung nichts anderes zu bringen als Tod und Zerstörung.

Von der nigerianischen Regierung ist es bewaffneter Raub, sich die Ressourcen der Ogoni widerrechtlich anzueignen und diesen Diebstahl durch Militärdekret zu legalisieren. Den Ogoni das Recht auf Selbstbestimmung zu verweigern und ihnen den Status von Sklaven im eigenen Land aufzuzwingen, ist moralisch unentschuldbar.

Das erstaunliche Schweigen und die Ungerührtheit sowie die primitiven Schikanen und Einschüchterungsversuche, mit denen die Plünderer in Lagos und die Banditen in Abuja dem Ogoni-Volk begegnet sind, seit es angefangen hat, friedlich seine Rechte einzufordern, zeigen, daß es der nigerianischen Regierung an der Fähigkeit oder am Willen mangelt, das Problem zu lösen, und daß allein die internationale Gemeinschaft den Ogoni helfen kann. Deshalb rufe ich diese Gemeinschaft erneut auf, den Ogoni zu Hilfe zu kommen, bevor die multinationalen Ölkonzerne und die unterdrückerischen, habgierigen Herrscher Nigerias sie mit vereinten Kräften in die Ausrottung getrieben haben.

Seit 1958 wird im Ogoni-Gebiet Öl gefördert. Es ist ein schwindendes Kapital. Was werden die Ogoni tun, wenn das Öl in zehn Jahren zur Neige geht? Wer wird ihnen zu Hilfe kommen? Es muß JETZT etwas geschehen, die Ogoni zu retten. Ich gratuliere dem Volk der Ogoni, daß es die historische Verantwortung selbst in die Hand genommen hat, sich, sein Land und seine Umwelt zu retten, so spät es auch sein mag. Ich rufe euch auf, Brüder und Schwestern, unermüdlich für eure Rechte zu kämpfen. Da wir für eine gerechte Sache kämpfen und Gott uns hilft, werden wir über die Mächte der Habgier, der Niedertracht und der Hartherzigkeit siegen. Gott segne euch.

Meine Rede muß recht aufmunternd, wenn nicht gar unterhaltsam gewesen sein, denn sie wurde begleitet von Beifallsrufen, Applaus und Gelächter. Der Sinn der Ogoni für Humor ist bekannt, zumindest bei den Ogoni. Immer wieder fällt mir auf, wie bereitwillig die Menschen auf Spott, Scherze, Anspielungen und andere Formen der Satire ansprechen, die sich selbst bei den ernsthaftesten Anlässen zeigen.

Der Tenor meiner Stegreif-Ansprache war, daß wir uns sowohl den Herrschern Nigerias als auch Shell entgegenstellen mußten, die uns diskriminiert und jedem einzelnen Ogoni eine schwere Last auferlegt hatten. Ich erklärte Shell zur *persona non grata* und forderte den Konzern heraus, er müsse alle Männer, Frauen und Kinder des Ogoni-Volkes töten, bevor er noch weiter Öl aus dem Ogoni-Gebiet holen könne. Abschließend forderte ich alle anderen ölproduzierenden Gebiete des Landes auf, dem Beispiel der Ogoni zu folgen. «Erhebt euch jetzt und kämpft für eure Rechte», schloß ich.

Als ich geendet hatte, war ich dem Zusammenbruch nahe. Es war ein besonders heißer, schwüler Tag, und es war kein Tropfen zu trinken in Sicht – weder kaltes Wasser noch ein Erfrischungsgetränk. Ich ging wieder zu meinem Platz, hörte mir noch ein oder zwei Reden an und schleppte mich dann, einer Ohnmacht nahe, zu meinem Wagen.

Wieder erwies es sich als recht schwierig, den Kundgebungsort zu verlassen, da Kinder sich um meinen Wagen scharten und unisono, als hätten sie es geprobt, in Khana sangen: «Iyaa gbin emue ye! Iyaa gbin emue ye!» («Wir wollen ihn sehen! Wir wollen ihn sehen!») Zudem wirbelten sie eine Menge Staub auf, und ich war völlig erschöpft, als ich schließlich den Ausgang des Schulgeländes fand und Richtung Port Harcourt fuhr. Die geplanten Reden in den beiden Khana-Königtümern mußte ich absagen.

Auf dem Rückweg nach Port Harcourt folgte mir die Presse sozusagen auf den Fersen. Zu Hause ließ ich mir erst einmal eine Flasche Bier bringen und trank sie aus, dann gab ich den Reportern ein paar Interviews und ging zu Bett. Es war zwar erst vier Uhr nachmittags, aber ich hatte genug für einen Tag.

Noch lange sollten die Erinnerungen an den Protestmarsch mir im Sinn bleiben. Fast zwei Drittel der Ogoni-Bevölkerung hatten an dem friedlichen Marsch teilgenommen. Jene, die nicht zu den zentralen Kundgebungsorten kommen konnten, waren zu ihrem Dorfplatz gezogen. Es war ein großer Zornestanz des Volkes. Kein einziger Stein wurde geworfen, und niemand wurde verletzt. Ein paar Jugendliche hielten in irregeleitetem Enthusiasmus einige Leute auf, die auf dem Weg zur Arbeit nach Port Harcourt waren. Doch davon abgesehen gab es keinerlei Zwischenfälle.

Wenn ich heute an diesen Tag zurückdenke, bin ich sehr stolz, ein Ogoni zu sein. Wir haben Großes geleistet, auch wenn ich das selbst sage.

Der 4. Januar war wahrhaft ein Tag der Befreiung: ein Tag, an dem alle Ogoni, Junge und Alte, Fähige und Unfähige, Reiche und Arme, auf die Straße gegangen sind, um sich Geltung zu verschaffen und öffentlich kundzutun, daß das Volk erwachsen geworden ist und seine Vernichtung nicht länger passiv hinnehmen wird. Wir hatten die psychologische Barriere der Angst überwunden. Die Ogoni würden nie wieder sein wie früher.

Und ich dachte daran, wie wunderbar es für Nigeria, für Afrika wäre, wenn die verschiedenen ethnischen Gruppen, aus denen das Land sich zusammensetzt, sich auf gleiche Weise zur Geltung bringen könnten. Dann würden wir auf ein demokratischeres System zusteuern, fern von den Diktaturen, die den Kontinent ruiniert haben, und es könnte uns gelingen, unsere Gesellschaften umzugestalten, die Berliner Beschlüsse von 1884 rückgängig zu machen (siehe das achte Kapitel), so daß es auf keiner Ebene in keinem Teil des Kontinents mehr so viel Ausbeutung gäbe.

Irgendwo tief im Inneren hoffte ich, daß ich eine Bewegung in Gang gesetzt hatte, die Afrika umzugestalten vermochte. Würde die Revolution der Ogoni als Vorbild für kleine, unterprivilegierte, enteignete und untergehende Völker dienen? Wenn wir das schaffen würden! Wenn eine große Zahl von ethnischen Gemeinschaften bereit wäre, ihr Schicksal in die eigene Hand zu nehmen, auf sich selbst zu vertrauen und gewaltlos ihre Rechte einzufordern, würde das zu Demokratie und politisch entwickelteren Völkern führen. Die politischen Führer solcher Völker wären nicht länger imstande, ihre Duldsamkeit für selbstverständlich zu nehmen, sie zu betrügen und skrupellos zu unterdrücken.

SECHSTES KAPITEL

Nachdem der Protestmarsch hinter uns lag, wartete ich ab, was als nächstes passieren würde. Ich rief Landesdirektor Terebor vom SSS an, und er sagte mir, er sei am 4. Januar im ganzen Ogoni-Gebiet herumgekommen und könne den friedlichen Verlauf des Marsches attestieren. Als Dr. Leton, Edward Kobani und ich bei Gouverneur Ada George vorsprachen, stießen wir auf kaum verhohlene Feindseligkeit. Es lag auf der Hand, daß ihm unser Vorgehen nicht gefallen hatte. Daran konnten wir nicht viel machen. Ich schätze jedoch, daß er seinerseits eine Menge unternehmen konnte; so ist staatliche Macht nun einmal beschaffen, und in Nigeria wird sie fast immer gegen jene eingesetzt, mit denen es Unstimmigkeiten gibt. Wahrscheinlich meinte Anda George, wir wären darauf aus, ihn aus dem Amt des Gouverneurs zu vertreiben. Es konnte leicht passieren, daß der Rivers State zu einer Gefahrenzone wurde, Babangida den Notstand ausrief und unseren Mann des Amtes enthob. Das würde er wohl kaum hinnehmen.

Einige Tage nach dem Protestmarsch saß ich in meinem Büro und arbeitete an dem Film über die Demonstration, als ein Journalist aufgeregt hereinkam und mich aufforderte, die Stadt zu verlassen.

«Warum?» fragte ich.

«Die Polizei ist hinter Ihnen her.»

«Tatsächlich?»

«Ja. Ich war im Polizeipräsidium und habe mitgehört, wie sie sagten, daß der Generalinspekteur der Polizei dem stellvertretenden Generalinspekteur für Zone 5 Weisung erteilt hat, Sie zu verhaften. Sie haben Polizisten losgeschickt, Sie zu suchen.»

«So, und wo soll ich mich verstecken? Und warum?»

«Fahren Sie ins Dorf oder sonstwohin. Wissen Sie, es ist Wochenende. Wenn Sie erst einmal verhaftet sind, kann niemand Sie vor Montag gegen Kaution herausholen. Sie sind mindestens drei Tage in der Hand der Polizei. Und was das heißt, wissen Sie ja.»

«Ich verstehe», sagte ich und dankte ihm. Er war bei der *Nigerian*

Tide, der staatlichen Tageszeitung von Rivers, die ich 1971 als Minister für Information und innere Angelegenheiten gegründet hatte; seither hatten die aufeinanderfolgenden Landesregierungen sie für ihre Zwecke mißbraucht, und mittlerweile war sie mehr oder weniger nutzlos. Mir war aufgefallen, daß diese Zeitung keinen Reporter zum Protestmarsch nach Bori geschickt hatte, obwohl ich den Journalisten, der nun gekommen war, um mich zu warnen, ausdrücklich eingeladen hatte.

Ich bat meinen Assistenten, mir einen ansehnlichen Geldbetrag zu holen, steckte ihn in meine Brieftasche und ging wieder an die Arbeit. Ich hatte keinen Anlaß, mir wegen einer Verhaftung Sorgen zu machen. Ich war durchaus bereit, die Konsequenzen meines Handelns zu tragen.

Die Polizei tauchte auf und fragte nach mir, doch als meine Angestellten ihnen erklärten, ich sei nicht zu sprechen, gingen sie wieder. Ich arbeitete wie gewöhnlich lange in meinem Büro. Als ich gegen acht Uhr abends nach Hause kam, warteten drei Polizeibeamte in Zivil am Gartentor meines Hauses. Sie teilten mir ruhig mit, daß sie Anweisung hätten, mich aufs Präsidium zu bringen. Ich bat, erst noch zu Abend zu essen, da ich großen Hunger hatte. Sie willigten ein und warteten in meinem Wohnzimmer, während ich aß.

Anschließend fuhr ich in ihrem Wagen mit – sie bestanden darauf, daß ich bei ihnen mitfuhr – und wies meinen Fahrer an, in meinem Wagen zu folgen. Wir fuhren zum Gästehaus der Polizei, und ich wurde zum stellvertretenden Generalinspekteur der Polizei für Zone 5 geführt. Er war ein Tiv, ein freundlich lächelnder Mann namens Malherbe. Ich fand ihn äußerst redegewandt und übertrieben höflich. Er bot mir einen Cognac an und wandte sich dem Polizeichef zu, dem ich früher bereits im Regierungsgebäude begegnet war, als Ada George versucht hatte, mich von dem Protestmarsch abzubringen. Er hatte damals einen besonderen Eindruck auf mich gemacht, weil er Haussa, Fulfulde (die Sprache der Fulani), Arabisch, Französisch und Englisch sprach. Er stand kurz vor der Pensionierung und schien froh darüber zu sein.

Nachdem Malherbe mit seinem Untergebenen fertig war, teilte er mir mit, daß er mich, Dr. Leton und Edward Kobani habe kommen lassen, weil wir die Stadt am nächsten Morgen mit dem Flugzeug des

Präsidenten verlassen müßten. Offenbar wußte er nicht genau, wohin wir fliegen sollten. Die beiden anderen waren nicht erschienen, und er meinte, ob ich sie wohl erreichen und ihnen diese Mitteilung überbringen könne. Ich willigte ein, und nach einem munteren Geplauder trennten wir uns.

Bis zum nächsten Morgen hatte ich die beiden anderen erreicht, und als Dr. Bennet Birabi von unserer zwangsweisen Reise erfuhr, beschloß er, uns zu begleiten. Das Flugzeug des Präsidenten traf kurz nach Mittag ein und startete kurz darauf in Richtung Lagos. Eigentlich wußten wir bis nach dem Start noch nicht genau, wohin es uns bringen würde. Es mußte entweder nach Abuja oder nach Lagos fliegen, je nachdem, wo der Generalinspekteur der Polizei sich gerade aufhielt. Seit Babangida beschlossen hatte, die Hauptstadt Nigerias Hals über Kopf nach Abuja zu verlegen, das sich noch im Bau befand, pendelten Staatsdiener und Regierungsmitglieder sinnlos zwischen der alten Hauptstadt Lagos und der neuen hin und her. All das kostete Unsummen, aber da das Land in geborgtem Geld, in Petrodollars und schierem Unverstand schwamm, brauchte man sich darüber ja keine Gedanken zu machen.

Schließlich landeten wir auf dem Flughafen von Lagos und wurden zum Kam-Selem-Haus, dem Hauptpräsidium der nigerianischen Polizei, gefahren. Dort erwartete uns der Generalinspekteur der Polizei, Aliyu Attah. Alle bis auf mich schienen ihn gut zu kennen, und mit Bennet Birabi verband ihn offenbar eine besondere Freundschaft. Vor Jahren war er Polizeichef in Port Harcourt gewesen.

Er empfing uns herzlich und sagte, er würde gern erfahren, was wir für ein Problem hätten. Wir schilderten alle vier das Elend der Ogoni, wobei jeder von uns die Tragödie aus seinem speziellen Blickwinkel darlegte. Nachdem er uns angehört hatte, meinte er, wir sollten in unser Hotel fahren und am nächsten Morgen vorlegen, was unserer Meinung nach zu tun sei. Wir dankten ihm und gingen.

Die Polizei brachte jeden von uns in einer Suite des vornehmen Sheraton-Hotels im Vorort Ikeja unter. Ich erklärte mich nur einverstanden, dort zu wohnen, weil wir uns noch spät zusammensetzen mußten, um ein Memorandum für den nächsten Tag aufzusetzen.

Als wir von Lagos zum Hotel fuhren, meinte Dr. Malherbe, wir sollten Forderungen stellen, die sich kurzfristig verwirklichen ließen, zum Beispiel die Verbesserung der Lebensbedingungen. Doch wir waren anderer Meinung. Es ging bei unserem Kampf um etwas wesentlich Grundlegenderes als das.

Das Memorandum, das wir an diesem Abend aufsetzten, blieb den zentralen Forderungen der *Ogoni Bill of Rights* treu. Wir verlangten einen Ogoni-Staat, der den Ogoni die Macht gab, selbst etwas für sich zu tun, und wir verlangten einen gerechten Anteil an den Öleinnahmen. Kurz, wir forderten unser Recht.

Bei unserem Gespräch hatte Aliyu Attah uns versichert, daß er uns innerhalb von zehn Tagen antworten werde. Das tat er nicht, wir hörten erst wieder von ihm, als er mit dem in Ungnade gefallenen Diktator, Babangida, im August 1993 seinen Posten verlor.

Am nächsten Morgen kam Malherbe, um uns wieder nach Port Harcourt zurückzuschicken, diesmal nicht im Flugzeug des Präsidenten, sondern mit einem Linienflug. Ich beschloß, in Lagos zu bleiben, um die Medienreaktionen auf den Protestmarsch zu verfolgen.

Schon recht früh war mir klargeworden, wie wichtig die Publicity für den Protestmarsch und die gesamte Ogoni-Bewegung war. Wie gesagt hatte ich während meiner Fernsehproduktionen einiges über die Promotion einer Idee oder eines Produkts gelernt. Dieses Wissen kam mir nun sehr zustatten. Die Fernsehserie hatte mich sozusagen zum Liebling der nigerianischen Medien gemacht, einschließlich der Boulevardpresse. Und ich hatte besonders die Presse für die Promotion meines Produkts zu nutzen gelernt. In Nigeria sind die elektronischen Medien fest in staatlicher Hand und werden eingesetzt, um die Menschen zu unterdrücken und ihnen Informationen vorzuenthalten. Nicht so die Presse. Es gibt mehrere vielgelesene Tageszeitungen und Magazine; da sie eine Alternative zu den müden, langweiligen und falschen Nachrichten bieten, die alle staatlich kontrollierten Medien bringen, sind sie von ungeheurem Nutzen für die gesunde Entwicklung des Landes.

Ich hatte Kolumnen in nigerianischen Tageszeitungen geschrieben und verfaßte regelmäßig essayistische Beiträge und Leserbriefe. Als vielschreibender Roman- und Sachbuchautor erschien ich ständig mit Buchbesprechungen auf den Feuilletonseiten der Zeitungen und Zeitschriften und war bekannt bei Verlegern, Herausgebern, Lektoren, Reportern, Korrespondenten und Fotografen.

Als ich nun versuchte, der Sache der Ogoni Öffentlichkeit zu verschaffen, trug all das zusammengenommen dazu bei, mir die Arbeit nicht nur zu erleichtern, sondern Geld zu sparen. Ich bin überzeugt, wenn wir eine Werbeagentur mit der Promotion unserer Sache beauftragt hätten, hätte es uns Millionen gekostet und nicht den Erfolg gebracht, den wir so hatten, ein Erfolg, der für unsere Gegner zum Alptraum wurde.

Unser Trick war, daß wir uns ausgiebig um die Zeitungsredaktionen kümmerten. Ständig klopfte ich bei Verlegern, Herausgebern, Kolumnisten, Nachrichtenredakteuren und Reportern an. Wir überschütteten sie mit Stellungnahmen, Presseerklärungen und Fotos. Und ich war jederzeit bereit, Interviews zu geben. Ich hatte stets alle Fakten parat, und ich schätze, daß ich aufgrund der Vielseitigkeit meiner Interessen einen guten Stoff abgab. Da es bei unserer Auseinandersetzung um Politik, Wirtschaft und Umweltfragen ging, paßten wir zudem in viele Sparten. Selbst die Boulevardpresse fand etwas Interessantes am Autor einer Comedy-Serie, der sich vom komischen Fach ernsthaften Fragen zuwandte. Ich muß eine recht komische und daher unterhaltsame Figur abgegeben haben.

Mein Einfluß beschränkte sich nicht auf die nigerianischen Medien. Ich war bereits ein regelmäßiger Gast im Bush House in London, wo man mich zu meinen Büchern interviewte, meine Geschichten und Stücke sendete und von mir einige Besprechungen zu Kurzgeschichten im beliebten African Service brachte. Als ich anfing, die Sache der Ogoni massiv zu fördern, hatte ich den BBC African Service auf meiner Seite. Die Rundfunkproduzenten und Moderatoren des Senders ließen keine Gelegenheit aus, mich vor den Gefahren meines Kampfes zu warnen. Aber ich ließ mich nicht schrecken.

Die Woche, die ich in Lagos verbrachte, war hinsichtlich der Öffentlichkeitsarbeit sehr nützlich. Das angesehene Magazin *Newswatch* hatte einen Reporter und einen Fotografen zum Protestmarsch nach Ogoni geschickt und brachte eine Titelgeschichte zu diesem Ereignis. Die Nachrichtenmagazine und Tageszeitungen, die dieses historische Ereignis nicht in einer Titelgeschichte oder an herausragender Stelle behandelten, brachten Interviews mit mir und veröffentlichten Sonderreportagen.

Ich bedaure, daß uns Rundfunk und Fernsehen während unserer

Kampagnen nicht zur Verfügung standen. Mit ihnen hätten wir die nigerianische Öffentlichkeit sicher schneller erreicht, als es so der Fall war. Ich hatte einen guten Fotoapparat und eine dieser neuen, kleinen, technisch zufriedenstellenden Videokameras gekauft und dafür gesorgt, daß wichtige Aktionen im Film festgehalten wurden. Das Problem war nur, daß wir diese Filme öffentlich nicht zeigen konnten! Und das war entschieden ein Verlust.

Unsere Publicity-Anstrengungen verwandelten die Ogoni in eifrige Zeitungsleser. Hatten sie sich bislang für Zeitungen kaum erwärmen können, so lasen sie sie jetzt nicht nur, sondern sammelten auch Zeitungsausschnitte. Wenn Tageszeitungen oder Zeitschriften Artikel, Reportagen oder Kommentare über die Ogoni brachten, schnitten mutige Ogoni sie aus, fotokopierten sie und verkauften sie im ganzen Land. So war die Basis über alle Debatten im Umfeld unserer Sache angemessen informiert. Es war wirklich erstaunlich, wie schnell Informationen sich verbreiteten, wenn man bedenkt, daß uns Rundfunk und Fernsehen nicht zur Verfügung standen und keine Meldungen über uns brachten. Die Buschtrommel erwies sich als ebenso effektiv, wenn nicht gar effektiver als die herkömmlichen Medien.

Ab Mai 1993 brachten wir ein vierseitiges monatliches Mitteilungsblatt heraus, *Ogoni Review*, herausgegeben von meinem Neffen Barika Idamkue. Er hatte während seiner Studienzeit an der Universität von Port Harcourt eine Studentenzeitung herausgegeben und eine Zeitlang mit mir an der Promotion der Fernsehserie *Basi & Co* gearbeitet. Zudem hatte er die meisten meiner Bücher Korrektur gelesen und redigiert und war gewiß ein sehr guter Herausgeber der *Ogoni Review*. Das Blatt wurde an allen Treffpunkten der Ogoni verkauft und kostenlos an alle versandt, die auf unserer Adressenliste standen. Da ich in meinem Büro ein entsprechendes Computerprogramm zur Verfügung hatte, konnten wir die Kosten für das Blatt so gering wie möglich halten. Und auch hier war meine Erfahrung als Verleger wieder ein große Hilfe für die Ogoni-Bewegung.

SIEBTES KAPITEL

Wenn ich gedacht hatte, wir würden von jenen, die wir herausgefordert hatten, keine Antwort auf unseren Protestmarsch erhalten, hatte ich mich gründlich geirrt. Und wie üblich benutzte man dazu in erster Linie Ogoni. Einige wenige standen Gouverneur Ada George recht nah und profitierten von seiner Macht. Sie nahm er zu Hilfe, um sich am Volk der Ogoni zu rächen.

Daß sie bereit waren, ihm die schmutzige Arbeit abzunehmen, war keineswegs überraschend. Unerwartet schloß sich ihnen ein weiterer Mann an, aber auch das hätte eigentlich keine Überraschung sein sollen: Der mittlerweile verstorbene Albert Badey, ein bemerkenswerter Mann, den ich aus unserer Kinderzeit recht gut kannte, war der Sohn eines Methodistenpfarrers, hatte das Methodist College in Uzuakoli besucht, wo er sich als guter Schüler erwies und bei den Abschlußprüfungen 1958 so gut abschnitt, daß er ein Stipendium für die Universität Ibadan bekam und dort Englisch studierte. Anschließend schlug er eine Verwaltungslaufbahn bei der ehemaligen Ostregion ein und hatte die besten Voraussetzungen, es dort bis an die Spitze zu bringen. Der Bürgerkrieg, in dem er auf der Seite Biafras stand, brachte ihn im Januar 1970 zurück in den Staatsdienst von Rivers State. Ich erinnere mich, daß ich ihm bei Kriegsende einen meiner privaten Lastwagen schicken mußte, um seine persönliche Habe aus dem Ibo-Kernland zurückzuholen. Und ich mußte dafür sorgen, daß er seine rechtmäßige Position im Staatsdienst wiederbekam. In der Verwaltung machte er den Ogoni alle Ehre.

Das Problem mit Albert Badey war, daß er ein eingefleischter Gerontokrat war. Für ihn war ein Mann um so klüger, je älter er war. Und er glaubte nicht an die Masse. Einige wenige konnten alle Entscheidungen für die Masse fällen, und alles war in Ordnung. Diese Einstellung hatte er, glaube ich, aus seiner Ausbildung zum Verwaltungsbeamten. Denn Albert war ein glänzender Bürokrat, der voll und ganz in seinem Beruf aufging und ängstlich darauf bedacht war, das Boot – gleich welches – nicht ins Wanken zu bringen.

Sein stetiger Aufstieg brachte ihn als Staatssekretär an die Spitze der Verwaltung; die undurchschaubaren Methoden der Militärregierung machten ihn anschließend zum Vorsitzenden der Aufsichtsbehörde für die öffentlichen Versorgungsbetriebe, später zum Amtsleiter, und als wir 1990 die Ogoni-Bewegung ins Leben riefen, war er Minister in der Regierung von Rivers State, das höchste Amt, das jemand im Staatsdienst erreichen konnte. Kurz, Albert Badey hatte alles erreicht, was ein Mann auf Landesebene erreichen konnte. Ich denke, er lechzte nach mehr und war jung und talentiert genug, mehr zu erwarten. Wäre er seiner Abstammung nach etwas anderes gewesen als ein Ogoni, hätte er es wesentlich weiter bringen können. Da er ein Ogoni war, blieb ihm nichts anderes übrig, als auf lokaler Ebene zu versauern.

Als wir 1993 den Kampf der Ogoni intensivierten, gehörte er der Regierung nicht mehr an. Er war ein glänzendes Beispiel dafür, daß der Erfolg eines einzelnen für die Gesamtheit der Ogoni folgenlos blieb. Doch das schien er nicht zu begreifen.

Während wir nach Lagos geflogen wurden, trafen sich Gouverneur Ada Georges Ogoni-Freunde am Samstag, dem 9. Januar, in Kono Beach, um auf den Protestmarsch zu reagieren. Auch ich war zu diesem Treffen eingeladen, ebenso Dr. Leton und Edward Kobani. Unsere Abwesenheit hielt sie nicht davon ab, die Sitzung durchzuziehen. Albert, der sich bis dahin entschlossen von der Bewegung ferngehalten hatte, war ebenso dabei wie einige staatlich bestellte Chiefs, die zwar die *Ogoni Bill of Rights* unterzeichnet hatten, aber dem Protestmarsch am 4. Januar ferngeblieben waren. Das Kommuniqué, das sie am Ende ihres Treffens in Kono verabschiedeten, bezog ganz offenkundig Stellung gegen das Volk der Ogoni und für die Regierung.

Kommuniqué, verabschiedet zum Abschluß einer Versammlung der Repräsentanten des Ogoni-Volkes am Samstag, dem 9. Januar 1993

Bei einer Versammlung der Repräsentanten des Ogoni-Volkes am heutigen Samstag, dem 9. Januar 1993, wurden die Ereignisse der vergangenen Tage in Hinblick auf das Wohl des Volkes als eigenständiger ethnischer Einheit, die erheblich zum Wohlstand Nigerias beiträgt, eingehend behandelt. Zum Abschluß der Versammlung wurde folgendes beschlossen:

1. Das Volk der Ogoni bleibt bei seiner Position, daß es die Aufmerksamkeit und besondere Behandlung durch die Regierung der Bundesrepublik Nigeria verlangt, die ihr rechtmäßig zusteht.
2. Das Volk der Ogoni bleibt in diesen Angelegenheiten geschlossen und unteilbar.
3. Im Streben nach seinem Recht und nach angemessener Behandlung durch die Regierung versichert das Volk der Ogoni seine Treue zur Bundesrepublik Nigeria und bekräftigt seine Verpflichtung, seine Beschwerden friedlich vorzubringen, wie es die Demonstration von Montag, den 4. Januar 1993, bewiesen hat.
4. Das Volk der Ogoni ist sich der ermutigenden Schritte vollauf bewußt, die die Bundesregierung in jüngster Zeit mit der Einrichtung der Kommission zur Entwicklung der ölproduzierenden Gebiete getroffen hat. In Anbetracht dessen hegt es die Hoffnung, daß unser Präsident und Oberbefehlshaber der Streitkräfte der Bundesrepublik dem Volk der Ogoni eine Audienz gewähren wird, um seine Forderung zu begründen. In Erwartung einer positiven Antwort der Regierung auf diese Bitte wird demgemäß keine weitere Demonstration stattfinden.

Unterzeichnet:
1. HRH Chief W. Z. P. Nziidee (Gbenemene Nyo-Khana)
2. HRH Chief J. P. Bagia (Gbenemene Gokana)
3. HRH Chief M. S. N. Eguru (Gbenemene Ken-Khana)
4. HRH Chief Mark Tsaro-Igbara (Gbenemene Babbe)
5. HRH Chief G. N. K. Giniwa (Gbenemene Tua-Tua Tai)
6. HRH Chief C. B. S. Nwikina Ewah III (Menebua Bom)

Wir, die wir nach Lagos gefahren waren, sahen schockiert das Kommuniqué, das als Anzeige in dem staatlichen Käseblättchen *Nigerian Tide* veröffentlicht war. Da wir wußten, daß die Männer, die das Papier unterzeichnet hatten, die Mittel, eine ganzseitige Anzeige in einer Tageszeitung zu finanzieren, für ihr Leben nicht hätten aufbringen können, war uns klar, wer hinter alledem steckte.

Am 17. Januar beriefen wir umgehend eine weitere Sitzung aller Unterzeichner der *Ogoni Bill of Rights* im Haus des Ingenieurs Apenu in Beeri ein. Alle stellten sich erneut hinter die Bewegung und bestätigten die MOSOP als einzige Organisation, die für das Wohl der Ogoni zuständig und damit autorisiert war, in seinem Namen zu sprechen und zu handeln.

Am Tag, nachdem diese Erklärung unterzeichnet war, fuhr ich nach Den Haag zu einer Versammlung der UNPO. Die Dritte Vollversammlung nahm das Volk der Ogoni in die Organisation auf und wählte mich zum Vizepräsidenten der Versammlung. Die UNPO gab uns Gelegenheit, auf der Weltbühne zu erscheinen, und CNN, der weltweite amerikanische Nachrichtensender, brachte einen kleinen Ausschnitt über den Ogoni-Marsch, den die Nigerianer auf ihren Fernsehschirmen nicht hatten sehen können. Und zum erstenmal tauchten die Ogoni in der Zeitschrift *Time* auf.

Während der Konferenz nahm ich an einer Arbeitsgruppe über gewaltlosen Kampf teil. Ich erinnere mich, daß einer unserer Dozenten, ein Palästinenser, das Schicksal der Palästinenser mit anderen Augen sah, nachdem er von mir die Geschichte der Ogoni gehört hatte. Er hätte nie geglaubt, daß es ein Volk geben könnte, das noch schlechter behandelt wurde als sein eigenes. Zudem machte ich ihn mit einer weiteren Art von Gewalt bekannt: der Umweltzerstörung, und fragte ihn, ob es bereits Regeln gäbe, wie man ihr gewaltlos entgegentreten könne. Daran hatte offenbar noch nie jemand gedacht.

Außerdem traf ich bei dieser Konferenz einen Vertreter von Shell, dem ich in einem Privatgespräch nahelegte, der Konzern täte gut daran, sich mit den Eigentümern des Landes zu verbünden, auf dem er tätig sei, statt die Kooperation von Banditenregierungen zu suchen. Ich bezweifelte jedoch, daß ich mit dieser Botschaft durchgedrungen war. Es war tatsächlich nicht der Fall.

Kurz nach dieser Begegnung rief die Abteilung für Öffentlichkeitsarbeit bei Shell International zwei ihrer Spitzenmanager in Nigeria, Nnaemeka Achebe, den kaufmännischen Generaldirektor, und einen Mr. Okonkwo aus der Abteilung für Gesundheit und Sicherheit, nach London und Den Haag und beriet mit ihnen, wie man mit der Bedrohung durch Ken Saro-Wiwa und die Ogoni umgehen solle. Sie hatten nicht vergessen, daß ich in dem Dokumentarfilm *The Heat of the*

Moment, der wie gesagt im Oktober 1992 in London gesendet wurde, ihre Umweltbilanz im Ogoni-Gebiet in Zweifel gezogen hatte. Das Protokoll ihrer Besprechung, das später in meine Hände gelangte, besagte, daß «Schlüsselfiguren» wie ich genauestens zu beobachten und unsere Schritte und Aktionen in der Welt aufs engste zu verfolgen seien, um sicherzustellen, daß wir Shell nicht in eine «peinliche» Lage brächten. Ich wußte, daß der Konzern zu seiner üblichen Praxis zurückkehren und akzeptieren würde, daß man den Staatsapparat gegen uns einsetzte, während er gleichzeitig erklärte, daß man bei Shell rein gar nichts von den Vorgängen wisse.

Allmählich kam ich zu der Überzeugung, daß mein Leben ernstlich in Gefahr war. Ich war jedoch zu einer solchen Entwicklung bereit, setzte mein Testament auf und schrieb meiner Familie, daß sie sich auf das Schlimmste vorbereiten solle. In meinen öffentlichen Ansprachen an die Ogoni versäumte ich es zudem nie, die Menschen zu warnen, daß sie mit einer unangenehmen Entwicklung seitens der nigerianischen Staates rechnen mußten. Der weitere Gang der Ereignisse sollte mir uneingeschränkt recht geben.

Nachdem ich aus Den Haag über London nach Nigeria zurückgekehrt war, wurden Dr. Leton, Edward Kobani und ich am 14. Februar nach Abuja zum Generaldirektor des State Security Service (SSS), Peter Ndiokwu, bestellt. In hübschen, schimmernden Gewändern gab er uns in dem neu gebauten, überladenen Büro des Staatssicherheitsdienstes in Abuja eine ernste Warnung. Besonders mich warnte er in Hinblick auf meine Schriften und Presseinterviews. Ich versicherte ihm, daß ich die Regierung und die Behörden lediglich auf gewisse Pflichten aufmerksam machen wolle, und was seine Warnung vor einer möglichen Inhaftierung angehe, sei ich durchaus bereit, die Konsequenzen meiner Handlungen zu tragen. Es war Valentinstag, und ich gestehe, daß ich auf Staatskosten im vornehmen Sheraton-Hotel in Abuja gegessen habe.

In der folgenden Woche fuhr ich wieder ins Ogoni-Gebiet, um den Hilfsfonds «One Naira Ogoni Survival Funk» (ONOSUF) zu lancieren, mit dem wir alle Ogoni, Männer, Frauen und Kinder, in den Kampf einbinden wollten. Bei der Gründungsveranstaltung am 27. Februar 1993 in Bori hielt ich folgende Rede:

Aufruf zum Engagement

Sehr geehrter Herr Präsident der Bewegung für das Überleben der Ogoni, Königliche Hoheiten,
Bürger des Vereinigten Königreichs Ogoni,
Brüder, Schwestern und Freunde,
ich freue mich, heute nachmittag anläßlich der offiziellen Gründung des One Naira Ogoni Survival Funds (ONOSUF) zu Ihnen sprechen zu dürfen, und bedanke mich bei Ihnen, Herr Präsident, daß Sie mich gebeten haben, den Fonds offiziell ins Leben zu rufen.

Vor annähernd drei Jahren haben die Chiefs und das Volk dieses gesegneten Landes die ersten Schritte auf einem historischen Weg getan, als wir hier in Bori offiziell die Bewegung für das Überleben der Ogoni (MOSOP) gründeten mit dem Ziel, das gesamte Volk der Ogoni aus den Fesseln des Inlandskolonialismus und der Strangulierung durch Umweltzerstörung zu befreien und das verhaßte, schändliche und unterdrückerische System anzufechten, das eine Abfolge von Militärregimen den Völkern Nigerias aufgezwungen hat.

Seit diesem Tag vor drei Jahren haben die Ogoni ihre Identität als eigenständiges und einzigartiges Volk wiederhergestellt, ihr Recht auf Freiheit und Unabhängigkeit eingefordert, ihre Sache erfolgreich vor der internationalen Gemeinschaft dargelegt und die früheren und gegenwärtigen Herrscher Nigerias vor das Tribunal der Weltmeinung gebracht, wo die Richter keine Bestechungsgelder nehmen und Herrscher keine schändlichen Dekrete erlassen können, um die Gerechtigkeit einzukerkern.

Heute ist das Ogoni-Volk in zwei Kriege verwickelt. Der erste ist der 35 Jahre alte ökologische Krieg, den die multinationalen Ölkonzerne Shell und Chevron führen. Es ist ein überaus ausgeklügelter, unkonventioneller Krieg, in dem keine Knochen gebrochen, kein Blut vergossen und niemand verstümmelt wird. Und dennoch sterben Männer, Frauen und Kinder; Flora und Fauna gehen zugrunde, Luft und Wasser werden verpestet, und schließlich stirbt das Land.

Der zweite ist ein politischer Krieg der Tyrannei, Unterdrückung und Habgier, der darauf zielt, das Volk der Ogoni seiner Rechte und seines Reichtums zu berauben und der Armut, Sklaverei, Erniedrigung und Ausrottung auszusetzen.

Zusammengenommen kommen diese beiden Kriege, die gegen ein wehrloses kleines Volk geführt werden, einem Völkermord gleich und sind ein schweres Verbrechen gegen die Menschlichkeit.

Konfrontiert mit zwei tödlichen, gierigen, unbarmherzigen und mächtigen Feinden, hat sich das Volk der Ogoni bislang geweigert, sich zu ergeben und kämpft verbissen und heldenhaft ums Überleben. Dieser Krieg muß gewonnen werden, denn die Alternative zum Sieg ist die Ausrottung. Unser Ziel ist dargelegt in der Ogoni Bill of Rights, in der wir unsere Entschlossenheit unterstrichen haben, politische Autonomie, das Recht zur Nutzung unserer ökonomischen Ressourcen für unsere Entwicklung, das Recht auf Schutz der Umwelt und Ökologie des Ogoni-Gebietes vor weiterer Zerstörung und das Recht auf angemessene und direkte RECHTMÄSSIGE Vertretung in allen Staatsorganen Nigerias zu erwirken.

Um jeden Irrtum auszuschließen, lassen Sie mich noch einmal sagen, daß dieser letzte Punkt unseren Wunsch unterstreicht, innerhalb des Staates Nigeria zu verbleiben. Diese Entscheidung ist nicht gefallen, weil wir eine Sezession für falsch halten oder fürchten, daß die nigerianische Verfassung eine Sezession als Verrat erachtet (wir sind durchaus bereit, dieser Verfassung notfalls zu trotzen und die Konsequenzen auf uns zu nehmen), sondern weil wir fest an die weltweite Brüderschaft schwarzer Völker und daran glauben, die Segnungen Gottes auf einer gleichberechtigten Basis mit allen zu teilen.

Der Bewegung für das Überleben der Ogoni liegt eine bestimmte Sozialphilosophie zugrunde: ERECTISM, eine Abkürzung für Ethnische Autonomie und Kontrolle über Ressourcen und Umwelt (Ethnic Autonomy, Resource and Environmental Control). Wir sind überzeugt, daß es in diesem Rahmen nicht nur Selbstvertrauen, Demokratie, soziale Gerechtigkeit, gesunden Wettbewerb und Fortschritt geben wird, sondern daß sich auch die nigerianische Föderation, wenn sie dafür eintritt, auf andere afrikanische Völker ausdehnen läßt, die sich in Einheit, Frieden und auf harter Arbeit gegründetem Wohlstand in ihr zusammenschließen.

Die Alternative zu ERECTISM ist Diktatur, Rückschritt und Zerfall des nigerianischen Nationalstaates. All jene, die in unredlicher Absicht an den erschreckenden Fehlern festhalten, die das heutige Nigeria prägen, weil sie ihnen nützlich sind, steuern auf die Katastrophe zu. Wenn Nigeria zerfällt, werden sie am meisten darunter leiden. In Verfolgung der lauteren Ziele von ERECTISM gestalten wir im Ogoni-Gebiet unsere Gesellschaft um, noch während wir den grausamen Kampf gegen den Völkermord führen. Unser Ziel ist es, (a) unser stolzes Erbe – die Ogoni-Nation –, das im Laufe des Lebens dieses Landes gewaltige Rückschläge erlitten hat, zu rehabilitieren und wiederaufzubauen; (b) unser kulturelles Überleben zu sichern, indem wir unsere traditionellen Mittel wiederbeleben, Glück, gesellschaftliches Miteinander und Gemeinwohl zu gewährleisten; (c) die Praxis des Vertrauens auf die eigene Kraft, für die unsere Vorfahren berühmt waren, wieder in den Mittelpunkt zu stellen; und (d) zu gewährleisten, daß unsere Sprachen, Eleme, Gokana und Khana, gelehrt werden.

Einer der ersten Schritte in diese Richtung ist die Gründung des ONOSUF. Warum ein Naira, mag man fragen. Die Ogoni sind ein überaus reiches, aber enteignetes Volk. Mit der Gründung dieses Fonds möchten wir die Betonung nicht auf Geld legen, sondern auf die Symbole des Zusammenhalts, der Kameradschaft, der gemeinsamen Anstrengung und des umfassenden Engagements von jung und alt. Geld kann den Kampf gegen den Völkermord an den Ogoni nicht gewinnen. Diesen Krieg wird Gott für uns gewinnen. Doch alle Ogoni, Männer, Frauen und Kinder, Neugeborene eingeschlossen, werden zum ONOSUF beitragen als Zeichen ihres Willens, als einzelne und als unteilbares Volk zu überleben.

Die Kosten für den Wiederaufbau und die Gesundung der Ogoni-Nation belaufen sich schätzungsweise auf über fünfzehn Milliarden US-Dollar. Dieses Geld werden wir auftreiben müssen. Gemäß dem politischen Willen unseres Volkes und in Verurteilung der willkürlichen und niederträchtigen Ausbeutung der Ogoni durch den Staat Nigeria und seine Handlanger, wird ONOSUF keine Almosen von irgendeiner Regierung Nigerias annehmen. Von unseren Freunden im In- und Ausland nehmen wir jedoch gern einen Beitrag zum Wiederaufbau in Ogoni an.

Herr Präsident, im Laufe der letzten drei Jahre haben wir festgestellt, daß die Regierung Nigerias bemerkenswert wenig Bereitschaft gezeigt hat, etwas zu unternehmen, um das Elend der Ogoni zu lindern. Den Mitgliedern einer Regierung, die regelmäßig Millionen Naira als Almosen an unbedeutende Organisationen und ihre Freundinnen verteilen, ist es leichtgefallen, den Tod Tausender Ogoni-Kinder zu ignorieren, deren Erbe sie skrupellos verschleudern. Gewiß, die Probleme, die die Herrscher Nigerias den Ogoni aufgezwungen haben, sind so gewaltig und erschreckend, daß der Staat Nigeria sie nicht einmal zur Kenntnis nehmen kann. Daher kann allein die internationale Gemeinschaft durch die Vereinten Nationen diesem Völkermord Einhalt gebieten, dieser Barbarei, die des einundzwanzigsten Jahrhunderts unwürdig ist.

Ich rufe die Vereinten Nationen auf, jetzt zu intervenieren, um Menschenleben zu retten. Ich danke der einzigen Organisation Nigerias (Campaign for Democracy), die sich offen mit dem Volk der Ogoni verbrüdert. Ich danke der Unrepresented Nations and Peoples Organization, der Europäischen Gemeinschaft, der Parlamentary Human Rights Group im britischen Oberhaus, den Organisationen Cultural Survival of America, Greenpeace, der Rainforest Action Group und den nichtstaatlichen Organisationen, die Verständnis für die Lage der Ogoni gezeigt haben und sich dafür einsetzen, eine weitere afrikanische Tragödie abzuwenden.

Herr Präsident, verehrte Gäste, ich freue mich, den ONOSUF mit einem Naira zu begründen, und rufe Sie alle auf, nicht nur den Betrag von einem Naira zu diesem Fonds beizutragen, sondern, weit wichtiger, Ihr gesamtes Engagement und Ihre Hingabe. Denn wir sind Zeugen der Geburt eines neuen Phänomens, des Entschlusses eines kleinen Volkes, die menschenunwürdige Behandlung, die es ausgerechnet von Menschen derselben Hautfarbe erfährt, nicht länger hinzunehmen. Des Entschlusses, daß alle Waffen der Welt, die Willkür der Diktatur und die Drohung mit Tod und Inhaftierung ein Volk nicht abschrecken können, das entschlossen ist, seine gottgegebenen Rechte einzufordern und sein Erbe zu schützen.

Ich danke Ihnen.

Im Lenkungsausschuß gab es einige, die meinten, diese Anstrengung bringe nichts ein. Doch in der Praxis erwies sich die Aktion als recht erfolgreich. Der Betrag, den wir angesetzt hatten, war gering, und jeder hatte das Gefühl, ihn freiwillig zahlen zu sollen. Innerhalb kürzester Zeit hatten wir 700 000 Naira beisammen – eine beispiellose Leistung.

Im folgenden Monat hielten wir im gesamten Ogoni-Gebiet eine Nachtwache. Die christliche Kirche hat, wie gesagt, großen Einfluß bei den Ogoni, und das Aufkommen von Pfingstgemeinden in einer Zeit ernster wirtschaftlicher Schwierigkeiten hatte dazu geführt, daß noch mehr Menschen Trost in der Religion suchten. Mit gefiel diese Entwicklung ganz und gar nicht, denn sie verleitete die Menschen dazu, nicht Antworten auf ihre vielfältigen Probleme zu suchen, sondern auf göttliche Intervention zu vertrauen. Außerdem sind die Pfingstgemeinden tendenziell Ein-Mann-Vereine, die auf die Ausbeutung der Menschen aus sind. Ihnen fehlt es an der Stärke der organisierten Kirchen, die ich ausgesprochen bewundere. Wir mußten jedoch alle Mittel nutzen, mit denen wir der breiten Masse unseres Volkes unsere Bewegung nahebringen konnten, und dabei erwiesen sich die Kirchen als überaus wichtiger Faktor. Die Nachtwache fand am 13. März statt.

Um sechs Uhr abends kam ich nach Bori, wo sich bereits Scharen junger Ogoni auf dem Sportplatz der Birabi Memorial Grammar School eingefunden hatten. Als die Sonne im Westen unterging, machte sich eine Prozession mit brennenden Kerzen auf den Weg. In geordnetem Zug marschierten die Jugendlichen einzeln hintereinander durch ganz Bori und sangen: «Go down, go down, go down to Abuja / And tell government, government let Ogoni go!» («Geht nach Abuja und sagt der Regierung, sie soll Ogoni gehen lassen.») Der Zug endete an der Suanu Finimale Nwika Conference Hall am anderen Ende der Stadt, wo die Nachtwache von Bori stattfand. Um die Menschenansammlung in einem überschaubaren Rahmen zu halten, hatten wir beschlossen, die Menge in Bori klein zu halten, und hatten die Nachtwache in allen Städten und Dörfern von Ogoni gleichzeitig angesetzt.

Die Nacht war ein großer Erfolg; in Bori nahmen so viele Vertreter der Ogoni-Oberschicht wie möglich teil. Es war vielleicht die letzte

Aktion, in der sich die bejammernswerte Gruppe einig war, da sie harmlos war. Woran ich mich gut erinnere, ist, daß mein neunundachtzigjähriger Vater bis vier Uhr morgens bei uns blieb. Der größte Teil der Elite stahl sich um Mitternacht fort. Wir anderen blieben bis zum Tagesanbruch.

Kurze Zeit später erreichte mich die Nachricht vom plötzlichen Tod meines jüngsten Sohnes, Tedum, auf dem Sportplatz des Eton College in England. Ich mußte nach England fahren, um meinen geliebten vierzehnjährigen Jungen zu beerdigen, dessen Seele mit Gottes Hilfe den ewigen Frieden finden möge.

Am 3. April sollte ich eine Vorlesung vor Itsekiri-Studenten in Warri halten, und trotz der Trauer in meinem Herzen kehrte ich aus London zurück und fuhr nach Warri, um meinen Termin einzuhalten. Als ich eintraf, erwarteten mich 20 Polizisten, um mich aus der Stadt zu werfen wie Geschmeiß. Tatsächlich deportierten sie mich aus dem Delta State und brachten mich über die Patani-Brücke über den Niger wieder in den Rivers State. Meine erste Verhaftung.

Von diesem Augenblick an hatte ich ernsthafte Schwierigkeiten mit Babangidas Bluthunden. Als die Bundesregierung eine Abordnung nach Port Harcourt schickte, angeblich um ein Gespräch mit Menschen aus dem ölproduzierenden Gebieten zu führen, ließ man mich nicht im Namen der Ogoni sprechen. Allerdings bekam ich später an jenem Abend Gelegenheit, alles zu sagen, was mir auf der Seele brannte, da Gouverneur Ada George mich zu einem Abendessen einlud, an dem auch der damalige Erdölminister Asiodu sowie weitere Vertreter der *Nigerian National Petroleum Corporation* (NNPC) und der Regierung teilnahmen.

Ich war froh über die Möglichkeit, Minister Asiodu entgegentreten zu können, dessen Erklärung zur Marginalität der ethnischen Minderheiten im ölproduzierenden Nigerdelta wohl die gefühlloseste, gleichgültigste und provozierendste Äußerung aller Zeiten ist. Bedenkt man jedoch die geringe flächenmäßige und zahlenmäßige Größe der ölproduzierenden Gebiete, ist seine Feststellung keineswegs zynisch, daß die ölproduzierenden Bundesstaaten, selbst wenn ihr Unmut anhält, weder die Stabilität des Landes gefährden oder seine anhaltende Wirtschaftsentwicklung beeinträchtigen können. Er argumentierte, er habe das nicht so gemeint. Ich widersprach ihm und erklärte nachdrücklich, daß keine noch so großzügige Auslegung etwas Positives in seine Worte hineinlegen könne, mit denen er behauptet habe, daß man die Menschen des Nigerdeltas ausbeuten und diskriminieren dürfe. Ich versprach ihm jedoch, seine Äußerungen in meinem nächsten Buch getreu wiederzugeben – was ich hiermit getan habe.

Mich nicht mehr öffentlich sprechen zu lassen, war offenbar eine Taktik der Machthaber. Man verweigerte mir das Recht auf freie Meinungsäußerung. Doch die Ideen waren bereits ins Ausland vorgedrungen, und es gab aus meiner Sicht keine Möglichkeit mehr, ihnen Einhalt zu gebieten. Das sahen die Machthaber wohl anders.

Als ich am 18. April von einer Reise nach Lagos zurückkehrte, tippten mir Sicherheitsbeamte am Flughafen von Port Harcourt auf die Schulter. Sie führten mich ab in ihr schäbiges Präsidium, durchsuchten mein Büro und meine Wohnung, einschließlich Schlafzimmer und Toilette, beschlagnahmten eine Menge Dokumente, Videobänder und Tonbandaufzeichnungen und ließen mich 18 Stunden später wieder frei, in denen sie mir nur eine einzige schlechte Mahlzeit zugestanden hatten. Meine zweite Verhaftung.

Fünf Tage später kamen sie gegen Mittag wieder in mein Büro und nahmen mich fest. Meine dritte Verhaftung. Terebor, der Direktor, nein: Mißdirektor des Sicherheitsdienstes von Rivers State, verhörte und befragte mich nach einer Ogoni-Flagge, einer Ogoni-Nationalhymne, der UNPO und so weiter und so fort. Offensichtlich versuchte er, eine Anklage wegen Landesverrats zu begründen, da Sezession nach nigerianischem Recht Verrat darstellt.

Die Ogoni-Forderungen enthielten natürlich keine Spur von Landesverrat. In der *Ogoni Bill of Rights* heißt es ausdrücklich: «Daher stellen wir nun unter Bekräftigung unseres Wunsches, Teil der Bundesrepublik Nigeria zu bleiben, folgende Forderung an die Republik...» Nur ein Idiot oder ein Mensch, der krampfhaft nach einem Aufhänger für Schikanen suchte, konnte diese Worte als sezessionistisch auslegen. Terebor war kein Idiot, und seine Untergebenen waren recht intelligent, wie meine Unterhaltung mit ihnen zeigte. Auf welches schmutzige Geschäft waren sie also aus?

Sie hielten mich stundenlang in ihrem Büro fest und verhörten mich endlos. Da ich den ganzen Tag noch nichts gegessen hatte, brach ich kurz nach sieben Uhr abends zusammen. Als ich merkte, daß mir übel wurde, bat ich um einen Arzt, aber sie konnten mir keinen beschaffen. Erst nachdem ich zusammengebrochen war, ließen sie mich gehen, allerdings mit der Anweisung, Port Harcourt nicht zu verlassen. Ich stand also unter Arrrest.

Das brachte die Ogoni in Rage. Ogoni-Jugendliche aus Port Harcourt beschlossen, friedlich gegen die Obrigkeit zu protestieren und trafen Vorkehrungen, dem Landesparlament von Rivers State eine Petition zu übergeben. Wie ich später erfuhr, hatten sie geplant, von meinem Büro in der Aggrey Road zum etwa drei Kilometer entfernten Sitz der Landesregierung zu ziehen, wo das Parlament gewöhnlich tagte. Bis zum Abend des 28. April hatten sie alle Plakate im MOSOP-Büro bereitliegen, das sich in der Wohnung unmittelbar über meinen Geschäftsräumen befand.

Am 29. April gegen sechs Uhr morgens kam einer meiner Verwandten in meine Wohnung und teilte mir mit, daß die mobilen Einsatzkräfte der Polizei mein Büro umstellt hätten und es besser sei, wenn ich mich an diesem Tag von dieser Gegend fernhielte. Ich dankte ihm für seinen Rat und blieb an diesem Morgen lange im Bett.

Trotz der Maßnahmen der Sicherheitskräfte, die auch am Eingang des Landtages Posten aufstellten, verlief die Demonstration wie geplant. Gewarnt durch die neuen Sicherheitsvorkehrungen, änderten die Jugendlichen rasch die Planung. Sie verzichteten auf die Plakate im MOSOP-Büro und malten eilends neue. Dann schmuggelten sich viele von ihnen in das Regierungsgebäude ein, indem sie sich als Beschäftigte ausgaben.

Als die Parlamentssitzung anfing, erschallte ein mitreißender Gesang, und die Demonstranten marschierten durch den Eingang des Sitzungssaales. Völlig überrascht eilten Beschäftigte herbei, um zu sehen, was los war.

Die jungen Ogoni brachten ihren Protest vor, während der Parlamentssprecher vortrat, um die Petition entgegenzunehmen, die forderte, daß man die Ogoni-Führer nicht länger schikaniere. Anschließend marschierten die jungen Leute in einem friedlichen Demonstrationszug, bei dem sie ihre Bibeln hochhielten, durch die Straßen von Port Harcourt zum Parkplatz an der Schnellstraße nach Aba.

Diese Demonstration bewies das bemerkenswerte Organisationstalent der Ogoni-Jugend und ihre Entschlossenheit, alle Mittel des gewaltlosen Kampfes einzusetzen, um die Rechte der Ogoni einzufordern. Aus ihren Plakaten sprach das Vertrauen, das sie in mich setzten, und die Sorge, daß Sicherheitskräfte mich ständig schikanierten.

Die Botschaft muß wohl auf taube Ohren gestoßen sein. Jedenfalls waren die Weichen bereits auf Kampf gestellt, und was immer auch geschah oder noch kommen sollte, war unserer Kontrolle wahrscheinlich schon entglitten. Von diesem Tage an reagierten wir großenteils nur noch auf das, was unsere Gegner taten, abgesehen von der Entscheidung zum Boykott der Präsidentschaftswahlen am 12. Juni (dazu später).

Schon am nächsten Tag, dem 30. April, kam es zur Katastrophe. Shell war dabei, die Trans-Niger-Pipeline zu verdoppeln, die Erdöl aus fast allen Teilen des Deltas durch Ogoni-Gebiet in den Exporthafen Bonny transportiert. Sie hatten keine Studie über die Umweltverträglichkeit erstellt. Sie hatten nicht mit den Landeigentümern verhandelt, deren Grund und Boden sie verbauten oder als Zufahrt benutzten. Sie holten sich einfach Soldaten von der nigerianischen Armee, die sie schützten, und Einwohner, die sich beschwerten, mit Bestechung aus dem Weg räumten.

Die Soldaten hatten schon einige Ogoni-Dörfer durchquert, doch als sie nach Biara kamen, wo zwei Jahre zuvor ein Ölleck Flüsse und Land verseucht hatte, traten ihnen erboste Einwohner, meist Frauen, entgegen. Die Frauen hielten Zweige in Händen, wie wir es ihnen geraten hatten, um zu zeigen, daß ihr Protest friedlich war. Die Soldaten schossen ihre Magazine mit scharfer Munition leer. Elf Menschen wurden verletzt, unter ihnen auch Karalole Korgbara, eine Mutter von fünf Kindern, die eine Schußwunde am linken Arm erlitt – er mußte später amputiert werden.

Wenn die Machthaber geglaubt hatten, das würde die Ogoni einschüchtern, so hatten sie sich geirrt. Am nächsten Tag strömten Tausende unbewaffneter Ogoni auf das Baugelände und stellten sich den Soldaten entgegen, damit sie ja nicht zu schießen wagten. Das war ein bißchen zuviel für die amerikanischen Ingenieure, die für die amerikanische Vertragsfirma Wilbros die Pipeline bauten; das Unternehmen zog sich anschließend vom Baugelände zurück. Allerdings erst, nachdem die Soldaten einen Mann ermordet hatten, Agbarator Otu, der in der nahe gelegenen Ortschaft Nonwa in einer Gruppe von Demonstranten war. Es blieb der MOSOP überlassen, den Toten zu begraben und die Verwundeten, einschließlich Frau Korgbara, medizinisch zu versorgen.

Dieser Vorfall war für die Ogoni ein traumatisches Erlebnis, am 30. April und am Tag danach protestierten sie, indem sie in Scharen auf die Straße gingen und den Verkehr aufhielten. Ein paar Rowdys versuchten, die Geräte der Firma Wilbros zu zerstören.

Der Lenkungsausschuß der MOSOP war sehr beunruhigt über diese Entwicklung und schickte Ledum Mitee, Edward Kobani und mich auf eine Rundreise durch Ogoni, um die Menschen zu beruhigen. Da uns der Zugang zum staatlichen Rundfunk verwehrt war, schickten wir Rundbriefe an alle Dorfoberhäupter, mit dem Appell, Ruhe zu bewahren. Am folgenden Tag besuchten wir die beiden am stärksten gefährdeten Königtümer, Gokana und Tai, und die Hauptstadt Bori, wo wir vor einer großen Menschenmenge sprachen und alle aufforderten, ruhig zu bleiben und den Frieden zu wahren. Die Menschen hörten sofort auf uns, was eine große Bestätigung war. Rasch kehrte wieder Ruhe ein.

Angesichts dieser Tragödie gaben einige Ogoni-Politiker und traditionelle Ogoni-Oberhäupter, Freunde von Gouverneur Ada George, eine weitere Presseerklärung heraus, die in Tageszeitungen und im Rundfunk weithin verbreitet wurde; sie übte scharfe Kritik an der MOSOP und ihren Führern wegen der Schießerei und gab der Regierung grünes Licht, zu tun, was sie wollte, um in Ogoni wieder Ruhe und Ordnung herzustellen. Die Erklärung lautete:

Die Aktivitäten der Bewegung für das Überleben der Ogoni (MOSOP)

Wir, ein erheblicher Teil der politischen Führung der Ogoni, haben bei unserer Sitzung am 4. Mai 1993 beschlossen, unsere Empörung und Mißbilligung der gesetzeswidrigen Aktivitäten gewisser Elemente in Ogoni Ausdruck zu verleihen, die behaupten, im Rahmen der MOSOP oder der Bewegung für das Überleben der Ogoni zu handeln.

Wir möchten ausdrücklich erklären, daß das Volk der Ogoni

keine Einzelperson oder Gruppe beauftragt hat, die Öffentlichkeit zu nötigen, Körperverletzungen herbeizuführen und Leben und Eigentum zu bedrohen. Insbesondere hat das Volk der Ogoni keiner Einzelperson oder Gruppe den Auftrag gegeben, die legitime Durchführung normaler betrieblicher Maßnahmen eines Unternehmens in seinem Gebiet zu behindern oder sich staatlichen Sicherheitskräften entgegenzustellen, die ihre Pflicht tun, um Gesetz und Ordnung aufrechtzuerhalten.

Wir möchten uns bei allen Nicht-Ogoni entschuldigen, die von dieser gewalttätigen Gruppe verantwortungsloser Menschen angegriffen, mißhandelt oder deren Eigentum gestohlen oder beschädigt wurde.

Wir möchten uns persönlich und im Namen des gesamten Ogoni-Volkes bei unserem Gouverneur Rufus Ada George für die Beleidigungen und den Mangel an Respekt entschuldigen, die gegen ihn geschürt und geweckt wurden. Des weiteren möchten wir uns bei der Regierung und allen Einwohnern von Rivers State, besonders aber bei unseren Nachbarn, für alle Behinderungen und Störungen entschuldigen, die diese Entwicklung möglicherweise für sie mit sich gebracht hat. Wir möchten nachdrücklich erklären, daß wir mit den grundlegenden Problemen übereinstimmen, die die MOSOP aufgeworfen hat, indem sie die langjährige Vernachlässigung der Entwicklung des Ogoni-Landes ins Blickfeld gerückt hat, und wir hoffen, daß sich eine korrekte Atmosphäre des Friedens und der Freundschaft herstellen läßt, in der ein Gespräch mit der Regierung im Hinblick auf die Beseitigung der jahrelangen Vernachlässigung aufgenommen werden kann.

Wir möchten uns auch bei der Bundesregierung für jedwede Störung entschuldigen, die dem Land entstanden ist, und möchten erklären, daß wir die Schritte zu würdigen wissen, die die Bundesregierung eingeleitet hat, um Entwicklungsfragen der ölproduzierenden Gebiete und insbesondere des Ogoni-Gebietes anzugehen. Wir appellieren daher an die zuständigen Stellen, die diesen Auftrag erhalten haben, Maßnahmen zu diesem Zweck zu treffen. Wir appellieren an die Führung der MOSOP und an die Jugend der Ogoni, Ruhe zu bewahren, da unsere Nöte nur in einer Atmosphäre des Friedens zu beheben sind.

Abschließend möchten wir erklären, daß kein Staat einen Zusammenbruch von Recht und Ordnung zulassen wird, der in einem Zustand der Anarchie münden wird. Wir stellen uns hinter jede Maßnahme der Regierung, Leben und Eigentum unschuldiger Bürger zu schützen.
Gezeichnet:
1. S. I. Kogbare
2. Chief S. N. Orage
3. Chief Hon. Kemte Giadom
4. Chief J. K. Kponi
5. HRH W. Z. P. Nziidee (Gbenemene Nyo-Khana)
6. HRH J. P. Bagia (Gbenemene Gokana)
7. HRH M. S. H. Eguru (Gbenemene Ken-Khana)
8. HRH M. T. Igbara (Gbenemene Babbe)
9. HRH G. N. K. Giniwa (Gbenemene Tua-Tua)
10. Dr. N. A. Ndegwe
11. Elder Lekue Lah-Loolo

Die Kosten für den Anzeigenplatz zeigten, daß die Unterzeichner dieser Erklärung von staatlichen Stellen auf Landesebene gefördert wurden, die ihnen die Leistungen der staatlichen Medien einfach kostenlos zur Verfügung stellten. Später sollte Shell diese Anzeigen in internationalen Kreisen vergeblich benutzen, um zu zeigen, daß die Arbeit der MOSOP vom Volk der Ogoni nicht getragen würde und vor allem ich nicht die Unterstützung der Ogoni hätte.

Seit Shell im Februar beschlossen hatte, meine Aktivitäten genauestens im Auge zu behalten, hatte der Konzern sich tatsächlich alle Mühe gegeben, meine Bemühungen zunichte zu machen. Verlangen Sie bitte keine hieb- und stichfesten Beweise von mir. Solche Dinge werden nie schriftlich fixiert, und selbst wenn, würde keiner der Beteiligten mir die Unterlagen zugänglich machen. Allerdings hat Shell öffentlich zugegeben, daß das Unternehmen sich an den Staat wendet, sobald es seine betrieblichen Abläufe bedroht sieht. Etwa um diese Zeit beschloß Shell, nicht mehr in Ogoni zu arbeiten und stellte alle Pumpstationen auf automatischen Betrieb um. Das Gebiet sei für Shell-Personal nicht mehr sicher, behaupteten sie.

Ich muß hier sagen, daß die MOSOP Shell nicht an der Arbeit gehindert hat, auch wenn wir deutlich gemacht haben, daß der Konzern in unserem Land *persona non grata* war, weil er die Umwelt zerstört, die Gemeinschaft rücksichtslos ausgebeutet und sich geweigert hat, eine Entschädigung für den schweren Schaden zu leisten, den er dem Volk der Ogoni und der Umwelt zugefügt hat.

In diesem Sinne hätte das Ogoni-Volk nichts zu verlieren, falls Shell sich für immer aus dieser Gegend zurückziehen sollte. Da der Konzern in 35 Jahren über 900 Millionen Barrel Rohöl aus diesem Gebiet herausgeholt hat, ohne etwas anderes als Tod und Zerstörung dafür zu bringen, wäre das Volk der Ogoni wirklich dumm, wenn es ihn mit offenen Armen wieder aufnehmen würde, ohne daß ein sorgfältig erarbeitetes und unterzeichnetes Abkommen über angemessene Entschädigungen, Feldesabgaben und bergrechtliche Förderabgaben, Arbeitsplätze, Förderraten und andere Betriebsaspekte geschlossen würde, die das Ogoni-Volk betreffen. Die schwerwiegenden Probleme der Landverknappung, einer tragfähigen Entwicklung und der Neigung des Staates Nigeria, das Volk der Ogoni gemeinsam mit den Ölkonzernen auszubeuten, bedeuten, daß die Ogoni und ihre Führung unumstößliche Garantien bekommen müssen, ehe in diesem Gebiet wieder Erdöl und Erdgas gefördert werden können. Wenn das nicht geschieht, wird das Volk der Ogoni ausgerottet. Und das ist ihre Schuld.

Shell fühlt sich gekränkt, weil ein Schwarzer, eine schwarze Gemeinschaft es gewagt hat, den Konzern herauszufordern; und er hat der Welt gezeigt, daß das Unternehmen zwar in Nigeria eine Umweltbedrohung ist, nicht aber in Europa oder Amerika. Aus diesem Grund ist der Konzern entschlossen, mich öffentlich zu demütigen und das Volk der Ogoni in Mißkredit zu bringen. Für ihn ist das vielleicht eine Frage der Zeit und der Methoden. Was immer auch geschieht, ich bin froh, daß das Volk der Ogoni imstande war, sich gegen seine Diskriminierung durch Shell zu erheben.

Und was die Annonce des selbsternannten «erheblichen Teils der politischen Führung der Ogoni» angeht, so ist zu sagen, daß sie das Ogoni-Volk ungemein ärgerte. Diese Erklärung war darauf gemünzt, den Staat gegen die MOSOP aufzuhetzen. Die MOSOP hatte die Menschen nicht aufgefordert, gegen Wilbros und Shell zu protestieren, Bäuerinnen hatten aus eigenem Antrieb als Reaktion auf eine besondere Situation gehandelt.

Die kriecherischen, sogenannten politischen Führer hatten die MOSOP verleumdet, und sie wußten es. Sie setzten den Staat und seine Zwangsmittel bewußt gegen die MOSOP, ihre Führung und das Volk ein. Das veranlaßte Edward Kobani, sie als «Aasgeier» zu bezeichnen, ein Etikett, das ihnen für alle Zeit anhaften sollte. Ihre Handlungsweise stand in Widerspruch zu der Vereinbarung, die am 17. Januar 1993 nach der ersten öffentlichen Erklärung der staatlichen bezahlten Chiefs erzielt wurde. Es war ihnen gelungen, einen Bruch zwischen ihnen (einer winzigen Gruppe) und der Masse der Ogoni unter Führung der MOSOP herbeizuführen. Diesen Bruch nutzten sowohl der Staat als auch Shell erwartungsgemäß aus.

Um diese Zeit produzierten Babangida und seine Kumpane ein Dekret gegen Landesverrat und Hochverrat, das berüchtigte *Treason and Treasonable Felony Decree* 1993, das die Todesstrafe für jeden vorschrieb, der «konspirativ» die Worte «politische Autonomie» äußert oder eine Sezession plant, oder eine Änderung der von den Militärbehörden festgelegten Grenzen eines Bundesstaates oder Staatsgebietes anstrebt. Gegen wen sich dieses Dekret richtete, stand außer Zweifel. Seltsamerweise war eine «Sachdarstellung», die Shell etwa um die gleiche Zeit verfaßte und in der man mir vorwarf, ich strebe «politische Selbstbestimmung» für das Volk der Ogoni an (als sei das ein Verbrechen), mit Babangidas Gesetz völlig einverstanden:

Shell-Sachdarstellung

Spannungen in Nigeria
Aufgrund innerer Spannungen in Nigeria lenken Aktivisten die Aufmerksamkeit auf Ölkonzerne. Die Belange örtlicher Gemeinschaften werden von internationalen Menschenrechtsgruppen aufgegriffen und finden Beachtung in den Medien.

Shell ist seit über einem halben Jahrhundert in Nigeria tätig. Als Produzent für ein Joint venture, an dem sie einen Anteil von 30 Prozent hält, hat die Shell Petroleum Development Company (SPDC) einen erheblichen Beitrag zur Wirtschaftsentwicklung dieses großen, komplexen afrikanischen Landes geleistet. Außerdem hat sie zur Gemeindeentwicklung beigetragen.

Diese Sachdarstellung erklärt den Hintergrund der gegenwärtigen Lage und rückt die Behauptungen gegen Shell und andere Ölkonzerne in die richtige Perspektive.

Hintergrund
Nigeria hat mehr als die anderthalbfache Größe Frankreichs und über 88 Millionen Einwohner. Jeder vierte Afrikaner südlich der Sahara ist ein Nigerianer. Die Regierung sieht sich großen Herausforderungen gegenüber, Arbeitsplätze und Grundversorgung für die Tausenden von Gemeinden bereitzustellen, aus denen das Land besteht.

Die Ölindustrie erwirtschaftet über 90 Prozent der Deviseneinkünfte des Landes und über 50 Prozent der Staatseinnahmen des Bundes.

Shell ist seit über 50 Jahren in Nigeria tätig. SPDC ist die größte Gesellschaft in der Suche nach und Förderung von Öl und Gas. Sie fördert etwa die Hälfte des Öls dieses Landes.

Der größte Teil des Erdöls und Erdgases liegt in kleinen, verstreuten Feldern im Nigerdelta. Es ist ein schwieriges Einsatzgebiet, das großenteils aus Sümpfen besteht, und das Pipeline-Netz, das die Felder verbindet, würde in einer Linie von London bis New York reichen.

Spannungen
Als Haupteinnahmequelle Nigerias ist Erdöl ein hochpolitisches Thema. Das Land leidet seit dem Zusammenbruch des Ölpreises Mitte der achtziger Jahre unter großen wirtschaftlichen Schwierigkeiten.

In den ländlichen Gemeinden Nigerias, zu denen die meisten ölproduzierenden Gebiete gehören, herrscht hohe Arbeitslosigkeit. Junge, meist gut ausgebildete Menschen und andere Gruppen sind frustriert, glauben, daß vor allem diese ölproduzierenden Gebiete keinen gerechten Anteil an den Öleinkünften bekommen und protestieren gegen die traditionelle örtliche Führung und Verwaltung.

SPDC hat Verständnis für einige ihrer Sorgen und hat eine Rolle dabei gespielt, die Bundesregierung zu überzeugen, daß sie den

Sonderfonds für die Entwicklung der ölproduzierenden Gebiete von 1,5 auf 3 Prozent verdoppelt.

Allerdings bestehen erhebliche Zweifel, wieviel von diesem Geld, wenn überhaupt etwas, die Menschen erreicht hat, denen es helfen sollte. Neue, radikalere Führer der Gemeinschaften tauchen auf, die Shell zur Zielscheibe nehmen, da die Rechtsverhältnisse sie hindern, offene Kritik an der Regierung zu üben.

Einige Demonstranten haben sich ordnungsgemäß verhalten, andere waren jedoch gewalttätig. Bei mindestens zwei Zwischenfällen führten Proteste zu polizeilichem Eingreifen, was Todesopfer zur Folge hatte.

Als bei weitem größter internationaler Ölkonzern in Nigeria bietet Shell jenen ein leichtes Ziel, die eine Internationalisierung des Problems anstreben. Ein Vertreter des Ogoni-Volkes, Ken Saro-Wiwa, ist sehr viel im Ausland auf Reisen. Er hat das Problem bei einer Reihe von Aktivistengruppen vor allem in den Niederlanden vorgebracht. Obwohl er versucht, besondere Aufmerksamkeit auf die Ogoni zu lenken, unterscheidet sich ihre Lage nicht von der anderer ölproduzierender Gemeinschaften in Nigeria.

Eine dieser Gruppen, die Unrepresented Nations and Peoples Organization (UNPO – keine UN-Organisation) hat den Fall der Ogonis aufgegriffen.

Behauptungen
In seinen öffentlichen Äußerungen wirft Mr. Saro-Wiwa Shell vor, «einen ökologischen Krieg gegen die Ogonis zu führen». Er behauptet, die SPDC erstelle keine Studien zur Umweltverträglichkeit, tue nichts für die örtlichen Gemeinschaften und weigere sich, mit den Ogonis zu sprechen. Keine dieser Behauptungen entspricht der Wahrheit.

SPDC hat in den letzten Jahren Studien zur Umweltverträglichkeit neuer Entwicklungen durchgeführt und einen Fünf-Jahres-Umweltplan für die Verbesserung früherer und älterer Einrichtungen aufgestellt.

Obwohl die Gemeindeentwicklung eine staatliche Aufgabe ist, führt die SPDC seit mehr als 25 Jahren offizielle Gemeindehilfsprogramme durch. Ihre Umsetzung erfolgt in Absprache mit den Gemeinden. Sie umfassen Straßenbau, Trinkwasserversorgung, medizinische Versorgung, Unterstützung landwirtschaftlicher Entwicklung und Ausbildungsstipendien.

Trotz der Schwierigkeiten, zu erkennen, wer von jenen, die Anspruch darauf erheben, in Zeiten des Umbruchs tatsächlich Führer der Gemeinschaften ist, steht die SPDC mit staatlichen Stellen auf Bundes- und Landesebene sowie mit führenden Vertretern der ölproduzierenden Gebiete und Gemeinschaften, einschließlich der Ogonis und Herrn Saro-Wiwa, im Gespräch.

Mr. Saro-Wiwa hat jedoch seine Zielsetzungen deutlich gemacht. Er strebt politische «Selbstbestimmung» für das Ogoni-Volk an, dessen Sprecher er sei, wie er sagt. Andere Ogonis widerlegen diesen Anspruch, und einige sind erst kürzlich aus seiner Bewegung ausgetreten. Ihre Forderung nach politischer Selbstbestimmung und der Zahlung von zehn Milliarden US-Dollar an Förderabgaben und Entschädigungen sind in seiner Korrespondenz mit ausländischen nichtstaatlichen Organisationen, in nigerianischen Presseberichten und vor kurzem unmittelbar an die SPDC gestellt worden.

Die Position von Shell
Die Gründe für die Angriffe Mr. Saro-Wiwas gegen Shell liegen daher klar auf der Hand. Er versucht, die SPDC in seinen Bemühungen zu benutzen, um seinem Engagement für das Ogoni-Volk ein stärkeres internationales Profil zu geben und sein Ziel ihrer politischen Selbstbestimmung zu erreichen. Zu keiner Zeit hat er den positiven Beitrag anerkannt, den die SPDC in vielen Formen für Nigeria geleistet hat. Indem er die SPDC in seine gefühlsbetonten und überzogenen Attacken einbezieht, möchte er die Unterstützung internationaler Pressure-groups erlangen, die er in vielen Ländern außerhalb Nigerias persönlich aufsucht mit dem Ziel, Druck auf die Bundesregierung von Nigeria auszuüben.

Trotzdem hat die SPDC Verständnis für die Sorgen der Gemeinschaften und bemüht sich auch weiterhin auf jede erdenkliche Weise, die Harmonie zwischen den Gemeinden, der Regierung auf Orts- und Bundesebene und den Ölgesellschaften, die in diesen Gebieten arbeiten, fördern zu helfen.

Shell ist allerdings der Ansicht, daß dies nigerianische Probleme sind. Sie sollten in Nigeria durch Übereinkunft zwischen den Nigerianern gelöst werden.

SPDC hat ein Programm zur weiteren Verbesserung der Betriebsanlagen und des Umweltschutzes sowie zur Unterstützung der Gemeinden auf dem Gebiet der Infrastruktur, des Gesundheitswesens, der Landwirtschaft und der Bildung. Dieses Engagement ist weder Kosmetik noch ein Scheinmanöver – es ist etwas, das über viele Jahre hinweg bewiesen wurde.

Weitere Einzelheiten sind enthalten in der Broschüre *Nigeria and Shell: Partner in Progress*.

Die meisten Behauptungen von Shell in dieser «Sachdarstellung», soweit sie mich und das Volk der Ogoni betreffen, sind falsch und unwürdig. Shells Beitrag zur Gemeindeentwicklung in Ogoni ist gering und überaus beleidigend, wenn man ihn quantitativ bestimmt und mit dem vergleicht, was der Konzern auf diesem Gebiet herausgeholt hat, oder dem Schaden gegenüberstellt, den er der Umwelt zugefügt hat.

Die angeblich von Shell gebauten Straßen führen oft zu den verschiedenen Betriebsstätten des Unternehmens, und zwar über landwirtschaftliche Nutzflächen. In ihrer Wirkung berauben sie die Ogoni ihres dringend benötigten Ackerlandes und zwingen die armen Bauern, auch wenn das komisch klingen mag, auf dem Weg zu ihren Feldern Schuhe zu tragen – die sie sich kaum leisten können. Diese sogenannten Straßen würden diese hochtrabende Bezeichnung in Europa nicht verdienen.

In Ogoni liegen die Betriebsstätten von Shell mitten in Dörfern, in Vorgärten und Gemüsegärten – das sollte Shell eine besondere Verantwortung auferlegen, die Arbeiten mit absoluter Vorsicht durchzuführen. Der Konzern bleibt nachlässig und halsstarrig. In den Jahren von 1958 bis 1993, als die MOSOP in Aktion trat, hatte Shell keinerlei Schwierigkeiten mit den Ogoni. Aber das lag an dem Umstand, daß die Menschen nicht organisiert waren, und nicht etwa am korrekten Verhalten von Shell. Als die MOSOP den Menschen ohne Stimme eine Stimme lieh, bestand der Shell-Konzern weiter auf seinem üblen Geschäftsgebaren, das mittlerweile zur Gewohnheit geworden war. Die unterschiedlichen Maßstäbe, die die Gesellschaft anlegte, ließen sich leicht nachweisen. Es gab genügend Filme, Zeitschriften und Bücher, die zeigten, wie umweltbewußt Shell in Europa und Amerika war. In Nigeria sah das völlig anders aus.

Ich räume ein, daß Shells Verhalten in Europa und Amerika vom Druck der Umweltschutzgruppen und der Regierungen der betroffenen Länder diktiert war. Angesichts dieser Erfahrung stellt sich die Frage, weshalb Shell an meiner Arbeit und der der MOSOP so großen Anstoß genommen hat. Ich kann es nur der Tatsache zuschreiben, daß Shell weiß, daß die Militärdiktaturen, die Nigeria im Laufe der Jahre regiert oder mißregiert haben, vollkommen von den Einkünften abhängig waren, die Shell abwirft, und dem Konzern daher auf entscheidende Weise verpflichtet waren. So nimmt der Konzern eine gottähnliche Haltung nach dem Motto an, «Wir können gar nichts falsch machen».

Zu behaupten, führende Persönlichkeiten einer Gemeinschaft seien in Nigeria durch die Rechtsverhältnisse gehindert, die Regierung offen zu kritisieren und nähmen deshalb Shell zur Zielscheibe, ist falsch. Jeder, der die Zeitungen in Nigeria liest, wird bestätigen, daß gebildete Nigerianer offene Kritik an der Regierung üben, ganz gleich, welche Gesetze erlassen werden. In meinem Fall zeugt jedes meiner Bücher und meiner zahlreichen Zeitungsartikel von meiner weitreichenden, scharfen und vernichtenden Kritik an der Regierung. Meine Kritik an Shell stand in der gleichen Tradition. Außerdem war ich nie irrational.

Zufällig ist ein Großteil der nigerianischen Führungskräfte bei Shell mit mir zur Schule und zur Universität gegangen. Einige von ihnen haben mir im privaten Gespräch gesagt, daß sie mir in den meisten Punkten zustimmen und einige davon angesprochen haben, aber feststellen mußten, daß sie keinen Einfluß auf die Firmenpolitik haben, die ausnahmslos in Den Haag oder London festgelegt wird.

Ich fordere Shell auf, der Öffentlichkeit die Studien zur Umweltverträglichkeit vorzulegen, die sie vor 1993 in Nigeria erstellt haben will. Mir «gefühlsbetonte und überzogene Attacken» vorzuwerfen, ist ein Versuch, die Aufmerksamkeit von meiner begründeten Kritik an Shells Umweltbilanz abzulenken. Es ist billige Propaganda, die es verdient, mit Verachtung gestraft zu werden.

Es ist bekannt, daß die Beule auf der eigenen Nase den Betroffenen mehr schmerzt als ein Erdbeben, das Tausende Kilometer entfernt Tausende Menschen tötet. Ich neige zu der Ansicht, daß mir deshalb mehr an der Umwelt von Ogoni liegen muß als Shell International, einem Konzern, der bequem in seinen eleganten Büros am Ufer der Themse in London sitzt. Aber ich kann dem Unternehmen seine Selbstgefälligkeit nicht erlauben, da seine behagliche Lage in London für meine Ogoni-Kinder und -Landsleute den Tod bedeutet.

Es schmeichelt mir, daß Shell mich so großer Aufmerksamkeit für wert hält. Sie kümmern sich jedoch um den Botschafter statt um die Botschaft. Und ich hege keinerlei Zweifel, daß sie auf dem falschen Weg sind und letzten Endes die Wahrheit zugeben und mir danken werden, daß ich es ihnen ermöglicht habe, eine gesunde Arbeitsumgebung zu schaffen, in der sie die Gewinne ernten können, die ich ihnen nicht mißgönne. Ich kann nur hoffen, daß sie bis dahin nicht das gesamte Volk der Ogoni durch ihre gegenwärtige Begriffsstutzigkeit ruiniert haben.

Ich möchte betonen, daß Shell meine Absichten entweder willentlich völlig mißversteht oder sie für ihre eigenen schändlichen Zwecke falsch auslegt. Um jedem Irrtum vorzubeugen, möchte ich hier betonen, daß meine Sorge dem fragilen Ökosystem des Nigerdeltas gilt – einem der reichsten Gebiete der Erde. Ich bin entsetzt, daß dieser reiche Konzern, der über Kenntnisse und materielle Ressourcen in Hülle und Fülle verfügt, diese Region mit derart stumpfer Gleichgültigkeit behandelt. Meiner Ansicht nach ist der Verlust des Nigerdeltas ein Verlust für die ganze Menschheit und Shells Plünderung dieses Gebietes somit ein Verbrechen gegen die Menschheit.

Das Gebiet der Ogoni macht lediglich 1000 der insgesamt 70000 Quadratkilometer des Nigerdeltas aus. Wenn ich meinen Kampf für die Umwelt des Deltas auf das Ogoni-Gebiet und das Volk der Ogoni stütze, so geschieht das lediglich, weil mir klar ist, daß die Auseinandersetzung mühsam, gefährlich und kostspielig ist. Ogoni ist gewissermaßen ein gutes Labor für Experimente, die für das gesamte Delta gelten. Meine Methode ist eine wissenschaftliche. Zudem stützt sich meine politische Argumentation auf ethnisches Selbstvertrauen. Das Delta beherbergt etwa zwanzig verschiedene Völker und Kulturen. Der Erfolg der Ogoni wird alle anderen positiv in die gleiche Richtung beeinflussen – und als natürliche Folge auch den Rest Nigerias. Der Shell-Konzern irrt sich und mißversteht mich jämmerlich, wenn er meine Bemühungen als örtliche Aktion eines selbsternannten «Sprechers» des Volkes der Ogoni einzustufen versucht.

Wenn man bei Shell tatsächlich glaubt, daß ich nicht die Ogoni-Interessen vertrete, warum behauptet man dann, mit mir gesprochen zu haben? Ich räume ein, daß ich eine inoffizielle Begegnung mit dem Generaldirektor der Eastern Division Operation of Shell hatte, mit einem Mr. Udofia. Bei diesem Treffen übergab ich ihm eine Liste mit den Forderungen der Ogoni und bat dringend, der Konzern möge die Liste durchsehen und mir mitteilen, welche der Forderungen er sofort, in Zukunft oder überhaupt nicht erfüllen könne. Eine weitere kurze Begegnung hatte ich mit Wnaemeka Achebe, dem kaufmännischen Generaldirektor, in meinem Büro in Lagos. Ich kenne Mr. Achebe seit langem und habe den größten Respekt vor ihm.

Bedauerlicherweise trug diese Begegnung kaum Früchte, ich nehme an, weil die aus London und Den Haag diktierte Firmenpolitik verlangte, die MOSOP und mich als Parias zu betrachten und als solche zu behandeln.

Ich bin mir darüber klar, daß Shell es oft vorzieht, Probleme im stillen und außerhalb des Blickfelds der Öffentlichkeit zu regeln. Was die Umwelt des Nigerdeltas (und des Ogoni-Gebiets) angeht, ist das Problem leider ein öffentliches, da die Vernachlässigung in der Vergangenheit ungeheure Ausmaße hat und die Behebung teuer wird. Es könnte durchaus sein, daß die Aktionäre des Shell-Konzerns im voraus wissen müssen, was die nigerianischen Produktionsstätten sie kosten werden.

Ich sollte noch betonen, daß ich die Unterstützung von mindestens 98 Prozent der Ogoni im Kampf für das Überleben des Ogoni-Volkes habe. Für sie stellt ihre Umwelt ihr oberstes Recht dar, und der Kampf dafür geht ihnen über alles. Und das bringt Shell als erstes in die Schußlinie, noch vor den nigerianischen Militärdiktatoren.

Die Höhe der Entschädigung, die das Volk der Ogoni fordert, ist lächerlich gering, das wird sich zeigen, sobald eine Umweltbilanz erstellt wird, die prüft, wie groß der Schaden ist, den Shell angerichtet hat. Wenn eine Ölpest durch das auslaufende Öl aus der *Exxon Valdez* Exxon schon fünf Milliarden Dollar an Bußgeld kosten konnte, muß Shell wesentlich mehr als die vier Milliarden Dollar zahlen, die die Ogoni als Entschädigung für die Umweltschäden verlangen, die den Menschen und dem Land über einen Zeitraum von 35 Jahren durch Öllecks, Blow-outs und das ständige Abfackeln von Gas zugefügt worden sind.

Zudem ist Shell bekannt, daß die Förderabgabe per definitionem eine Zahlung an den Eigentümer des Grund und Bodens für die Entnahme von Bodenschätzen aus seinem Land ist. Wenn das Unternehmen dem Staat Nigeria 20 Prozent an Förderabgaben und Feldesabgaben zahlt und sich dann auf die Brust klopft, weil es die Regierung ermuntert hat, den Landbesitzern 3 statt 20 Prozent zu zahlen, dann muß mit der Firmenpolitik wirklich etwas faul sein.

Shell weiß zum Beispiel, wieviel der Konzern dem Shetlands Council in Großbritannien jährlich an Abgaben allein für das Aufstellen von Öltanks in Sullum Voe zahlt. Da der Konzern auch weiß, wieviel er im Vergleich dazu den örtlichen Ogoni-Gemeinden zahlt, sollte er sich schämen, sich in dieser Angelegenheit auf eine Auseinandersetzung mit dem Volk der Ogoni einzulassen.

Das Gute ist, daß das Ogoni-Volk nun Bescheid weiß und sich nicht länger von Shell hinters Licht führen läßt. Sosehr der Konzern auch versuchen mag, sich herauszuwinden, sehr bald wird er sich der Wahrheit über sein Geschäftsgebaren in Ogoni stellen müssen. Und dann wird er feststellen, daß Gleichgültigkeit und das Anlegen von zweierlei Maß für ein multinationales Unternehmen mit weltweiten Geschäftsinteressen ein kostspieliger Posten sind. Shell muß das Volk der Ogoni für seine Verluste vollständig entschädigen.

Der Konzern sollte den Weg des Dialogs einschlagen. Die MOSOP hält die Tür für diesen Dialog offen. Im Interesse beider Seiten.

Doch zurück zu meiner Geschichte: Gewöhnlich schaue ich kein nigerianisches Fernsehen. Ich finde es langweilig und das Nachrichtenprogramm zu zeitraubend, da es fast eine volle Stunde dauert, in der es nur wenige Informationen bietet. Doch am Abend des 4. Mai schaltete ich das Fernsehen ein und sah zufällig den Nachrichtenüberblick um 23 Uhr. Ich hörte den Bundesstaatsanwalt und Justizminister Clement Akpamgbo auf die Frage, ob das Dekret gegen mich und die Ogoni gerichtet sei, antworten, wenn der Schuh uns passe, sollten wir ihn uns anziehen. Ich blieb recht gelassen. Weder Gefängnis noch die Drohung mit dem Tod oder auch der Tod selbst würden mich je davon abbringen, Gerechtigkeit für mein Volk anzustreben. Ein paar Tage später erhielten wir die Aufforderung, erneut nach Abuja zu kommen.

Bei unserem ersten Besuch hatte man Dr. Leton, Edward Kobani und mich, wie oben schon erwähnt, gebeten, den neu ernannten Generaldirektor des State Security Service, Peter Ndiokwu, aufzusuchen. Der sympathische, makellos gekleidete junge Mann, der in einem prunkvollen Büro im übergroßen Präsidiumsgebäude des SSS saß, das in der verschwenderischen Art des neuen Regierungsviertels in Abuja gebaut war, hatte uns die Leviten gelesen, und wir hatten ihn um Gerechtigkeit und Verständnis ersucht.

Bei unserem nächsten Besuch bat er uns auf Drängen seines Untergebenen Terebor, Shell den Bau der Pipeline im Gebiet der Ogoni zu erlauben. Das konnten wir nicht versprechen. Als er erwähnte, meine Publikationen könnten mich ins Gefängnis bringen, obwohl er persönlich solche Maßnahmen nur ungern anwende, versicherte ich ihm, daß meine Publikationen gewöhnlich sorgfältig durchdacht seien und ich die volle Verantwortung für sie zu übernehmen und alle daraus resultierenden Konsequenzen zu tragen bereit sei. Ich sagte ihm, daß eine Inhaftierung Schriftsteller nur stärker mache.

Bei unserem dritten Besuch Anfang Mai begleitete uns Albert Badey, der angefangen hatte, an den Sitzungen des Lenkungsausschusses der MOSOP teilzunehmen. Der erste, der Bedenken gegen seine Teilnahme an unseren Sitzungen vorbrachte, war Edward Kobani, der mir gegenüber Vorbehalte gegen Alberts Zuverlässigkeit äußerte. Er meinte, er wisse mit Sicherheit, daß Albert sich regelmäßig mit der Gruppe treffe, die die MOSOP kurz nach den Schießereien Ende April verleumdet hatte.

Ich versicherte ihm jedoch, daß Alberts Talente meiner Ansicht nach dem Ausschuß sehr dienlich sein könnten. Ich glaubte wirklich, daß Edward lediglich die Rivalität aus Bodo, ihrem gemeinsamen Heimatort, in dem es tiefe, komplizierte Spaltungen gab, auf den Ausschuß übertrüge. Und das wollte ich auf keinen Fall zulassen. Mit ungetrübtem Blick zurückschauend, weiß ich heute, daß ich unrecht hatte. Alberts Aufgabe war es, die MOSOP zu spalten. Wer ihm diesen Auftrag gegeben hat, ist mir bis heute ein Rätsel.

Unsere dritte Reise nach Abuja brachte uns Auge in Auge mit der Macht hinter den Kulissen. Brigadegeneral Halilu Akulu, Leiter der National Intelligence Agency, Generalmajor Aliyu Mohammed, National Security Adviser, und Alhaji Aliyu Mohammed, Bundesminister der Militärregierung. Als wir in dem glitzernden Präsidentenpalast mit ihnen sprachen, hatte ich das Gefühl, daß der große Bruder uns auf einem versteckten Fernsehschirm belauschte.

Das Gespräch verlief recht gut. Generalmajor Aliyu Mohammed ist ein sehr freundlicher Mann, und wir hatten einen gemeinsamen Freund in Colonel Sani Bello, den ich während des Bürgerkrieges in Bonny kennengelernt hatte und der zum Freund der Familie geworden war. General Aliyu zeigte Verständnis für unsere Sache, ebenso wie Akilu, den ich auch schon von früher kannte. Sie äußerten sich überrascht, als wir ihnen die ethnische Zusammensetzung von Rivers State darlegten. Ihnen wurde klar, daß wir auch auf Landesebene unterdrückt wurden. Ich glaube, ursprünglich hatten sie gedacht, alle Einwohner von Rivers State gehörten einer Volksgruppe an.

Sie machten den Eindruck, als wollten sie etwas unternehmen und baten uns, ihnen eine Liste aller arbeitslosen Ogoni-Jugendlichen und Informationen zu geben, wie ölproduzierende Gebiete in anderen Teilen des Landes von ihren Regionalregierungen behandelt werden. Sie baten uns auch, noch einmal schriftlich genau darzulegen, was wir wollten. Wir trennten uns mit scherzhaftem Geplänkel, und General Aliyu versicherte, unser nächstes Treffen hänge vom Eingang der Informationen ab, die sie erbeten hätten.

Als wir wieder nach Port Harcourt kamen, schickte der Lenkungsausschuß der MOSOP Gouverneur Ada George eine Delegation, die sich über das Schweigen seiner Regierung zu den Schießereien beschweren sollte, zu denen es in Biara gekommen war. Die Delegation bestand aus den älteren Ausschußmitgliedern und Ledum Mitee.

Als die Delegierten wiederkamen, teilten sie uns mit, daß sie auf dringende Bitten von Gouverneur Ada George, der offenbar vor ihnen in die Knie gegangen war, eingewilligt hatten, Shell den Bau der Pipeline zu erlauben und eine Entschädigung für die Verwundeten und den Toten des Biara-Zwischenfalls anzunehmen.

Die anderen Mitglieder des Lenkungsausschusses waren empört, da die Delegation kein Mandat hatte, in seinem Namen oder im Namen der Ogoni eine Entscheidung zu treffen. Sie lehnten den Handel rundweg ab. Und nun waren die Gerontokraten wütend. Ihr Ruf stehe auf dem Spiel, argumentierten sie. Wessen Schuld ist das, durften wir wohl fragen. Hier kündigten sich weitere Schwierigkeiten an.

Die ersten Anzeichen für Probleme waren aufgetreten, als Babangida in einer seiner berühmten Kehrtwenden den Bann über die früheren Politiker aufhob und es sowohl Edward Kobani als auch Dr. Leton freistand, sich wieder an der Parteipolitik zu beteiligen. Wir hatten vereinbart, daß im Interesse der MOSOP keiner ihrer Spitzenfunktionäre dies tun sollte, da sie damit Parteizwängen unterliegen könnten und das die Mitglieder der Bewegung spalten könnte.

Entgegen dieser Vereinbarung beschloß Edward Kobani, sich für den Posten des Vorsitzenden der Landesgruppe Rivers State der Sozialdemokratischen Partei (Social Democratic Party – SDP) zu bewerben. Zum Glück für uns verlor er die Wahl gegen einen jungen Burschen, der sein Sohn hätte sein können. Es war eine Niederlage, die er sich hätte ersparen können.

Dann beschloß Dr. Leton, ebenfalls entgegen unserer Abmachung, sich als Delegierter für den Nationalparteitag der Sozialdemokratischen Partei aufstellen zu lassen. Er hatte einen Delegiertensitz errungen, noch ehe wir etwas von seinem Vorhaben erfuhren. Bei einer Sitzung des Lenkungsausschusses machten wir ihm klar, welche Gefahren das für die MOSOP mit sich brachte. Er vermittelte uns den Eindruck, er werde sich unseren Wünschen beugen und das Amt niederlegen. Aber er hielt nicht Wort und nahm am Parteitag teil.

In diesem Stadium rieten wir, beide von ihrem Posten als Präsident beziehungsweise Vizepräsident abzuwählen, was der Lenkungsausschuß sicher auch getan hätte. Doch als wir über die Gefahr eines Auseinanderbrechens der Bewegung nachdachten, beschlossen wir, beide in ihren Ämtern zu belassen. Das war ein Fehler. Beide Männer wurden zur Belastung, die noch erschwert wurde durch ihren Entschluß, Shell gegen den Willen des Lenkungsausschusses den Bau der Pipeline zu erlauben.

Aus familiären Gründen mußte ich nach London fahren und reiste Mitte Mai ab. Am Flughafen konfiszierte man meinen Paß, und ich versäumte den Flug, den ich gebucht hatte. Ein mitternächtlicher Anruf bei Generalmajor Aliyu Mohammed, dem Nationalen Sicherheitsberater, sorgte dafür, daß ich meinen Paß zurückbekam und am nächsten Abend fliegen konnte.

Bei meiner Ankunft in London meinte das Sekretariat der UNPO in Den Haag, angesichts des Dekrets 1993 gegen Landes- und Hochverrat, das wie ein Mühlstein an meinem Hals hing, sollte ich die Einwände gegen diesen Erlaß bei einer Rundreise in Europa vorbringen. Tatsächlich suchte ich die zuständigen Sachbearbeiter in den Außenministerien der Niederlande, der Schweiz und Großbritannien sowie Vertreter der UN-Menschenrechtskommisson und der International Commission of Jurists in Genf auf. Wie zu erwarten, wurde das nach Abuja weitergeleitet. Den Machthabern gefiel das ganz und gar nicht. Ich gab außerdem CNN ein Interview, das Abuja, wie ich annehme, ebenfalls nicht gefiel.

Noch ehe ich nach Nigeria zurückkehren konnte, erreichte mich die Nachricht, daß Dr. Leon, Edward Kobani und Albert Badey alles in ihrer Macht Stehende unternahmen, um das Ogoni-Volk zu überzeugen, Shell den Bau der Pipeline fortsetzen zu lassen. Ich teilte ihnen meine Einwände durch einen Boten aus meinem Büro in Lagos mit, der ihnen eine persönliche Nachricht überbrachte. Das Schicksal wollte es, daß auch die Einwohner dieses Gebietes nichts von der Fertigstellung der Pipeline wissen wollten.

Anfang Juni, knapp zwei Wochen vor der für den 12. Juni angesetzten Präsidentschaftswahl, kehrte ich nach Port Harcourt zurück. Schon im Februar hatte ich die Position ins Gespräch gebracht, daß wir die Wahlen im Rahmen unseres gewaltlosen Kampfes für unsere Rechte boykottieren müßten. Verschiedene Mitglieder des Lenkungsausschusses hatten die Idee gut aufgenommen, die Parteipolitiker allerdings nicht. Dr. Bennet Birabi hatte am 29. Mai fast eine Stunde von Abuja aus mit mir in London telefoniert, um mich zu überzeugen, daß ein Wahlboykott nicht in SEINEM politischen Interesse läge. Ich riet ihm, zur nächsten Sitzung des Lenkungsausschusses zu kommen, wo die Sache diskutiert werde.

Für den 2. Juni, den Tag nach meiner Ankunft, war eine Ausschußsitzung anberaumt. Der 1. und 2. Juni waren muslimische Feiertage, und so sah ich keines der Ausschußmitglieder vor der Sitzung, die wie gewöhnlich im Haus Dr. Letons stattfand.

Ich legte bei der Sitzung einen Antrag vor, daß wir die Wahl boykottieren sollten. Er wurde heiß diskutiert, und am Ende beschloß Dr. Leton als Vorsitzender auf Drängen von Edward Kobani, ihn zur Abstimmung zu bringen. Die Boykotteure gewannen mit elf gegen sechs Stimmen. Kobani teilte auf der Stelle mit, daß er den Mehrheitsbeschluß nicht akzeptieren werde, selbst wenn er als Vizepräsident zurücktreten müsse. Dieses Amt hatte er im Februar (bei einer Sitzung, an der ich nicht teilgenommen hatte, da ich in Europa oder Lagos war) anstelle von L. L. Lah-Loolo übernommen, der sich geweigert hatte, den Posten anzunehmen oder auch nur dem MOSOP-Lenkungsausschuß beizutreten.

Zwei Tage später saß ich morgens in meinem Büro in der Aggrey Road, als Dr. Leton, Edward Kobani, Albert Badey, Titus Nwieke, der Kassenwart der MOSOP, und Ingenieur Apenu hereinkamen. Sie wollten mich überreden, den Beschluß des Lenkungsausschusses zum Wahlboykott rückgängig zu machen. Dazu sah ich keinerlei Möglichkeit und sagte es ihnen auch. Wir hatten einen demokratischen Beschluß gefaßt, und es war unsere Pflicht, ihn auszuführen. Nach einer hitzigen Auseinandersetzung verließen sie aufgebracht mein Büro. Dr. Leton und Edward Kobani teilten mir mit, daß sie zurücktreten wollten. Das liegt ganz bei ihnen, erklärte ich, und dabei blieb es.

Ich mußte nach Wien fahren, um am 11. Juni an der UN-Weltkonferenz über Menschenrechte teilzunehmen. Ehe ich auf dem Weg nach Wien nach Lagos aufbrach, fuhr ich durch Ogoni, um der Bevölkerung den Beschluß des Lenkungsausschusses zum Boykott der Präsidentschaftswahlen darzulegen. Wohin ich auch kam, stieß der Beschluß auf Beifall und Unterstützung. Überall mahnte ich, daß es am Wahltag nicht zu Gewalttätigkeiten kommen dürfe und daß keiner, der wählen wolle, daran gehindert werden dürfe. Ich rechnete damit, daß wir anhand der Wahlbeteiligung würden feststellen können, wie groß oder klein die Popularität der MOSOP war.

Als «Sprecher» der Ogoni gab ich eine Pressekonferenz, um dem ganzen Land zu erklären, warum wir die Wahl boykottierten:

Meine Herren von der Presse,
ich habe Sie heute morgen eingeladen, um Ihnen mitzuteilen, daß das Volk der Ogoni sich zum Boykott der Präsidentschaftswahlen am 12. Juni entschlossen hat, um den gewaltlosen Kampf zu bekräftigen, den es am 4. Januar 1993 gegen den geplanten Völkermord an den Ogoni durch den Staat Nigeria aufgenommen hat.

Diese Entscheidung ist sachlich begründet durch die Tatsache, daß Paragraph 42 (3) der Verfassung der Bundesrepublik Nigeria (1989) das Volk der Ogoni als ölproduzierender Teil des Landes diskriminiert, sein Land und seine Ressourcen ausbeutet und es als Minderheit von 500 000 Menschen in einem Land mit 80 Millionen Einwohnern nicht schützt, sondern der Ausrottung preisgibt. Zweitens macht die politische Struktur, die die scheidende Militärregierung errichtet und in die besagte Verfassung aufgenommen hat, die Ogoni zu Staatsbürgern zweiter Klasse und verweigert ihnen ihre grundlegenden Menschenrechte auf Selbstbestimmung, die andere Nigerianer genießen.

Wie Sie wohl wissen, wurde die Verfassung von 1989 nicht durch Volksentscheid verabschiedet, und die Methoden der Verfassunggebenden Versammlung waren, gelinde gesagt, demokratiefeindlich.

Da die Wahl am 12. Juni einen Präsidenten hervorbringen wird, der sich durch Eid verpflichten wird, die krankende, undemokratische Verfassung von 1989 zu schützen, haben die Ogoni beschlossen, daß die Stimmabgabe bei dieser Wahl bedeuten würde, für Sklaverei, Völkermord und Ausrottung zu stimmen.

Der Ogoni-Boykott zielt zudem darauf, die in der Ogoni Bill of Rights von 1990 gestellten Forderungen an die Regierung und die Bevölkerung Nigerias zu bekräftigen: Wir fordern (a) das Recht auf politische Kontrolle der Ogoni-Angelegenheiten durch Ogoni; (b) das Recht auf Kontrolle und Verwendung der wirtschaftlichen Ressourcen der Ogoni für die Entwicklung des Ogoni-

Gebietes; (c) das Recht, die Umwelt und Ökologie von Ogoni vor weiterer Zerstörung zu schützen und (d) eine angemessene und direkte rechtmäßige Vertretung in allen Staatsorganen Nigerias einschließlich der Streitkräfte.

Das Volk der Ogoni fordert die sofortige Zusammenkunft einer unabhängigen Nationalversammlung, die Reformen des bestehenden politischen und konstitutionellen Systems erörtert und die Machtverhältnisse im Staate so korrigiert, daß ethnische Minderheiten im Nationalstaat all jene Rechte ausüben können, die ihnen die afrikanische Menschen- und Bürgerrechtscharta und die Menschenrechtscharta der Vereinten Nationen zugestehen, die Nigeria unterzeichnet hat. Ich möchte Ihnen weiterhin mitteilen, daß diese Ansichten der internationalen Gemeinschaft dargelegt wurden, die dem Volk der Ogoni ihr Interesse und ihre Unterstützung bekundet hat.

Am 7. Juni fuhr ich nach Lagos, um die nötigen Vorbereitungen für meine Reise nach Wien zu treffen. Eine Verzögerung bei der Zustellung meines Flugtickets hielt mich länger in Lagos auf, als ich erwartet hatte. In dieser Zeit erhielt ich einen Anruf, bei dem ich erfuhr, daß der Rundfunk in Port Harcourt in meinem Namen erklärt hatte, das Ogoni-Volk werde sich entgegen der Beschlüsse des MOSOP-Lenkungsausschusses, die von der Bevölkerung getragen wurden, an den Wahlen beteiligen. Sofort gab ich ein Dementi heraus.

Die Aktivisten vor Ort hatten sich von dieser Erklärung, die sie als üble Machenschaft erkannten, jedoch nicht hinters Licht führen lassen. Sie machten sich unverzüglich in Ogoni an die Arbeit, um dafür zu sorgen, daß die Menschen sich nicht täuschen ließen.

Erst später, als ich in Owerri in Polizeigewahrsam saß, sollte ich erfahren, daß die Ogoni-Parteipolitiker, unter ihnen auch Dr. Leton, Edward Kobani und Bennet Birabi, sich getroffen und beschlossen hatten, die öffentliche Erklärung in meinem Namen abzugeben. Es war im Grunde eine Fälschung. Und ob man es glauben mag oder nicht, Dr. Leton sagte mir das offen ins Gesicht, und zwar in Gegenwart eines Polizeiinspektors sowie von Dr. Ledum Mitee, Dr. Birabi und meinem Cousin Simeon Idemyor. Dr. Birabi hatte die Erklärung eigenhändig mit meinem Namen unterzeichnet.

Ich muß sagen, ich war zutiefst schockiert, als Dr. Leton mir diesen üblen Trick eingestand. Bis dahin hatte ich eine hohe Meinung von ihm. Kennengelernt hatte ich ihn an der University of Nigeria, wo er 1967 Chemie lehrte, als ich dort einige Monate vor dem nigerianischen Bürgerkrieg als Assistent beschäftigt war. Er war damals ein großer, gutaussehender Mann, gut gebaut und hochintelligent, und fiel mir als Inbegriff eines Ogoni-Mannes auf. Er hatte die Methodist Boys High School in Oron und das Hope Training Institute besucht, ehe er an die University of London ging, an der er sein Chemiestudium mit Auszeichnung absolvierte und den Doktortitel erwarb.

Ungeachtet seiner Bildung war er der Ogoni-Kultur eng verbunden. Er konnte auf eine Weise singen und zu traditionellen Liedern tanzen, wie sie unter der gebildeten Ogoni-Oberschicht ihresgleichen suchte. Und er eroberte mein Herz.

Während meines siebenmonatigen Aufenthaltes in Nsukka unterstützte er mich, indem er mich in sein Haus auf dem Campus zum Essen einlud. Beim Ausbruch des Bürgerkriegs engagierte er sich auf wissenschaftlichem Gebiet in den Kriegsanstrengungen Biafras. Nach Kriegsende kehrte er nach Port Harcourt zurück, und da er mir zu verstehen gab, daß er nicht wieder an eine Universität wollte, bezog ich ihn in die Politik von Rivers State ein, indem ich ihn zum Vorsitzenden eines Komitees ernannte, das den Aufbau der ersten Bildungseinrichtung der Tertiärstufe im Bundesstaat vorbereiten sollte. Ich half ihm auch, ein Darlehen vom Rivers State Rehabilitation Committee zu bekommen, mit dem er eine Möbelfabrik aufbaute.

Garrick Leton glänzte, wo immer er auch war. In der höheren Schule und an der Universität hatte er ebensoviel Brillanz bewiesen wie in der Politik des Rivers State; bald wurde er zum Landesminister und später zum Bildungsminister im Bundeskabinett berufen und im Obasanjo-Regime zum Minister für den öffentlichen Dienst.

Im zivilen Regime Alhaji Sheu Shagaris war er Präsident der National Fertilizier Company of Nigeria, als das Kunstdüngerwerk in Ogoni gebaut wurde. Er scherzte oft, er sein kein Politiker, ihm gefiele lediglich der Profit, den die Politik einbringe.

Trotz alledem hatte ich den Eindruck, daß er politisch naiv war. Als anständiger Mensch war er keiner, der krumme Geschäfte gemacht hätte, aber ich dachte oft, daß er nicht recht in die nigerianische Politik paßte, mit der er spielte, und wohl nicht dafür geschaffen war. Ich hätte mir gewünscht, daß er an der Universität geblieben wäre. Die Mehrheit der Ogoni war nicht sonderlich glücklich mit ihm, weil sie fand, daß er ihnen in all den Ämtern, die er innehatte, nicht geholfen habe. Er hatte sich nicht wie ein nigerianischer Politiker verhalten, der sein öffentliches Amt immer benutzt, um Bekannten und Verwandten zu helfen.

Ich persönlich machte mir darüber keine Gedanken, mein einziger Vorbehalt gegen ihn war, daß er eine Ogoni-Organisation wohl zerstören würde, wenn er ihrer Führung nicht angehörte. Tatsächlich war das einer der Gründe, weshalb ich ihn bat, den Vorsitz der MOSOP zu übernehmen, als wir sie gegründet hatten. Womit ich nicht gerechnet hatte, war, daß seine politische Erziehung, oder der Mangel daran, ihn und uns ständig in Irrtümer treiben und er dann nach einer Möglichkeit suchen würde, die Bewegung zu zerschlagen. Lah-Loolo hatte das vorhergesagt und als Grund angegeben, weshalb er nicht Vizepräsident der Organisation werden wollte.

Als er an jenem Tag den üblen Streich zugab, den er dem Volk der Ogoni gespielt hatte, weinte ich innerlich um ihn und um Bennet Birabi, in den ich soviel Vertrauen und früher auch meine knappen Mittel investiert hatte.

Doch zurück zu meiner Geschichte: Am Abend des 11. Juni war ich auf dem Weg nach Wien, um an der Menschenrechtskonferenz der Vereinten Nationen teilzunehmen, als man wieder am Flughafen meinen Paß konfiszierte und ich nicht fliegen konnte. Ich war der einzige Nigerianer, der von der Konferenz ausgeschlossen blieb. Allerdings hatte ich die Unterlagen für die geplante Fotoausstellung über die Umweltzerstörung in Ogoni schon vorher abgeschickt, und andere Aktivisten, darunter auch Ledum Mitee, fuhren nach Wien. So war also aus Sicht des Ogoni-Volkes alles in Ordnung. Ich ärgerte mich natürlich, daß man mir mein Recht verwehrt hatte, aber das konnte warten. Die Konferenz in Wien war für die Ogoni sehr nützlich, weil Ledum Mitee dort dank der UNPO Anita Roddick traf. Sie und ihre Organisation, Bodyshop, sollten später eine sehr wichtige Rolle im Kampf der Ogoni spielen.

Am 12. Juni war ich in Lagos und hörte im Fernsehen vom Wahlboykott in Ogoni und einem kleineren Aufruhr in der Stadt Yeghe, in den Dr. Bennet Birabi verwickelt war.

Wie ich nach meiner Rückkehr nach Port Harcourt erfuhr, als ich mich über den Aufruhr erkundigte, hatte Bennet offenbar am Morgen des Wahltages festgestellt, daß selbst die Einwohner seiner Heimatstadt Yeghe beschlossen hatten, nicht zur Wahl zu gehen, und hatte sie daraufhin auf den Marktplatz bestellt und öffentlich gescholten. Die Leute hatten ihm geantwortet, seit seinem letzten Wahlsieg habe er nicht mehr mit ihnen gesprochen. Sie fragten sich, warum er sie zusammengerufen habe, nur weil eine Wahl anstünde, von der er zu profitieren hoffe. Sie teilten ihm tatsächlich mit, daß sie nicht bereit seien, sich politisch ausnutzen zu lassen, nicht einmal von einem einheimischen Politiker. Die Versammlung endete mit einer öffentlichen Niederlage für Bennet, der damals Oppositionsführer im Senat war. Aber die Leute waren noch nicht mit ihm fertig. Einige seiner eigenen Verwandten gingen in seine Wohnung, um nachzusehen, ob dort etwa Wahlurnen gefüttert würden, wie es in der nigerianischen Politik durchaus üblich war. Und bei dieser Gelegenheit wurde einer seiner Helfer leicht verletzt.

Ich erfuhr auch, daß an verschiedenen Orten Ogoni-Jugendliche den Transport von Wahlurnen mit körperlichem Einsatz verhindert und auch einige Politiker in ihrer Bewegungsfreiheit eingeschränkt hatten, so auch Edward Kobani, der während der gesamten Öffnungszeit der Wahllokale im Haus bleiben mußte. Einige junge Männer verhinderten sogar die Auslieferung der Wahlunterlagen durch den Wahlausschuß und zwangen Fahrzeuge, die solche Unterlagen transportierten, zur Umkehr.

All das bedaure ich sehr, da es nicht der Art von Boykott entspricht, die uns vorschwebte. Die Schuld daran ist allerdings eindeutig Dr. Bennet Birabi, Dr. Leton, Edward Kobani und allen anderen Politikern zuzuweisen, die in einer Verschwörung meine Unterschrift unter einem Dokument gefälscht haben, von dem ich nichts wußte, in der Hoffnung, das große Vertrauen, das die Ogoni in meine Führung setzen, für ihre eigenen Zwecke ausnutzen zu können. Ich habe den Rundfunksender und alle an dieser Fälschung Beteiligten verklagt, da die Polizei sich geweigert hat, auf die Beschwerden, die in dieser Sache bei ihr eingegangen sind, etwas zu unternehmen. Ich muß sagen, daß die Weigerung der Ogoni, sich von ihren Politikern ausnutzen zu lassen, für den Erfolg unserer Mobilisierungsarbeit und für die politische Bildung der Ogoni spricht. Die Ogoni haben immer gewußt, was richtig ist, auch wenn ihnen manchmal eine Führung gefehlt hat, die sie ermutigt hätte, sich daran zu halten. Was die MOSOP geleistet hat, war, ihnen Kraft zu geben.

Am folgenden Tag, Sonntag, dem 13. Juni, waren die nigerianischen Zeitungen voll vom Wahlboykott der Ogoni. Das Volk der Ogoni hatte deutlich gemacht, daß es Sklaverei und Ausrottung ebensowenig hinnehmen würde wie die Legalisierung der Enteignung seiner Ressourcen, die die Verfassung (nach der die Wahl stattfand) festschrieb.

An diesem Sonntag war ich stolz wie ein Pfau. Ich hatte das Gefühl, daß sich das Volk der Ogoni, was auch immer noch kommen mochte, befreit hatte. Endlich!

ACHTES KAPITEL

Der bis dahin erzielte Erfolg im gewaltlosen Kampf des Ogoni-Volkes ließ mich über die möglichen Folgen für den Rest Nigerias und sogar Schwarzafrikas nachdenken. Denn dieser Kontinent besteht aus Nationalstaaten, die im Interesse europäischer Kolonialherren zu imperialen oder kommerziellen Zwecken geschaffen wurden. Praktisch in jedem Nationalstaat gibt es mehrere «Ogoni-Völker» — verzweifelte, untergehende Völker, die unter dem Joch politischer Marginalisierung, wirtschaftlicher Strangulierung, der Zerstörung ihrer Umwelt oder einer Kombination aus alledem leiden, ohne auch nur einen Finger zu ihrer Rettung rühren zu können. Wie sieht ihre Zukunft aus?

1884 kamen die europäischen Mächte in Berlin zusammen, um eine Aufteilung des afrikanischen Kontinents entlang Flußläufen oder Linien vorzunehmen, die auf der Landkarte nach Längen- und Breitengraden gezogen wurden. Ich habe mir diese Szene am Konferenztisch, an dem all das geschah, oft vorgestellt und mir zähneknirschend die kaum bedachten Konsequenzen vor Augen gehalten, die das Tun der Konferenzteilnehmer für die nichtsahnenden afrikanischen Völker und Nationen, die Opfer dieser Übung, hatte. Völker wurden willkürlich geteilt und der Verwaltung verschiedener europäischer Staaten unterstellt; alte afrikanische Reiche wurden in den neuen Strukturen zerstört, die aus diesem unglückseligen Vorgehen resultierten, und unterschiedliche Kulturen waren seitdem gezwungen, sozusagen unter einem Dach zu leben.

Der Aufteilung Afrikas folgte die Befriedung der Völker, die es wagten, gegen die aufgezwungene neue Ordnung zu protestieren. In der Blütezeit des nationalstaatlichen Gedankens in Europa kam es zur Gründung der afrikanischen Nationalstaaten. Zur Grundlage hatten sie immer Europas Wunsch und Willen. Die Befriedung bedeutete in der Praxis die Vernichtung von Völkern und Lebensweisen und nahm in verschiedenen Regionen Schwarzafrikas unterschiedliche Formen an.

Welche Auswirkungen sie auf die verschiedenen Völker und Kulturen hatte, ist ein lohnender Forschungsgegenstand, doch dazu ist hier nicht der Platz.

Ich behaupte nicht, daß die koloniale Praxis ausschließlich destruktiv war. Einigen Völkern mag sie durchaus eine Förderung und Verbesserung gebracht haben, indem sie sie aus heimischer Tyrannei befreite und ihnen neue Möglichkeiten bot. Ihre umfassende Folge erleben wir jedoch heute, wo afrikanische Nationalstaaten unter scheinbar unlösbaren sozialen, politischen und wirtschaftlichen Schwierigkeiten zusammenbrechen.

Der afrikanische Nationalstaat verdankte seinen Fortbestand unter der Kolonialherrschaft dem Zwang der Kolonialmacht. Im Fall Nigerias wurden gut 200 verschiedene Völker und Kulturen, deren Hauptgemeinsamkeit in der Hautfarbe bestand, erstmals 1914 unter einer Verwaltung zusammengefaßt. Die Kolonialmacht kontrollierte die Reibungen zwischen den Völkern durch Verwaltungsdekrete. Allerdings nicht ganz: Unterschwellig blieben die Widersprüche zwischen den Kulturen bestehen, solange die Kolonialherrschaft währte und auch darüber hinaus. Mit der Erlangung der politischen Unabhängigkeit in den sechziger Jahren traten die Widersprüche zwischen den Völkern und Kulturen deutlicher in den Vordergrund. Sie ließen sich nur durch Zwangsmaßnahmen kontrollieren, bereitwillig angewandt von der neuen Oberschicht, die das koloniale Gepräge geerbt hatte. Das erklärt das Vorherrschen von Militär- und Zivildiktaturen auf dem Kontinent, gestützt von Armeen, die die abziehenden europäischen Kolonialmächte uns hinterlassen haben.

An anderer Stelle (in meinem Buch *Genocide in Nigeria: The Ogoni Tragedy*) habe ich die Erfahrungen der Ogoni im 20. Jahrhundert dargelegt. Kurz gesagt ist es die Geschichte administrativer Vernachlässigung, Ausbeutung und Sklaverei, in der die britische Kolonialverwaltung, der aufstrebende Nationalstaat Nigeria mit seinen Machthabern und in beachtlichem Maße auch der multinationale Ölgigant Shell eine Rolle gespielt haben. Unwissentlich haben die Ogoni zu ihrer Diskriminierung beigetragen, wie es bei indigenen Völkern auf dem Weg zu ihrer Ausrottung gewöhnlich der Fall ist.

Die Ogoni kamen erstmals 1901 mit den Briten in Berührung. Eine Kolonne bewaffneter Afrikaner, die zwischen 1908 und 1913 unter dem Kommando eines jungen britischen Offiziers sporadisch in Ogoni-Dörfern einfiel, genügte, die Ogoni zu «befrieden» und ihr gesellschaftliches Gefüge zu zerstören. 1914 gingen die Ogoni in den Nationalstaat Nigeria ein. Die britische Verwaltung, die Hunderte Kilometer entfernt saß, machte sich nicht die Mühe, im Gebiet der Ogoni etwas aufzubauen, es kam lediglich ein irischer Missionar der Primitive Methodist Mission, der die Arbeit unter den Ogoni aufnahm und dem bald afrikanische Missionare anderer Religionsgemeinschaften folgten.

25 Jahre nach ihrem Eintreffen rührte sich bei der britischen Verwaltung das schlechte Gewissen über die Vernachlässigung «dieses großen Stammes», und sie sandten einen einzelnen britischen Verwaltungsbeamten (District Officer), der sich daranmachte, die Ogoni zum Bau von Straßen und stattlichen Häusern einzuspannen und Steuern an eine örtliche Zentralverwaltung entrichten zu lassen. Doch selbst diese Bemühungen waren nur halbherzig. Die Ogoni hatten keinerlei Nutzen von Geldern, die von außen hereinflossen, und es sollte fast 50 Jahre dauern, ehe sie 1947 eine als «Native Authority» bezeichnete Verwaltung bekamen, die sich voll und ganz um ihre Belange kümmerte. Von nun an konnten sie ihre Steuern ausschließlich für die Entwicklung ihres Gebietes verwenden, verwaltet durch ihre eigenen Chiefs und Führer. Doch leider zu spät! Grundlegende Entwicklungen innerhalb des übergeordneten Staates Nigeria, dem sie nur nominell angehörten, hatten sie bereits weit überholt. Sie fanden sich in einer Verwaltungsordnung wieder, einer «Region», die den Namen Ostnigeria trug und eine von drei Regionen bildete, in die man Nigeria 1951 aufgeteilt hatte. 1956 wurde das System der Native Authority erwartungsgemäß abgeschafft, und die Ogoni besaßen noch weniger als zehn Jahre zuvor eine gewisse Form begrenzter Autonomie, in der sie etwas für sich tun konnten.

Entscheidend an den oben dargelegten Vorgängen ist der Umstand, daß diese Dinge den Ogoni geschahen. Alles geschah von außen mit ihnen: Kolonisierung, Befriedung, Anschluß an Nigeria, Eingliederung in die Region Ostnigeria. Und es sollte noch mehr kommen, und nichts war wichtiger als die Ankunft der Bohrtürme von Shell 1956 und der Beginn der Ölförderung und der Umweltverseuchung 1958. Und dann kam 1960 die Unabhängigkeit Nigerias.

Als Nigeria seine Unabhängigkeit feierte, bedeutete das für die Ogoni, daß sie der politischen Sklaverei der neuen schwarzen Kolonialherren unter der Maske des nigerianischen Patriotismus ausgeliefert waren. Die neue nigerianische Maskerade fand in der öffentlichen Arena statt, gelenkt von unsichtbarer Hand und stabilisiert durch das Öl der Ogoni und anderer Völker im Nigerdelta. Die eigentliche Kontrolle über die Maskerade in der Arena lag bei den Ölproduzenten, den multinationalen Ölgiganten. Und wenn eins der Kinder es wagte, mehr zu tun, als den Maskentanz zu genießen, mußte es damit rechnen, daß es zu Tode erschreckt wurde.

Das Bild der tanzenden Masken in einer öffentlichen Arena ist für einen Afrikaner leicht eingängig. Unter der Maske steckt ein Mensch, ein gewöhnliches menschliches Wesen, das den üblichen Launen ausgesetzt ist, die die Menschheit heimsuchen. Doch sobald er eine Maske trägt, verwandelt er sich in etwas anderes, etwas Gefährliches. Der Maskierte kann Böses tun, Zuschauer verletzen. Und deshalb dürfen mutige Zuschauer einen Maskierten entlarven, der mehr als seinen Teil an Bösem tut. Die Maske fällt, und das armselige Wesen unter der Maske erscheint als das, was es in Wahrheit ist: ein Mensch aus Fleisch und Blut, der Sohn des Soundso. Diese Entlarvung des grausamen Maskenträgers ist ungemein wichtig. Aber sie ist schwierig.

1966, sechs Jahre nach der Erlangung der Unabhängigkeit, liefen die nigerianischen Maskenträger Amok in der öffentlichen Arena. Der Widerspruch zwischen Kulturen und Völkern, den ich oben erwähnt habe, führte in die Katastrophe. Die drei größten ethnischen Gruppen Nigerias, die Haussa, die Ibo und die Yoruba, gingen einander an die Kehle. Das Öl der Ogoni und anderer kleiner Völker im Nigerdelta heizte die Fehde an, und wie vorherzusehen sollten die Ogoni leiden wie das Gras beim Kampf der Elefanten. In dem Bürgerkrieg, der von 1967 bis 1970 tobte, starben schätzungsweise 30000 Ogoni, etwa zehn Prozent der Bevölkerung, die meisten in Flüchtlingslagern im Kernland der Ibo, wohin man sie auf Befehl Ojukwus, des Ibo-Kriegsherrn, zwangsweise evakuiert hatte.

Ein Ergebnis des Krieges war, daß die Ogoni nun in den Staat Rivers eingegliedert wurden (nachdem man Nigeria in zwölf Bundesstaaten aufgeteilt hatte, um der Bedrohung der Abspaltung Biafras die Spitze zu nehmen). Innerhalb des Rivers State konnten die Ogoni wesentlich mehr Fortschritte machen, als es ihnen in der erstickenden Region Ostnigeria unter der Übermacht ihrer massiven Ibo-Mehrheit möglich war. Einigen Ogoni gelang es, Schulen und Universitäten zu besuchen und allmählich in begrenztem Maße Funktionen im Staat Nigeria zu übernehmen. Doch Nigeria strebte in die falsche Richtung. Der Staat war nicht im Begriff, sich um seine ethnischen Minderheiten zu kümmern oder den Produzenten des Öls seine Nutznießung zu erlauben. Es sollte bei einer Sklavengesellschaft bleiben, in der das Gesetz des Dschungels herrschte, das nur dem Stärksten, den zahlenmäßig größten ethnischen Gruppen, das Überleben erlaubte. Und die Männer, die die Kontrolle über die Gewaltmittel besaßen, die Militärchefs, hatten es auf die Kriegsbeute abgesehen: die reichen Ölfunde im Nigerdelta.

Bis 1990 hatte sich die nigerianische Maskerade zur wahren Schikane für die Ogoni ausgewachsen, die um so schmerzlicher war, als man sie mit den Ogoni-Ressourcen ausstaffiert hatte. Und in diesem Maskenfest tollten Soldaten unbeholfen herum, die Platitüden über die Einheit Nigerias und dergleichen in den Mund nahmen, während sie die Ogoni und andere ausplünderten.

In 30 Jahren Unabhängigkeit war schmerzlich offenbar geworden, daß das Verbindende der verschiedenen ethnischen Gruppen, aus denen sich der Staat Nigeria zusammensetzte, hauptsächlich in der Hautfarbe bestand, von den kommerziellen Interessen der früheren Kolonialherren einmal abgesehen. Und die Hautfarbe ist als Bindeglied nicht stark genug, der Unterdrückung einer Gruppe durch die andere ein Ende zu bereiten. Manchmal verstärkt sie die Unterdrückung sogar, weil sie sie weniger offenkundig macht. Die Unterdrückung der Schwarzen durch Weiße in Südafrika erfährt eine unmittelbare Verurteilung, weil man sie als rassistisch begreift. Die Unterdrückung Schwarzer durch Schwarze läßt die Leute jedoch lediglich achselzuckend sagen: «Na ja, das ist ihre Angelegenheit, oder?»

Niemand durfte hoffen, die Maskenträger zu entlarven, ohne die Ansichten jener herauszufinden, die die Leine in der Hand hielten. So nahm ich mir also die Zeit, den britischen Hochkommissar in Lagos über meine Ansichten und meine weiteren Absichten zu unterrichten. Shell in Nigeria untersteht dem britischen Zweig des multinationalen

Konzerns, obwohl es ganz so einfach in Wahrheit nicht ist; Shells Firmenstruktur ist so komplex und verzwickt, wie man es sich nur vorstellen kann. Es genügt jedoch zu sagen, daß einige ehemalige Führungskräfte von Shell Nigeria bei Shell International in London in Führungspositionen aufgestiegen sind. Nigeria produziert 14 Prozent des gesamten Ölertrags von Shell. Dem Vernehmen nach sind die Gewinne, die Shell aus den nigerianischen Produktionsstätten zieht, vergleichsweise sehr hoch. Das sollte niemanden überraschen. Shell gibt hier nicht soviel für Umweltschutz, Löhne und Gesundheitsvorsorge aus wie in anderen Ländern, in denen das Unternehmen tätig ist. Der britischen Regierung liegt also sehr viel an Shell. Und Shells geschäftliches Engagement in Nigeria paßt sehr gut zum umfassenden Interesse der britischen Regierung an Afrikas größtem Staat und größtem Markt, der früheren Kolonie Großbritanniens.

Meine Kontakte zum britischen Hochkommissar und später zum Außenministerium in London waren minimal, sondierend und fanden im Fall des Außenministeriums auf recht niedriger Ebene statt, sie reichten jedoch, mir den Eindruck zu vermitteln, daß zu Nigeria eine feste Einstellung bestand. Ihr Credo lautete offenbar Stabilität, um die wirtschaftliche «Zusammenarbeit» – sprich: Ausbeutung – sicherzustellen. In diesem Sinne war eine Auseinandersetzung mit den Ogoni ein geringfügiges Ärgernis. Zudem hatte sie keine Aussicht auf Erfolg, falls sie nicht Rückendeckung von – na, wem wohl – Shell erhielt. Der Gerechtigkeit halber muß ich jedoch sagen, daß alle, die ich traf, mich geduldig anhörten und mich an jene andere große britische Institution verwiesen: an die liberale Lobby. Und so kam ich in Kontakt mit der Parliamentary Human Rights Group unter Vorsitz von Lord Avebury und mit nichtstaatlichen Organisationen, die sich für Menschenrechte einsetzen.

Ebenso wie bei den Briten erging es mir bei staatlichen Stellen in den Niederlanden und der Schweiz, bei denen ich ein- oder zweimal vorstellig wurde. Sie standen dem Problem sogar noch ferner, da das niederländische Interesse aufs engste mit Shell verbunden war. Die Probleme Nigerias und Afrikas standen eigentlich nicht auf ihrer Tagesordnung. Die wichtigen ethnischen Probleme lagen in der zusammengebrochenen Sowjetunion und in Jugoslawien. Europa hatte seine ethnischen Probleme bereits wesentlich früher gelöst und kümmerte sich nun um die Beaufsichtigung anderer Völker, um sicherzustellen, daß rundherum genügend Stabilität herrschte, um die wirtschaftliche Ausbeutung für einen größeren europäischen Wohlstand rasch vorantreiben zu können.

Nein, von offiziellen europäischen Stellen war keine Hilfe für die Ogoni zu erwarten, ehe es in der staatlichen Politik nicht zu einem radikalen Wandel gekommen war. Allerdings bestand die Gefahr, daß ein politischer Wandel genau in die entgegengesetzte Richtung erfolgen könnte, die ich aufgrund meiner Erfahrungen im nigerianischen Leben anstrebte. Wie William Ptaff erklärt, herrscht heute in redlich gesonnenen westlichen Kreisen die Ansicht, daß Afrikas Volksstämme und ethnische Gruppen repressive koloniale Erfindungen seien und kein signifikanter Unterschied zwischen Zulu und Xhosa, Masai und Kikuyu oder Tutsi und Hutu bestehe, und zwar entgegen der Auffassung der reaktionären westlichen Wissenschaften der Ethnologie und Anthropologie. Redliche Gesinnung! Was für ein Unsinn. Noch unverzeihlicher ist die Auffassung von Ali Mazrui, dessen scharfer Intellekt ihn im Stich läßt, wenn er vorschlägt, das alte Treuhandsystem des Völkerbundes wiedereinzuführen, nach dem die Vereinten Nationen unter anderem auch afrikanische und asiatische Staaten beauftragen, gewisse Länder unter Führung eines Rates der größten afrikanischen Staaten zu verwalten, der auch eine friedenssichernde Armee besäße. Wieder eine Armee. Und mit den «größten afrikanischen Staaten» sind sicher solche wie Nigeria gemeint. Gott behüte!

Robert Heilbroner sagt in seinem Buch *The Future History: The Historic Currents of Our Time and the Direction in which They are Taking America* (1960):

> Der Imperialismus zwang seinen Kolonien die rohe wirtschaftliche Dynamik des Kapitalismus ohne den sozialen und politischen Unterbau und die Schutzmaßnahmen auf, die diese Dynamik zu Hause abschwächte... In den primitiven Lebenskreislauf wurde ein mächtiger und gefährlicher Virus mit verheerender Wirkung injiziert. Er machte Millionen traditionell autarker Bauern zu Kautschukzapfern, Kaffeezüchtern, Bergarbeitern in Zinngruben, Teepflückern – und lieferte dieses neue Landwirtschafts- und Bergwerksproletariat dann den unbegreiflichen Wechselfällen

> eines schwankenden Weltmarkts für Rohstoffe aus. Er merzte uralte Gesetze aus und führte im Gegenzug eine westliche Justiz ein, deren Ideen die heimische Kultur sprengten, indem sie altehrwürdige Traditionen und Gebräuche an der Wurzel trafen... Dem Kolonialismus gelang es selbst in seinen missionarischsten Zeiten nicht, die «Eingeborenen» als gleichwertige Menschen zu sehen, gewöhnlich setzte er ihre unabänderliche Unterlegenheit schlicht als selbstverständlich voraus.

Im großen und ganzen gut gesagt. Auf die Ogoni angewandt hieße das, der britische Imperialismus zwang ihnen die Ölausbeutung und den nigerianischen Nationalstaat auf, beides mächtige und gefährliche Kräfte, die zusammen den Tod auf allen Gebieten im Land der Ogoni bedeuteten.

Im Gegensatz zu William Ptaff und Ali Mazrui bin ich nicht der Ansicht, daß das Heilmittel gegen die von Robert Heilbroner geschilderten Verhältnisse in der Rückkehr zu einem Kolonialismus Europas oder der Vereinten Nationen liegt. Aufgrund meiner Erfahrung im Leben der Ogoni kann ich mit voller Überzeugung sagen, daß es nach wie vor möglich ist, zur «heimischen Kultur», zu «altehrwürdigen Traditionen und Gebräuchen» zurückzukehren, also Gesellschaften wieder entstehen zu lassen, die durch europäischen Kolonialismus, Neokolonialismus oder den neuen und noch destruktiveren «schwarzen Kolonialismus» zerstört worden sind. Was wir tun müssen ist, jede Gesellschaft kritisch zu prüfen, die treibende Kraft ihres Daseins auszumachen und die Menschen zu neuen Horizonten zu mobilisieren.

Ich denke nicht, daß es in Nigeria auch nur eine ethnische Gruppe gibt, die nicht aus eigener Kraft überleben kann. Afrikas Volksstämme und ethnische Gruppen sind alles andere als «repressive koloniale Erfindungen», sie sind uralte und dauerhafte gesellschaftliche Organisationen mit eigenen Sitten und Visionen, die kein Kolonialismus im Laufe der Jahrhunderte zu zerstören vermocht hat. Dem afrikanischen Nationalstaat in seiner heutigen Form ist es lediglich gelungen, sie als lächerlich hinzustellen, ihnen ihre Lebenskraft abzusprechen und ihre Fähigkeit einzuschränken, auf die eigenen Kräfte zu vertrauen.

Die Männer, die für die Unabhängigkeit Nigerias eingetreten sind, und insbesondere Obafemi Awolowo, wußten das sehr wohl und argumentierten überzeugend, der einzige Weg nach vorn bestehe für Nigeria darin, jeder ethnischen Gruppe Autonomie zuzugestehen und ihr zu erlauben, sich unter Einsatz der ihr eigenen schöpferischen Kraft und ihres eigenen politischen Systems mit der ihr eigenen Geschwindigkeit zu entwickeln. Statt dies zuzulassen, schufen die britischen Kolonialherren eine Föderation der «Regionen», die jeweils als einheitliches Staatsgebilde verwaltet wurden. So entstand ein «Zentralismus» auf regionaler und ein «Föderalismus» auf überregionaler Ebene. Das mußte zwangsläufig scheitern, weil in den Regionen ethnische Gruppen für Autonomie kämpften, während sich überregional die Regionen gegenseitig die Macht in der Republik Nigeria streitig machten. Als dies zum verheerenden Bürgerkrieg führte, unternahm man einen Versuch, durch die Schaffung von Bundesstaaten zu einer echten Föderation ethnischer Gruppen zurückzukehren. Hätte man diesen Prozeß zu einem logischen Abschluß geführt, hätte es in Nigeria durchaus einen Fortschritt geben können. Doch das nigerianische Militär drehte uneinsichtig die Zeiger der Uhr zurück und machte Nigeria *de facto* wieder zu einem zentralistischen Staat, obwohl es weiterhin behauptete, es sei eine Föderation. Die Schaffung der Bundesstaaten wurde bald zum Instrument des inneren Kolonialismus umgemünzt. Die Haussa wurden in acht Bundesstaaten aufgeteilt, die Yoruba in sechs und die Ibo in vier. Die kleineren ethnischen Gruppen wurden in Einheitsstaaten zusammengefaßt, in denen sie weiterhin unter politischer und sozialer Diskriminierung leiden. Ein Volk wie die Ogoni, das als geschlossene Einheit reich, lebensfähig und durchaus imstande ist, auf die eigene Kraft zu vertrauen, sieht sich im Rivers State gezwungen, mit neun anderen Ethnien ums Überleben zu kämpfen, die alle zusammen vom zentralistischen Nigeria marginalisiert werden.

Als ich die MOSOP gründete, war eines meiner Ziele, auf diese unheilige Allianz zwischen Ölinteressen und dem nigerianischen Militär aufmerksam zu machen, eine Allianz, die der nigerianischen Demokratie sowie der Lebenskraft des nigerianischen Föderalismus und einzelnen ethnischen Gruppen Nigerias eine Militär- oder Zivildiktatur aufzwingt.

Ich kannte den Erfolg früherer Mobilisierungsbewegungen, die sich auf die ethnische Gruppe stützten. In den fünfziger Jahren hatte Dr. Nnamdi Azikiwe die Ibo erfolgreich mobilisiert, Chief Obafemi Awolowo die Yoruba, Ahmadu Bello die Haussa-Fulani und Tarka die Tiv. Diese Mobilisierungsbemühungen wurden von den Briten nicht verhindert. Sie brachten Nigeria die Unabhängigkeit eher früher als später.

Unglücklicherweise stieß die Mobilisierung der Ogoni auf den Widerstand der Militärdiktatur in Nigeria und ihrer Verbündeten. Ob auch wir Erfolg haben werden, bleibt abzuwarten.

Ich denke, wenn die Ogoni-Bewegung Erfolg hat, wird das auch dem übrigen Nigeria, wenn nicht gar Afrika, einen Weg weisen. Ich bin zwar auch der Meinung, daß die 1884 in Berlin zwangsweise festgesetzten Grenzen nicht vollkommen sind, aber mir liegt zur Zeit nicht daran, sie neu zu ziehen. Ich glaube, daß man die Nationalstaaten in ihren derzeitigen Grenzen bestehenlassen kann, daß sie aber innerhalb dieser Grenzen einen Föderalismus praktizieren müssen, der sich auf die ethnischen Gruppen stützt. Jede ethnische Gruppe muß mobilisiert werden und lernen, auf die eigene Kraft zu vertrauen. Und jeder muß es erlaubt sein, sich politisch und wirtschaftlich nach ihrem eigenen Tempo zu entwickeln. Jede muß die Kontrolle über ihre Umwelt und ihre Wirtschaft erhalten. Wie gesagt, trete ich in jedem Nationalstaat, der als Föderation zu regieren ist, für die Praxis von ERECTISM ein – Ethnische Autonomie, Kontrolle über Ressourcen und Umwelt (Ethnic Autonomy, Resource and Environmental Control). Darin liegt für Afrika der Weg nach vorn. Aber werden Europa und die multinationalen Konzerne, die Afrikas Reichtum kontrollieren, das zulassen? Denn das würde für Afrika Fortschritt bedeuten, und ich bin immer noch überzeugt, daß der Westen und seine multinationalen Konzerne einen afrikanischen Fortschritt nicht wollen. Sie wollen, daß Afrika ihnen weiter zu Füßen liegt. Ich habe den Eindruck, daß nur die liberalen Kräfte im Westen einen Fortschritt Afrikas wollen, und sie sind nicht an der Macht.

In Nigeria wurde die Frage gestellt, ob wir die Ogoni erfolgreich hätten mobilisieren können, wenn es kein Öl, keine Umweltzerstörung, die uns die Aufmerksamkeit der Welt sichern konnte, und keine leicht zu organisierende Bevölkerung gegeben hätte, völlig abgesehen von meiner Gegenwart als Schriftsteller mit starkem Engagement und einer gewissen finanziellen Unabhängigkeit. Meine Antwort ist: Wo ein Wille ist, ist auch ein Weg. Das Vorhandensein von Öl und die Umweltzerstörung haben die Mobilisierung sogar noch erschwert. Diese beiden verschwisterten Übel haben den Ogoni den Zorn der nigerianischen Militärdiktatur zugezogen. Die Ogoni offen und versteckt zu spalten, um besser herrschen zu können, ist zu einem Leitsatz geworden. Und das droht die Ogoni-Bewegung zu zerschlagen. Hätten dieses Elemente gefehlt, wäre die Mobilisierung wesentlich einfacher und effektiver gewesen. Es hätte lediglich eines Führers bedurft (der immer auftaucht), der imstande gewesen wäre, einem Volk zu zeigen, daß es früher fähig war zu überleben und auch in Zukunft überleben muß. Das Öl ließ die Möglichkeit der wirtschaftlichen Lebensfähigkeit erkennen, aber uns war immer schon klar, daß kluge Köpfe wichtiger sind als Bodenschätze, und deshalb lautet einer der Slogans, die ich der MOSOP vorgeschlagen habe: «Wir müssen unseren Verstand benutzen!»

Was wir für die Ogoni getan haben, läßt sich sicher auch für andere Gruppen in Nigeria und Afrika leisten. Das Entscheidende ist, daß eine kleine ethnische Gruppe nicht nur psychologisch bereit war, sich ihrer Geschichte zu stellen und ihr Schicksal in die eigenen Hände zu nehmen, sondern auch bereit ist, es mit ihren Unterdrückern in Gestalt des Nationalstaates und eines multinationalen Ölgiganten aufzunehmen.

Wichtig ist zudem, daß wir uns entschieden haben, den Weg des gewaltlosen Kampfes einzuschlagen. Unsere Gegner neigen zur Gewalt. Und auf ihrem Terrain haben wir ihnen nichts entgegenzusetzen, selbst wenn wir es wollten. Der gewaltlose Kampf gibt schwachen Menschen die Kraft, die sie ansonsten nicht besitzen. Entscheidend ist der Geist, und den kann keine Schußwaffe zum Schweigen bringen. Ich bin mir jedoch darüber im klaren, daß ein gewaltloser Kampf mehr Todesopfer fordert als ein bewaffneter Kampf. Und das bleibt für alle Zeiten ein Grund zur Sorge. Ob das Volk der Ogoni in der Lage sein wird, die Härten des Kampfes durchzuhalten, wird die Zukunft zeigen. Doch auch hier gilt, wenn sie es schaffen, wird das anderen Völkern des afrikanischen Kontinents den Weg zum friedlichen Kampf weisen. Man sollte ihn deshalb nicht unterschätzen.

NEUNTES KAPITEL

All dies ging mir durch den Kopf, während ich in der Haftzelle (etwas Besseres als eine Zelle war es wirklich nicht) der nigerianischen Polizei in Owerri wartete. Eine Woche war vergangen, und noch immer waren unsere Häscher nicht zurückgekehrt, und es gab auch keinerlei Nachricht, was als nächstes mit uns passieren sollte.

Ich hatte Barry Kumbe beauftragt, zum Gericht zu gehen und unsere Freilassung zu verlangen. Er gab sich große Mühe, hatte jedoch wenig Erfolg. Kein Richter in Rivers war bereit, die entsprechenden gerichtlichen Verfügungen auszustellen. Wo immer Barry hinging, überall sagte man ihm, sobald mein Name und alle Fälle, die mit mir zusammenhingen, zur Sprache kämen, leuchteten alle roten Warnlämpchen auf. Natürlich hätten wir die Beschwerde weiterverfolgen können, die wir in Lagos eingelegt hatten. Aber die Gerichte in Lagos tagten nicht, da alle dortigen Anwälte beschlossen hatten, aus Protest gegen die Annullierung der Wahlen vom 12. Juni die Gerichte zu boykottieren. Was sollten wir machen?

Barry beschloß, in Owerri Haftbeschwerde einzulegen, wo wir festgehalten wurden. Dort hatte er keinerlei Probleme, und die Anhörung wurde auf Anfang Juli anberaumt, auf ein Datum, an dem wir uns seit fast zehn Tagen in Haft befinden würden. Zu dieser Zeit hielt Ledum Mitee sich in Wien auf, um der Menschenrechtskonferenz der Vereinten Nationen beizuwohnen.

Unsere Häscher kehrten eine Woche und einen Tag, nachdem sie uns in Owerri abgesetzt hatten, zurück. Bisher war mir die Gegenwart von Mr. Ogbeifun und seines Faktotums nie übel aufgestoßen. Auch als er an diesem Nachmittag eintraf, glaubte ich noch, er verrichte einen Job, der ihm wenigstens zu einem Teil zuwider sei. Zu diesem Zeitpunkt war Mr. Poromon bei mir, der Methodistenbischof von Port Harcourt, ein Ogoni. Außer ihm befanden sich in dem Raum noch mein Freund Mina, der mir Essen gebracht hatte, und mein persönlicher Referent, Deebii Nwiado, der gekommen war, um sich vor seinem Flug nach Wien mit mir zu besprechen.

Kaum hatte Mr. Ogbeifun den Raum betreten, als er mich auch schon anschnauzte: Was wollten die anderen in der Zelle? Gegen die Anwesenheit eines Gottesmannes wolle er ja nichts sagen, doch die Anwesenheit der übrigen könne und werde er beim besten Willen nicht zulassen. Offenbar wolle ich dorthin gebracht werden, wohin ich eigentlich gehörte: in den überfüllten Wachraum im Erdgeschoß, den Raum, in dem normalerweise alle Verdachtspersonen untergebracht würden. Und entmenschlicht, dachte ich für mich. Er hörte gar nicht mehr auf zu schimpfen.

Bischof Poromon, ein Mann weniger Worte und ausgesuchter Höflichkeit, war verblüfft. Er bot an, ein Gebet zu sprechen. Mr. Ogbeifun erlaubte es ihm in barschem Ton. Und er betete für mich, meine Mitgefangenen und für unsere Häscher. Danach verabschiedete er sich freundlich.

Als alle Besucher gegangen waren, griff Mr. Ogbeifun nach den Papieren, die auf dem Tisch lagen, und sah sie durch. Darunter befand sich mein Tagebuch der ersten Woche in Haft, einige Papiere zur Wiener Konferenz sowie Gedichte, die ich angefangen hatte. Er warnte mich, ich hätte nicht das Recht zu schreiben, und wenn ich mich nicht gut führe, werde ihm nichts anderes übrigbleiben, als mich den Vorschriften gemäß zu behandeln.

Um mir das ganze Ausmaß meines Vergehens vor Augen zu führen, befahl er, Dube und Nwiee nach unten in den Wachraum bringen zu lassen. Damit konnte er mich billig kriegen, denn ich wäre eher mit ihnen nach unten gegangen, als zuzulassen, daß ich allein zurückblieb. Um meines Seelenfriedens willen und gegen meine ganze innere Überzeugung mußte ich ihn flehentlich bitten, uns in diesem elenden Raum, den man uns bestimmt hatte, zusammen zu lassen.

Nachdem er mich auf diese Weise gedemütigt hatte, informierte er mich beiläufig, daß er von seinen Vorgesetzten noch immer keine weiteren Anordnungen erhalten habe und nach Lagos zurückfahren müsse. Wir müßten weiterhin in Owerri bleiben.

Ich verwies ihm gegenüber auf meine schlechte gesundheitliche Verfassung und betonte, ich müsse ernsthaft in ein Krankenhaus, wenn mein Zustand sich nicht noch weiter verschlechtern solle. Ich bat ihn, mit Dr. Idoko zu sprechen, falls er sich vergewissern wolle. Ich erfuhr später, daß Mr. Ogbeifun nichts unternehmen konnte ohne die Zustimmung seines Vorgesetzten in Lagos, des Stellvertretenden Generalinspekteurs der Polizei, dem das FIIB unterstand.

Nachdem ich die Vorstellung akzeptiert hatte, daß ich auf unbestimmte Zeit in Haft sein würde, hörte ich auf, mir Gedanken darüber zu machen, welche Anordnungen aus Lagos kamen oder nicht. Mr. Ogbeifun und seine Vorgesetzten konnten mir den Buckel runterrutschen. Und was den Mann anging, der letztlich für unsere Verhaftung verantwortlich war, General Ibrahim Babangida, so sparte ich mir für ihn die Verachtung auf, die ich normalerweise für Geschmeiß hege. Das einzige, was mir Sorgen machte, war meine gesundheitliche Verfassung, an der ich ziemlich wenig ändern konnte.

Die Tage waren nicht einmal langweilig, wenn ich ehrlich sein soll. Ich hatte mein Radio und konnte täglich Zeitungen kaufen, so daß ich auf dem laufenden war. Außerdem durfte ich jedes Buch lesen, das ich wollte, und da ich mich um meine Verköstigung selbst kümmern mußte, hatte ich wenigstens immer ein Essen auf dem Tisch, das mir zusagte, auch wenn es mich ein Vermögen kostete und viel Mühe in einer Stadt machte, in der ich ganz auf die Hilfe von Freunden angewiesen war.

Ich muß sagen, daß die Polizeibeamten und die Mitarbeiter der Polizeiwache uns freundlich und höflich behandelten. Es gab keinerlei Feindseligkeiten gegenüber Dube, Nwiee und mir, und wenn wir etwas benötigten, bemühten sie sich darum, uns zu helfen.

Einer der höheren Polizeibeamten hatte in seiner ersten Zeit zusammen mit einem Ogoni Dienst getan und die gemeinsam verbrachte Zeit nicht vergessen. Allein aus diesem Grund wurde er zu einem häufigen Besucher unserer Zelle und war sehr auf unsere Bequemlichkeit bedacht. Er sorgte beispielsweise dafür, daß ich immer einen ausreichenden Vorrat an Pfeifentabak hatte.

Journalisten sorgten ebenfalls für Abwechslung. Sie kamen mit Hilfe irgendwelcher Schliche oder mit Erlaubnis der Polizeibehörden in die Zelle, stellten mir Fragen zu irgendwelchen Entwicklungen im Land und versorgten mich mit detaillierten Nachrichten. Ich schätzte die Zeit, die ich mit ihnen verbrachte, denn ich wußte, daß alles, was sie veröffentlichen konnten, eine Vielzahl von Menschen darüber informieren würde, wo ich mich befand und wie meine geistige Verfassung war.

Doch vor allem erhielt ich immer wieder Besuch von Ogoni. Sie kamen täglich in Gruppen aus allen Teilen Ogonis und von noch weiter her, bekundeten ihre Solidarität, boten uns Trost und, so unglaublich es klingt, sogar Geld. Wenn es etwas gab, das mich wiederaufrichtete, dann war es diese Bekundung von Loyalität und Solidarität der Ogoni. Aus dem entfernten Lagos schickte die Ogoni-Gemeinde eine Delegation mit Worten des Trostes und 2000 Naira, die ich sie bat, der MOSOP zu überweisen, da ich das Geld nicht brauchte. Ich versuchte mir vorzustellen, welche Mühe es sie gekostet hatte, das Geld aufzutreiben. Und ich war gerührt, tief gerührt. Einige von ihnen durften mich nicht besuchen, da Mr. Ilozuoke von seiner Machtbefugnis Gebrauch machen mußte, und wenn er gerade nicht anwesend war, konnte niemand in seinem Namen Entscheidungen treffen. Er hatte nichts gegen Besucher, mußte jedoch darauf achten, daß die Zelle nicht zu voll war und die Besuche so kurz wie möglich währten. Diejenigen, die an einem Tag nicht bis zu mir vorgelassen wurden, wiederholten ihren Besuch an einem anderen Tag.

Die jungen Ogoni und die Frauen zählten zu den häufigsten Besuchern. Meine Haft wirkte sich auf den Zusammenhalt der MOSOP negativ aus, zumal Dr. Leton und Edward Kobani von ihren Posten zurückgetreten waren, da diese inzwischen wirkungslos geworden waren. Doch sobald die verbleibenden Mitglieder des Lenkungsausschusses von mir gehört hatten, die Arbeit der Bewegung müsse rasch vorangehen, taten sie sich zusammen, wählten formal eine neue Leitung und machten sich an die Arbeit. Ich wurde zum Präsidenten *in absentia* gewählt, Ledum Mitee wurde Stellvertretender Präsident, Pater Kabari, ein in Oxford ausgebildeter katholischer Priester, wurde Kassenwart und Simeon Idemyor Finanzsekretär. Dr. Ben Naanen, ein kluger und aufstrebender Historiker der Universität Port Harcourt, blieb Sekretär. Außerdem gab es sechs stellvertretende Vorsitzende, alle wesentlich jünger als ich, die jeweils eines der sechs Ogoni-Königtümer vertraten. Das war zweifellos ein wesentlich stärkeres Team, als wir es in der Vergangenheit gehabt hatten, und unendlich engagierter. Es gab keinen Platz für Schwätzer und U-Boote. Das war die Botschaft, die der Lenkungsausschuß den Ogoni geschickt hatte.

Ich erfuhr außerdem, daß bestimmte Personen, die man für Verräter an der Sache der Ogoni hielt, Schwierigkeiten hatten, in Ogoni zu bleiben, und in Port Harcourt als Gäste von Gouverneur Ada George Zuflucht gesucht hatten. Es waren in der Hauptsache vier oder sechs von der Regierung ernannten Chiefs in Ogoni, es gab aber noch andere.

Der wichtigste von ihnen war Edward Kobani. Auch er besuchte mich, gemeinsam mit seiner Frau, der freundlichen und schönen Rose. Ich beobachtete, wie Edward die Zelle, in der wir untergebracht waren, mit einer gewissen Genugtuung musterte. Und als er den Mund öffnete und zu sprechen begann, tat er es, um mich daran zu erinnern, daß ich einmal während einer Sitzung des Lenkungsausschusses gesagt hatte, die Revolution werde unweigerlich ihre Opfer fordern. Daraus konnte man folgern, daß das erste Opfer ich selber sei. Das machte mir nichts aus, wie ich glaubte. Doch als er anfing, wehleidig darüber zu klagen, er könne nicht mehr in seine Heimatstadt Bodo zurückkehren, weil er Repressalien der dort lebenden jungen Ogoni befürchten müsse, wußte ich, daß ich ihm einmal meine Meinung sagen mußte.

Ich kannte Edward Kobani von Kindesbeinen an. Er wuchs in Bori auf, wo sein Vater Gerichtsschreiber war, und besuchte ebenso wie wir anderen Kinder der damaligen Ogoni-Elite die Native Authority School. Als ich 1947 in die erste Klasse ging, hatte er die Schule bereits verlassen oder stand kurz vor dem Abschluß. Eine meiner frühesten Erinnerungen an ihn und seine Familie war an seinen Vater, ein mächtiger, großgewachsener Mann mit einem tiefen Baß, der sich die Stimme aus dem Hals brüllte, weil mit Edward etwas passiert war. Ich hatte damals keine Ahnung, um was es überhaupt ging; viel später erfuhr ich, daß der junge Edward wegen irgendeines Vergehens das Gymnasium in Okrika verlassen mußte.

Als ich das nächste Mal wieder von Edward hörte, besuchte er das University College in Ibadan, und wir trafen uns regelmäßig bei den Jahresversammlungen des Ogoni-Schüler- und Studentenverbands. Es war keine besonders erfolgreiche Organisation, bot jedoch den jungen Ogoni die Möglichkeit, miteinander in Kontakt zu bleiben, und für die Jüngeren von uns, die noch die höhere Schule besuchten, war der Umgang mit den Studenten sehr anregend.

1961, als ich mit Vorbereitungen zur Gründung des Ogoni-Bezirksverbandes (Ogon: Divisional Union) beschäftigt war, hatte Edward sein Studium erfolgreich abgeschlossen. Eine Zeitlang spielte er mit dem Gedanken, ein weiteres Diplom – als Bibliothekar – zu erwerben, hatte jedoch nicht das Geld dafür und nahm eine Tätigkeit als Lehrer in verschiedenen privaten, schlecht finanzierten und ausgerüsteten Schulen in Onitsha auf.

1962 besuchte ich die Universität Ibadan, und Edward unterrichtete in einer weiteren privaten höheren Schule in Port Harcourt, die einem verhinderten Politiker namens Frank Opigo gehörte. In meinen ersten großen Ferien im Juni 1963 hatte ich einen Job in Port Harcourt, und da ich in der Stadt kein Unterkommen fand, bot Edward mir ein Zimmer in der Wohnung an, die er damals mit seiner jungen Ogonibraut Rose bewohnte. Auch die großen Ferien 1964 verbrachte ich als sein Gast, und als ich 1965 mein Examen ablegte, konnte ich so lange bei den beiden wohnen, bis ich in Port Harcourt eine eigene Wohnung bezog und eine Stelle als Dozent am Stella Maris College antrat. Ich habe diese freundliche Unterstützung zu einer Zeit, da ich sie besonders dringend benötigte, nie vergessen.

Wir diskutierten über Landes- und Lokalpolitik und waren im Ogoni-Bezirksverband tätig, in dem er der Vorsitzende und ich der Sekretär war. Er stand in Opposition zum Establishment, was mir damals sehr zusagte, um so mehr, als dieses als unfähig und korrupt angesehen wurde und gegenüber den Ogoni eine unverhüllte Politik der Unterdrückung betrieb. Wir träumten immer wieder davon, die Verhältnisse in der nigerianischen Gesellschaft zum Besseren zu wenden.

Als wir 1966 die Gelegenheit sahen, uns an die Verwirklichung dieser Träume zu machen, nahmen Edward und ich an den Sitzungen der «Rivers Leaders of Thought» in Port Harcourt teil, auf denen wir beschlossen, die Schaffung eines Bundesstaats Rivers per Dekret zu fordern. Ich sollte das Memorandum, das diese Forderung enthielt, unterschreiben, da ich als Sekretär des Ausschusses fungierte, der das Memorandum aufgesetzt hatte. Aus gesundheitlichen Gründen war ich am vorgesehenen Tag der Unterzeichnung abwesend, und Edward unterschrieb im Namen der Ogoni. Das war auf jeden Fall richtig, denn er war weitaus bekannter als ich.

Als 1967 der Bürgerkrieg aubrach und ich beschloß, durch die feindlichen Linien ins Lager der Bundesregierung überzugehen, war Edward einer der wenigen, die ich ins Vertrauen zog. Er spielte im biafranischen Abenteuer eine untergeordnete Rolle und gehörte dem Propaganda-Direktorium an, während ich auf der Gegenseite zunächst Verwalter für Bonny und später Beauftragter und Mitglied des Exekutivrats des neugebildeten Bundesstaats Rivers war.

Am Ende des Bürgerkriegs stand ich bereit, Edward und seine Angehörigen aus dem Flüchtlingslager in Etche herauszuschaffen, und ich hielt es für meine Pflicht, dafür zu sorgen, daß er völlig rehabilitiert würde. Ich stellte ihn der neuen Behörde vor, der ich angehörte, und innerhalb kurzer Zeit war Edward zum Minister und Mitglied des Exekutivrats von Rivers aufgestiegen.

Dafür mußte ich mir eine Menge Kritik von seinen früheren Ogoni-Kollegen im Biafrakrieg, allen voran Dr. Leton, gefallenlassen. Sie wurden nicht müde, mir zu erzählen, was für ein niederträchtiger Mensch Edward sei, und sie waren der Meinung, mein Eintreten für ihn verrate einen fatalen Mangel an Menschenkenntnis. Ich wollte ihnen nicht glauben.

Ich sollte allerdings bald merken, daß die Angehörigen der Ogoni-Elite, die aus Biafra zurückkehrten, einen Groll gegen mich hegten. Ich versuchte das alles als Ausfluß des gerontokratischen Denkens der Ogoni-Gesellschaft abzutun, demzufolge Alter gleichbedeutend mit Klugheit ist und ein Sohn nie bedeutender sein darf als sein Vater. Für die Ogoni, die älter waren als ich, war mein «Aufstieg» nicht in Ordnung. Ich hätte wissen müssen, daß mein Platz in der Warteschlange hinter ihnen war.

Die Mitarbeit in der Regierung war keine großartige Sache, was mich anging, und der Verzicht darauf würde mir lediglich den Freiraum geben, mich endlich all den Dingen zu widmen, die mir wirklich am Herzen lagen, für die mir jedoch bislang einfach die Zeit fehlte.

Während meiner Tätigkeit in der Verwaltung gab es außerdem für mich Grund genug zur Unzufriedenheit: die fehlende Effizienz, die autoritäre Art und Weise, wie Entscheidungen getroffen wurden, die Korruption und der Stammesegoismus, durch den die Ogoni erneut benachteiligt wurden. Ich wollte meinen Posten aufgeben, doch zahlreiche Ogoni, die durch meine Mitarbeit in der Verwaltung ihre Interessen und ihren Schutz gewahrt sahen, bedrängten mich weiterzumachen. Und so blieb ich. Aber ich hielt es nicht durch. Ich wurde unnachsichtiger in meiner Kritik und erhielt infolgedessen im März 1973 meine formlose Entlassung.

Zu dieser Zeit war ich zu dem Schluß gelangt, daß der Bundesstaat Rivers geteilt werden mußte, da die Interessen der zehn oder fünfzehn ethnischen Gruppen in ihm nicht sinnvoll miteinander zu vereinbaren waren. Zusammen mit meinen Kollegen im Kabinett, vor allem Dr. Obi Wali und Nwobidike Nwanodi, begann ich 1974 die Auseinandersetzung um die Schaffung eines Bundesstaats Port Harcourt, der alle nicht den Ijaw angehörenden Stämme in Rivers einschließen sollte, die auf den Ebenen nördlich des eigentlichen Nigerdeltas lebten. Edward Kobani stellte sich mit seinem ganzen Einfluß hinter das Begehren.

Als die bundesstaatliche Regierung nach dem Militärputsch von 1975 entlassen wurde, mußten wir alle ins Privatleben zurückkehren, doch wir setzten unsere Debatte fort. 1977 wurden Vereinbarungen für eine Konstituierende Versammlung getroffen, und ich beschloß, für einen Sitz in ihr zu kandidieren. Um es kurz zu machen: Edward Kobani setzte sich an die Spitze der Bemühungen, meine Wahl zu verhindern. Schmutzige Tricks gewannen die Oberhand, und selbst als ich Rechtsbeschwerde einlegte, sagte mir der Richter, ihm seien die Hände gebunden und er könne nicht anders als die Beschwerde verwerfen.

Kurz darauf lernte ich in Lagos einen hervorragenden Journalisten kennen, Uche Chukwumerije, der zu der Zeit, mit der dieses Buch beginnt, in der inkompetenten Regierung Babangidas eine herausragende Rolle spielte. Er hatte zur selben Zeit wie Edward am University College in Ibadan studiert. Während ich neben ihm in seinem Auto saß, erzählte er mir Geschichten von Edward zu seiner Zeit in Ibadan: Er habe mit anderen Studenten zusammen einen Aufstand geplant und am entscheidenden Tag gekniffen, er habe sich auf Kosten eines anderen Studenten eine von der Amorc, einer privaten Gesellschaft, finanzierte Reise in die Schweiz zugeschanzt und so weiter und so fort.

Danach stand für mich endgültig fest, daß ich um die Ogoni-Politik einen weiten Bogen machen mußte. Das tat ich denn auch. Nachdem ich für mich beschlossen hatte, daß ich mich erst dann wieder auf lokaler oder nationaler Ebene politisch betätigen würde, wenn ich wirtschaftlich auf eigenen Füßen stand, stellte mich das vor keine größeren Schwierigkeiten.

Was mich in die Politik zurücktrieb, war die Frage der Ogoni-Identität und des Überlebens der Ogoni. Für dieses Unternehmen wurden alle gebraucht, erst recht die Schmarotzer in der Ogoni-Elite. Ich wußte, daß Edward unabhängig von allem anderen stets für die Sache der Ogoni einstehen würde. Aber würde er es auch dann noch tun, wenn seine persönlichen Interessen auf dem Spiel standen? Das war die Frage.

Wie er an diesem trübseligen Nachmittag in langen Gewändern vor mir saß und darüber klagte, die jungen Ogoni ließen ihn nicht in seine Heimatstadt Bodo zurückkehren, wurde ich plötzlich wütend. Da saß ich nun und konnte keinen Schritt vor meine Haftzelle tun, ohne daß mir eine bewaffnete Wache folgte, an einem Ort, der 150 Kilometer von meiner Heimatstadt entfernt lag, im Ungewissen darüber, was der nächste Tag mir bringen würde, hatte aufgrund drakonischer Gesetze den Tod durch den Strang vor Augen, und nun sollte ich auch noch Mitleid für einen Mann empfinden, der die Freiheit hatte, alles zu tun, außer sich der Wut junger Menschen zu stellen, in deren Augen er ihre Zukunft aufs Spiel gesetzt hatte. Ich nahm kein Blatt vor den Mund. Ich erinnerte ihn daran, daß er und die anderen hinter meinem Rücken eine Erklärung in meinem Namen abgegeben hatten. Er leugnete seine Beteiligung an der Intrige. Ich unterstrich, daß es genau dieser Schritt gewesen war, der alle Vereinbarungen gegenstandslos machte, die ich getroffen hatte, um zu gewährleisten, daß die Wahlen reibungslos abliefen und alle, die sich an ihnen beteiligen wollten, ungehindert zu den Urnen gehen konnten. Es gab noch einige weitere Streitpunkte.

Edward und ich waren häufig unterschiedlicher Meinung, aber bisher hatten wir immer wieder zueinandergefunden. Ich stand einigen seiner Kinder und seiner Frau Rose sehr nahe. Eines seiner Kinder, Tombari, hatte sogar die MOSOP-Fahne entworfen. Durch den Besuch Edwards verschlechterte sich mein Gesundheitszustand, meine einzige Sorge, noch mehr. Er war eine einzige schlechte Nachricht an diesem Tag.

Die Einschränkung meiner Bewegungsfreiheit durch die Haft machte mir nicht viel aus. Ich war an eine sitzende Lebensweise gewöhnt, und selbst in Freiheit saß ich gewöhnlich von neun Uhr morgens bis zehn Uhr abends am Schreibtisch in meinem Büro. Und daheim, nach dem Abendessen, setzte ich mich nach einer kurzen Pause nochmals bis zwei Uhr morgens an die Arbeit, bevor ich meinen gewohnten vierstündigen Schlaf hatte.

In Owerri wachten Dube, Nwiee und ich gegen sechs Uhr auf und verrichteten unsere Morgentoilette. Ich zog mich an, ging nach unten in den Hof, schritt ihn der Länge nach mehrmals auf und ab, wobei ich die Anzahl der Schritte zählte, und kehrte dann in die Zelle zurück, aß etwas Obst oder sonst eine Kleinigkeit zum Frühstück und wartete auf Besucher. Abends, wenn die Besucher nach und nach wieder gegangen waren, machte ich nochmals eine Runde im Hof, bevor ich in die Zelle zurückging und mich auf eine lange Nacht vorbereitete, die ich mit Lesen, Radiohören und Gesprächen mit Dube verbrachte.

Ich kannte Dube schon seit längerem. Er war vor einigen Jahren zu mir gekommen, nachdem er gerade sein Studium des Druckwesens an der Universität Manchester beendet hatte. Er benötigte einen Büroraum, um seine Geschäfte abzuwickeln, hatte jedoch kein Geld. Ich bot ihm eines der freien Zimmer unter meinem Büro an, und dort etablierte er sein Geschäft. Er kam häufig zum Plaudern zu mir nach oben, und ich fand ihn sehr einnehmend und tatkräftig. Wenn ich seine Zielstrebigkeit sah, bedauerte ich immer wieder, wie wenig Möglichkeiten ihm offenstanden, nur weil er ein Ogoni war. Im Haussaland hätte er den hohen Posten eines Regierungsdruckers bekleidet. Doch er lebte hier und mußte zusehen, wie er das Nötigste zum Leben zusammenbekam. Als wir die MOSOP ins Leben riefen, stellte er ihr von sich aus seine grenzenlose Energie zur Verfügung und machte sich im Leitungsausschuß praktisch unentbehrlich.

Kabari Nwiee, den anderen Häftling, hatte ich erst in jener Nacht kennengelernt, als er zusammen mit Dube aus der Polizeizelle in Abagana abgeholt wurde. Ich erfuhr, daß er neun Kinder von zwei Frauen hatte. In seinem Dorf Opuoko war er Vorsitzender des NYCOP. Ein Mr. Lah-Loolo, früher ein Jugendfreund von mir, hatte Anstoß an etwas genommen, das Nwiee getan oder unterlassen hatte, und ihn bei der Polizei angezeigt. Auf diese Weise geriet er in unrechtmäßige Haft. Einfach so. Er machte nicht viel her und bekam anscheinend kaum den Mund auf, bis er eines Tages etwas Alkohol getrunken hatte, einen «scharfen Drink», wie die Nigerianer sagen, und die Worte nur so aus seinem Mund heraussprudelten wie Wasser aus einem Wasserhahn.

In meinen Gesprächen mit Dube ging es jedesmal um die Ogoni und ihre Probleme. Wir machten uns Gedanken um die Kämpfe der MOSOP, die Zukunft des Kampfs und was uns sonst noch erwartete. Und es war tröstlich, daß es einen Menschen gab, mit dem ich diese Gedanken teilen konnte.

In solchen Zeiten erweisen sich Gedichte als hilfreich. Und ich schrieb Gedichte für meinen verstorbenen Sohn Tedum, die irgendwie verlorengegangen sind, und die Hymne für Ogoni, die zuerst in meiner Muttersprache Khana erschien:

> *Yoor Zaansin Ogoni*
>
> Bari a dem Ogoni
> Le buen ka le zor
> Fo efeloo le wareloo
> Doo kor zian aa I le yee
> Ne i o suanu le ekpo
> E ema ba pya baa
>
> Bari a dem Ogoni
> Le buen ka le zor
> Ne i o leelee denden son
> Kwa dee ne pya Gokana
> Khana, Eleme, Tai le Babbe
> Doo lo Ogoni lu ka.

Es lautet in deutscher Übersetzung:

> Schöpfer von Ogoni
> Land der Pracht und des Reichtums
> Gib uns deinen Frieden und deine beständige Liebe

Setze Gerechtigkeit über unser Land
Gib uns deine Weisheit und die Stärke
Um unsere Feinde zu beschämen.

Schöpfer von Ogoni
Land der Pracht und des Reichtums
Segne o Herr immerdar
Das Volk der Gokana
Khana, Eleme, Tai und Babbe
Ruhmreiches Land der Ogoni.

Und so gingen die Tage dahin. Wir warteten jetzt auf die Anhörung zu der von uns eingelegten Beschwerde, deren Termin auf den 10. Juli angesetzt war.

Noch vor diesem Tag kam Claude Ake zu uns in die Zelle. Sein Besuch war für mich psychologisch sehr wichtig. Es war das erste Mal, daß wir Besuch von einer prominenten Persönlichkeit erhielten, die nicht den Ogoni angehörte. Bislang hatte uns niemand aus anderen Teilen von Rivers einen Solidaritätsbesuch abgestattet, nicht einmal Menschen, mit denen ich in der Rivers State Study Group, die sich mit den Problemen der in diesem Bundesstaat lebenden Völker befaßte, zusammengearbeitet hatte.

Claude war von einem völlig anderen Schlag. Er war Politikwissenschaftler und hatte am King's College in Lagos, an der Universität Ibadan und an der New Yorker Columbia University studiert, wo er einen Lehrstuhl innehatte, bevor er nacheinander an Universitäten in Kanada, Dar es Salaam und Nairobi politische Ökonomie lehrte. 1977 übernahm er den Lehrstuhl für politische Ökonomie an der Universität Port Harcourt und wurde Dekan der dortigen sozialwissenschaftlichen Fakultät. In akademischen Kreisen genoß er ein weltweites Ansehen, hatte 1992 den Nationalpreis, den Nigerian National Merit Award errungen und war außerdem der einzige Schwarze in der Amerikanischen Akademie der Sozialwissenschaften (American Social Science Academy). Später wurde er als Mitglied in die New Yorker Akademie der Wissenschaften berufen.

Ich hatte erst 1989 Gelegenheit, ihn näher kennenzulernen. Ein Jahr später traf ich ihn in Washington, D. C., als ich als Gast der United States Information Agency die USA bereiste. Er war damals an der Brookings Insitution tätig. Im Oktober 1991 willigte er freundlicherweise ein, die weite Reise nach Lagos zu machen, um an einer Buchpräsentation zu meinem 50. Geburtstag teilzunehmen. Er hatte 1991 in Port Harcourt das *Centre for Advanced Social Studies*, eine unabhängige Denkfabrik für soziale Studien, gegründet und war fraglos eine Persönlichkeit, deren Bekanntschaft mir viel bedeutete.

Zur Zeit meiner Verhaftung befand er sich gerade im Ausland und erfuhr erst davon, als er den Artikel von Tom Daniels im *The Times Literary Supplement* las. Er kehrte am Dienstag nach Nigeria zurück, und bereits am nächsten Tag, Mittwoch, dem 6. Juli, besuchte er uns für fünf Stunden in Owerri. In dieser Zeit gingen wir von allen Seiten meine Lage durch. Er bemühte sich nach Kräften, mich zu trösten, zeigte auch eine aufrichtige Teilnahme am Schicksal Dubes und Nwiees und war froh, mich in ihrer Gesellschaft zu wissen. Von ihm erfuhr ich auch, daß meine Verhaftung vor allem in England, aber auch in anderen Ländern ein starkes Echo ausgelöst hatte. Als er uns schließlich am Nachmittag wieder verließ, fühlte ich mich erleichtert, dankbar, heiter und sogar erfüllt.

Die Polizei in Owerri hatte ich davon überzeugen können, daß ich unbedingt ärztliche Aufsicht benötigte. Dr. Idoko kam täglich, um meinen Blutdruck zu messen und alles in seinen Kräften Stehende zu tun, um mich zu beruhigen. Er hatte empfohlen, mich in eine Klinik zu überführen, doch das letzte Wort lag bei seinen Vorgesetzten, und diese ließen sich Zeit dafür. Wahrscheinlich mußten sie den Fall zur Entscheidung nach Lagos weiterreichen. Was bedeutete, daß wenn ich sterben mußte, Lagos darüber entschied. Sie spielten offenbar den Lieben Gott!

Auch ein bißchen Theater gab es in der Zelle. Am Donnerstag nachmittag platzte ein Mann mit einer Aktentasche in unser Zimmer. Er machte einen schmuddeligen und wenig einnehmenden Eindruck.

«Brauchen Sie irgendwelche Hilfe?» fragte er.
«Was für eine Hilfe?» fragte ich zurück.
«Kaution oder so etwas.»
«Unser Anwalt kümmert sich darum.»
«Dann werden Sie hier nie mehr rauskommen.»
«Warum nicht?»

«Anwälte taugen nichts. Sie machen die Dinge für Untersuchungshäftlinge nur noch komplizierter. Sie machen alles komplizierter.» Er schüttelte mitleidig den Kopf über Menschen, die sich in polizeilichem Gewahrsam befinden und sich ausgerechnet von Anwälten einen Beistand versprechen.

«Ich verstehe nicht», sagte ich.

«Schauen Sie mal, heute ist Donnerstag. Morgen ist Freitag. Freitags befinden sich die höheren Vorgesetzten, die die Anträge bewilligen müssen, den ganzen Tag in Sitzungen. Es gibt niemanden, der eine Freilassung gegen Kaution unterschreibt. Anwälte können nicht in die Sitzungen gehen. Dort sind zu viele Leute. Außerdem haben sie ihre Termine beim Gericht. Ich dagegen kann den ganzen Tag warten, bis die höheren Beamten ihre Sitzungen verlassen und Zeit finden, die Anträge zu unterschreiben. Und Sie können sich ausrechnen, wenn Sie am Freitag nicht rausgelassen werden, dann sitzen Sie bis Montag in der Zelle. Das kann Ihnen doch kaum recht sein.»

Ich dankte dem «Kautionsexperten» für die Information, und er machte sich ein wenig enttäuscht wieder auf den Weg. Und ich konnte mir Gedanken darüber machen, auf was Menschen nicht alles verfallen, um sich durchzubringen!

ZEHNTES KAPITEL

Meine Verlegung in die Polizeiklinik war an diesem Donnerstag, dem 8. Juli, bewilligt worden. Ich erwartete, am nächsten Tag vor Gericht geführt zu werden, doch dazu kam es nicht, da die Polizei angeblich keine Vorladung erhalten hatte. Der Richter ordnete an, uns am 13. Juli vorzuführen.

Der «O/C Admin» bekleidete einen besonders wichtigen Posten im Polizeipräsidium und ließ einen das auf Schritt und Tritt spüren. Er war ein großgewachsener Schwarzer mit einem Spitzbauch. Wenn ich in die Klinik verlegt werden mußte, war er der einzige, der den betreffenden Antrag absegnen und die nötigen Vorkehrungen treffen konnte. Den ganzen Donnerstag über war es ihm unmöglich, einen Wagen abzustellen, der mich zu meinem neuen, noch nicht einmal zwei Kilometer entfernten Aufenthalt beförderte. Kein Druck der Welt hätte es vermocht, ihn aus seinem gewohnten Trott zu bringen. Es gab einfach zu viele Hindernisse. Die Formulare, die er unterschreiben, die Anweisungen, die er erteilen, und die unzähligen Dinge, die er beaufsichtigen mußte. Der «O/C Admin» war ein Mann mit weitgehenden Machtbefugnissen auf einer ineffizienten Stelle.

Als alle offiziellen Mittel fehlschlugen, mußte er mir am nächsten Tag einen Gefallen erweisen. Er brachte mich in seinem Privatwagen in die Klinik. Ich saß zwischen zwei bewaffneten Polizisten für eine zehnminütige Fahrt über Feldwege, vorbei an kleinen Äckern und schlecht gebauten, häßlichen Häusern. Dr. Idoko konnte mich nicht gleich nach meiner Ankunft empfangen, aber es dauerte nicht lange, bis er kam, um mich zu begrüßen. Die Klinik selbst war gerade erst fertiggestellt worden. Das bedeutete nicht, daß alles blitzsauber und an Ort und Stelle oder in gebrauchsfähigem Zustand gewesen wäre. Im Gegenteil. Man hatte alles in der üblichen Weise nigerianischer öffentlicher Aufträge gebaut, zweifellos zum Zehnfachen der normalen Kosten, und mit großem Trara von der Gattin keines Geringeren als des Generalinspekteurs der Polizei einweihen lassen, nach der die Klinik angemessenerweise ihren Namen erhalten hatte.

Erst nachdem ich offiziell dort aufgenommen war, wurden irgendwelche Vorhänge lieblos vor die zur Straße gehenden Fenster gehängt, deren Jalousien sich nicht öffnen ließen. Ich mußte ein Bettuch für das zweite lange Fenster kaufen, das auf einen Korridor ging, der die Station vom Bad und der Toilette trennte.

Die Station selbst hatte vier Betten, in denen bislang noch niemand gelegen hatte. Alles in allem war es wesentlich besser als meine bisherige Zelle. Es herrschte überall eine absolute Ruhe, da das Gebäude völlig abgelegen war. Ich mußte mich selbst um einen Tischventilator kümmern, um in der Hitze nicht zu zerfließen. Die Toilette funktionierte, und mit einem großen Tauchsieder, den ich ebenfalls auf eigene Kosten anschaffte, war es mir sogar möglich, warmes Badewasser zuzubereiten. Zum erstenmal seit zwei Wochen konnte ich wieder ein Bad nehmen! In der Zeit in der Polizeizelle mußte ich mich damit begnügen, mich morgens und abends mit einem Handtuch abzureiben.

Bevor ich in die Klinik gebracht wurde, hatte ich mich sinnlos mit dem Gedanken gequält, was mit Dube und Nwiee passieren würde. Ich hatte den stellvertretenden Polizeichef Ilozuoke inständig gebeten, sie in dem Raum zu lassen, in dem wir gemeinsam untergebracht waren, und sie nicht in den Wachraum zu verlegen. Er äußerte sich nicht dazu. Dieser Punkt blieb weiterhin ein Grund zur Sorge. Nachdem ich von ihnen getrennt war, machte ich mir ständig Gedanken um ihr Befinden. Ich hatte ihnen etwas Geld für Lebensmittel dagelassen, obwohl Dubes Mitarbeiter und Familienangehörige häufig den langen Weg von Port Harcourt hierher machten, um ihm etwas zu essen zu bringen, was er dann mit Nwiee teilte, der von keiner Menschenseele besucht wurde.

In der Klinik waren sechs bewaffnete Polizisten des mobilen Einsatzkommandos stationiert, die mich rund um die Uhr bewachten. Jede Wache dauerte zwölf Stunden, manchmal auch vierundzwanzig. Ich bemerkte, daß sie während der ganzen Zeit kein Essen erhielten, und mußte ihnen oft mit etwas Geld aushelfen, damit sie sich etwas Eßbares kaufen konnten.

Sie war nicht besonders amüsant, diese Haft, in der ich mich selbst ernähren mußte, meine eigenen Medikamente kaufen, meinen Wächtern Essensgeld geben und auf das Beste hoffen mußte. Ich dachte oft daran, wie einfach es für einen meiner Bewacher sein müßte, in mein Zimmer zu gehen, mich in den Kopf zu schießen, und alles wäre aus gewesen. Ich war ganz sicher, daß sie in den Medien verbreiten würden, ich hätte einen Fluchtversuch unternommen.

Zum Glück passierte nichts dergleichen. Die Wächter zeigten sich sehr freundlich. Jede Wachablösung wurde mir mitgeteilt, und der Anführer stellte sich mir höflich vor. Die meisten waren mit meinem Kampf vertraut, hatten von mir gehört und waren sehr mitfühlend. Sie taten lediglich ihre Pflicht, dafür mußte ich Verständnis haben.

Die Tage waren ausgefüllt wie gewöhnlich. Täglich kamen Abordnungen der Ogoni zu Besuch, und wir hatten viel miteinander zu reden. Stets lautete mein Rat an sie: «Organisiert euch in euren Dörfern und den verschiedenen Königtümern nach dem Vorbild der MOSOP. Eure Stärke liegt in der Organisation. Vermeidet jede Anwendung von Gewalt!»

Wir befanden uns noch immer in der Anfangsphase der Organisation, waren jedoch ein beträchtliches Stück vorangekommen, da die Ogoni über ein gutes Auffassungsvermögen verfügten und die meisten erkannt hatten, daß die Zeit drängte, weil dem ganzen Volk die Ausrottung drohte.

Ich glaubte daran, daß wir in der Lage sein würden, falls man uns die Möglichkeit dazu gab, allein auf uns selbst und unsere natürlichen Gaben gestützt die Ogoni-Gesellschaft neuzuerschaffen. Überall herrschte Begeisterung, die meisten hatten bereitwillig Zeit und Geld geopfert, und wir hegten große Hoffnungen. Ich hatte allerdings nicht daran gedacht, daß die Ogoni mit alldem von sich reden machen und den Neid von anderen wecken würden, so daß das von ihnen Erreichte nicht als vorbildlich angesehen wurde, sondern als etwas, das man niedermachen mußte. Dennoch war ich überzeugt, daß man die Ogoni in einen Kampf gezwungen hatte und daß sie aus ihm gestärkt hervorgehen würden. Das Ergebnis würde den Einsatz lohnen.

Letztlich bestand die eigentliche Schwierigkeit darin, daß wir gegen die entkräftende Armut der Menschen ankämpfen mußten. Sie behinderte jede Organisation und hielt die Menschen davon ab, das zu tun, was sie eigentlich gern tun wollten. Wenn ich an frühere Mobilisierungsbemühungen zurückdachte, die in Nigeria einen gewissen

Erfolg gehabt hatten, so mußte ich mir eingestehen, daß die damaligen Akteure alle über ein gewisses Maß an Macht verfügt hatten und daß diese Aktivitäten unter den Augen einer Kolonialregierung erfolgten, die nicht mörderisch war, sondern sich an rechtsstaatlichen Grundsätzen orientierte. Jedenfalls waren die Menschen, die damals mobilisiert wurden, sehr zahlreich. Die Haussa-Fulani, die Igbo und die Yoruba zählten zu den größten Völkergruppen der Erde, und auch wenn die Tiv, die andere Gruppe, die von ihren Führern mobilisiert wurde, nicht ganz so zahlreich waren, so stellten sie noch immer die fünftgrößte Ethnie des Landes und hatten deshalb mehr Ressourcen, auf die sie zurückgreifen konnten.

Trotzdem war das Opfer der Jungen und der Frauen der Ogoni sehr ermutigend. Alle hatten sie freiwillig und ohne Klage ihre Zeit und Tatkraft zur Verfügung gestellt. Sie erduldeten in stoischer Gelassenheit alle Beschwernisse und richteten sich innerlich an ähnlichen Ereignissen auf, die sie in der Bibel fanden. Besonders tröstlich schien ihnen der Auszug der Israeliten aus Ägypten in das Gelobte Land, und in vielen Fällen hörte ich von ihnen Geschichten über das Leben Moses', der in ihren Augen mein Vorbild gewesen sein mußte.

Außer den Ogoni kamen auch einige andere Besucher, vor allem die Schriftstellerin Charry Ada Onwu, eine energische und gar gewaltige Dame, wie es nur je eine gegeben hat, die in Begleitung eines weiteren Angehörigen des Imo-Zweigs des nigerianischen Schriftstellerverbands kam, dessen Präsident ich war, und mir humorvolle und unterhaltsame Geschichten mitbrachte.

Doch dem Ganzen war keine Dauer beschieden. Am folgenden Montag, kaum drei Tage, nachdem man mich in die Klinik eingeliefert hatte, kam mein Anwalt Olu Onagoruwa von Lagos hierher, um am nächsten Tag vor Gericht zu erscheinen. Er und ein jüngerer Mitarbeiter seiner Kanzlei redeten etwa eine Stunde auf mich ein und gingen dann in ihr Hotel.

«Ich sehe Sie morgen bei Gericht», sagte er.

«Sofern die Polizei einverstanden ist, mich vorzuführen.»

«Diesmal schon. Jetzt haben sie keine Vorwände mehr. Man wird Sie gegen Kaution freilassen müssen.»

Erfreuliche Nachrichten, kein Zweifel. Doch kaum war er gegangen, kam der «Sarg», der Lieferwagen, und brachte Mr. Inah, der einen bekümmerten Gesichtsausdruck zur Schau stellte. Es muß ihm sehr auf sein Gemüt gegangen sein, daß ich mich in einer Klinik befand. Er hätte mich sicherlich lieber in dem dumpfen, überfüllten Wachraum des Polizeipräsidiums oder in der Leichenhalle gesehen.

Nachdem wir einige Begrüßungsfloskeln ausgetauscht hatten, sollte ich eine weitere schriftliche Aussage für ihn machen. Die Tragweite dieser Aufforderung kam mir nicht gleich zu Bewußtsein. Erst nachdem sie wieder gegangen waren und ein anderer Polizeibeamter kam und nach ihnen fragte, merkte ich, daß sich etwas zusammenbraute.

Der betreffende Beamte war mir gegenüber stets höflich und äußerst hilfreich aufgetreten. Doch an diesem Nachmittag lächelte er nicht. Er machte einen ängstlichen Eindruck. Er wollte wissen, ob Mr. Inah mich aufgesucht habe. Ich bejahte seine Frage.

«Wo ist er jetzt?»

«Keine Ahnung. Ich glaube, er sagte etwas von einer Fahrt nach Port Harcourt.»

«Port Harcourt?» Seine Stimme klang bestürzt.

«Ja», erwiderte ich. «Stimmt etwas nicht?»

«Nein, nein. Ist schon in Ordnung.»

«Holen Sie mich morgen zum Gericht ab? Der Richter hat angeordnet, mich vorzuführen.»

«Das liegt nicht in meiner Hand. Bleiben Sie gesund. Alles Gute.»

Und er verließ mit eiligen Schritten das Zimmer. Ich blickte ihm aus dem Fenster nach, als er davonfuhr.

In dieser Nacht schlief ich gut, ohne an den Unterdrückungsapparat des Babangida-Regimes zu denken. Möglicherweise bezog ich einen trügerischen Trost aus der beruhigenden Anwesenheit Olu Onagoruwas oder der Vorladung des Gerichts. Es kann aber auch sein, daß ich mich einfach entspannt fühlte und deshalb gut schlafen konnte.

Um fünf Uhr am nächsten Morgen weckte mich das Motorgeräusch des Sargs, der im Hof vorfuhr. Der Umstand, daß die mobile Polizeiwache einen zackigen Gruß erschallen ließ, verriet die Anwesenheit eines höheren Vorgesetzten. Der Klang von Stiefeln auf der Treppe. Das harte Klopfen an der Tür zur Station. Mr. Inahs vertraute Silhouette in seinem langen Kaftan. Hinter ihm ein zweiter

Mann in einem langen Gewand, der ihn stets begleitete, aber meistens im Sarg sitzen blieb.

«Machen Sie sich fertig, Sir, Sie sollen verlegt werden.»

«Wohin?»

«Ich weiß nicht.»

«Aber ich befinde mich nicht wohl.»

«Ich habe meine Anweisungen.»

«Es geht mir nicht gut genug für eine Fahrt.»

«Wir müssen. Die Zeit drängt. Machen Sie sich fertig, Sir.»

«Ich muß den Polizeiarzt sprechen.»

«Sie verschwenden nur Ihre Zeit. Sie haben stets mit uns zusammengearbeitet. Bitte tun Sie es auch jetzt.»

«Ich kann die Klinik nicht ohne die Einwilligung des Arztes verlassen.»

«Sie brauchen seine Einwilligung nicht.»

«O doch. Ich bin sein Patient. Er soll mir bestätigen, daß ich in der Lage bin, eine Fahrt auf der Landstraße in einem Sarg zu machen.»

«Sarg? Was für ein Sarg?»

«Ihr Peugeot-Bus.» Ich konnte sein Gesicht in der Dunkelheit nicht sehen.

«Wir müssen gleich losfahren. Ich möchte keine Gewalt anwenden.»

«Holen Sie den Doktor, und er soll bestätigen, daß ich die Klinik verlassen kann.»

Mr. Inah drehte sich auf dem Absatz um und ging hinaus. Während seiner Abwesenheit tauchte unten mein Wagen mit meinem Fahrer auf, der die ganze Zeit über Botengänge für mich erledigt hatte. Er übernachtete in der Stadt im Haus eines Freundes. Er erschien früher als gewöhnlich. Einer der Wachposten kam nach oben und teilte mir mit, er habe erfahren, daß man mich nach Port Harcourt bringe, wo ich unter der Anschuldigung eines Verbrechens vor Gericht gestellt würde. «Gehen Sie nicht freiwillig mit ihnen, Sir.»

Ich schickte meinen Fahrer zu Olu Onagoruwa, um ihn über die jüngsten Entwicklungen zu unterrichten. Er war kaum gegangen, als Dr. Idoko mit Mr. Inah erschien. Routinemäßig überprüfte er meine Temperatur und meinen Blutdruck. Er sagte, er könne nichts tun, um den Polizeibeamten daran zu hindern, mich mitzunehmen. Ich dankte ihm für seine Mühe und verabschiedete mich von ihm.

Ich bat Mr. Inah, meine Morgentoilette machen zu dürfen, bevor ich mich anzog, und er willigte ein. Ich zögerte die Prozedur bewußt in die Länge, da ich hoffte, eine Antwort von Olu Onagurowa zu bekommen. Keine Chance.

Schließlich war ich angezogen, packte meine persönlichen Sachen und stellte sie für meinen Fahrer zur Seite, der sie nach Port Harcourt bringen sollte. Ich ging die Treppe hinunter, verabschiedete mich von den Wachen und stieg auf den Vordersitz des Sargs. Mr. Inah stieg nach mir ein, und dann fuhren wir aus dem Klinikgelände hinaus. Im hinteren Teil des Sargs befanden sich vielleicht sechs bewaffnete Polizisten.

Während wir losfuhren, fiel mir ein, daß ich während der ganzen vier Tage, die ich hier verbracht hatte, nicht einen Fuß vor die Tür gesetzt hatte. Ich war nur ein einziges Mal ins Erdgeschoß hinuntergegangen, und zwar als ich mich von Baridon und Rose Konya verabschiedete, möglicherweise das außergewöhnlichste und beispielhafteste Ogonipaar unserer Zeit, das einen großen Teil des Sonntags mit mir verbracht hatte.

Der Sarg suchte seinen gewundenen Weg zurück zum Polizeipräsidium und kam vor dem Gebäude zum Stehen, das ich vier Tage zuvor verlassen hatte. Dort stiegen Dube und Nwiee zu uns, und gemeinsam verließen wir Owerri.

Der Morgen war klar, und die Luft, die in den Sarg strömte, wirkte erfrischend. Als wir am Concorde Hotel vorbeifuhren, in dem Olu Onagoruwa untergebracht war, fragte ich mich, ob er meine Botschaft überhaupt erhalten hatte. Andererseits war es jetzt sowieso gleichgültig.

Wir fuhren durch bis Port Harcourt und hielten unterwegs nur einmal an, als einen der Polizisten ein menschliches Bedürfnis überkam und er sich kurz in die Büsche schlug. Als wir in die Nähe des internationalen Flughafens von Port Harcourt kamen, begann Mr. Inah sich zu fragen, wo sich sein Vorgesetzter wohl befinden mochte. Angeblich sollte er mit dem Flugzeug kommen, und Mr. Inah hatte die Idee, mit dem Sarg zum Flughafen zu fahren, um festzustellen, ob er dort angekommen war. So nahmen wir denn Kurs auf den Flughafen. Mr. Ogbeifun war nirgends zu finden. Wir fuhren weiter ins Zentrum von Port Harcourt.

Eine Zeitlang rätselte ich, wohin genau wir fuhren. Ich konnte mir diese Frage sehr bald beantworten, als wir in den Hof des Obersten Gerichts im Zentrum der Stadt einbogen. Dort stand schon eine Einheit des mobilen Einsatzkommandos zu unserem Empfang bereit, deren Monturen so blitzsauber waren, als wären sie gerade erst gekauft worden. Sie umstanden das Gerichtsgebäude, wo wir abgeladen wurden.

Ich dachte versonnen an die komische Seite des Vorgangs. Als wir von Owerri hierherfuhren, kamen wir an mehreren Pkws und Bussen vorbei, in denen Hunderte von Ogoni saßen, die zum Obersten Gericht in Owerri befördert wurden, wo ich auf richterliche Anordnung hätte vorgeführt werden sollen. Ogonimänner, -frauen und -jugendliche waren in der vergangenen Woche zu Hunderten dort gewesen und enttäuscht nach Hause zurückgekehrt, weil die Verhandlung vertagt worden war. Das hatte sie jedoch nicht davon abgehalten, die lange Fahrt noch einmal zu unternehmen. Während sie sich nun alle in Owerri befanden, waren wir drei hier in Port Harcourt, wo kein Mensch, nicht einmal mein Anwalt Ledum Mitee etwas von unserer Anwesenheit wußte. Und wegen unseres kleinen Häufleins standen die Polizisten in ihrer martialischen Montur in Bereitschaft und wußten genau, daß ihr Aufzug völlig überflüssig war.

Wir saßen im Gericht und warteten, während die Richterin, wie ich später erfuhr eine Mrs. D., berühmt als staatlich besoldete Henkerin, falls es diesen Begriff gibt, sozusagen ihren Schreibtisch aufräumte. Sie brauchte keine fünf Minuten, um den Fall, der vor dem unsrigen verhandelt werden sollte, zu vertagen, und dann rief sie uns auf.

Wir betraten den Angeklagtenstand. Mir waren das Gericht und das Verfahren durchaus vertraut. Ich wartete gespannt darauf, daß die Anklage verlesen würde. Ich hätte meine Verachtung an die Decke der schmutzigen Gerichtshalle lachen können, doch das wäre als Mißachtung des Gerichts ausgelegt worden. Ich hörte die Richterin sagen, wir hätten uns in einem Ogonidorf versammelt, das ich in meinem ganzen Leben noch nie gesehen hatte, um dort ich weiß nicht was zu planen. Wir hätten eine Flagge entworfen und eine Hymne geschrieben und hätten weiß Gott was für ein Komplott gegen die Regierung von Nigeria oder wen auch immer geschmiedet. Worauf das alles hinauslief, war eine Anklage in sechs Punkten wegen Aufruhr und ungesetzlicher Versammlung. Waren wir damit einverstanden, daß unser Fall vor diesem besonderen Gericht verhandelt wurde? Die Antwort tat lediglich der Form Genüge. Die Richterin schrieb in ihr Buch. Waren wir schuldig oder nicht schuldig? Es wäre sinnlos gewesen zu antworten. Die Richterin, Mrs. D., schrieb in ihr Buch.

Dann schrieb sie in ihr Buch und schrieb in ihr Buch, die magere junge Frau mit dem Gesicht hinter einer Brille. Und sie hob ihr Gesicht, nachdem sie in ihr Buch geschrieben hatte, und verkündete ihren Beschluß, wir hätten uns gegen eine Anklage zu verteidigen. Wie sie zu diesem erstaunlichen Schluß gelangt ist, weiß ich nicht. Sie wies uns in die Untersuchungshaft ein. Allein darum ging es. Ganz so einfach war es andererseits auch nicht. Wir hatten keinen Rechtsbeistand, aber es befanden sich Anwälte im Gericht, die alle sagten, sie seien wegen uns gekommen, aus Sympathie, wie ich annehme. Der Anwalt, der forderte, uns auf Kaution freizulassen, da das uns vorgeworfene Vergehen diese Möglichkeit zuließ, besuchte mich später im Gefängnis. Es war ein Mr. Briggs, der an der Birabi Memorial Grammar School in meiner Heimatstadt Bori unterrichtet hatte.

Nun, Mrs. D. war nicht geneigt, uns gegen Kaution freizulassen, da wir nach Meinung der Anklagevertretung außerhalb des Gefängnisses einen Mordskrach schlagen und die Ruhe einer ganzen Menge wohlgenährter Leute stören würden. Deshalb müßten wir in Untersuchungshaft. Und, bevor sie es vergaß, Mrs. D. würde in Urlaub gehen, nachdem sie sich mit ihrem hervorragenden juristischen Sachverstand unserem Fall gewidmet hatte. Und danach würde das Gericht in seine alljährlichen Gerichtsferien gehen. Und danach, ja dann stehe sie bereit, den Fall am 21. September erneut zu verhandeln. Zu diesem Datum, rechnete ich schnell nach, würde ich mich genau drei Monate in Polizeigewahrsam befinden, was den sechs Monaten Haft schon sehr nahe kam, die auf Aufwiegelung standen.

Man hatte mich aus einer Polizeiklinik herausgeholt, in der ich nicht so gut versorgt war wie in einem Krankenhaus, wohin ich eigentlich gehört hätte. Bestand vielleicht die Möglichkeit, daß Euer Gnaden (!) eine Verfügung ausstellte, mich in ein Krankenhaus zu überweisen? Das fiel nicht in ihre Zuständigkeit, da sie allein dafür zuständig war, uns in Untersuchungshaft zu schicken. Ganz wie Euer Gnaden wünschen.

Nein, ich war nicht wütend über Mrs. D. Sie tat mir leid, genau wie Mr. Ogbeifun und Mr. Inah und alle diese Männer und Frauen, die vom System gezwungen wurden, das Recht zu untergraben, Lügengeschichten zu erzählen und mit schmutzigen Tricks zu arbeiten, um ihren monatlichen Lebensunterhalt zu verdienen. Ich fühlte mich außerdem elend, wenn ich daran dachte, daß die drei Akteure, von denen ich erzählt habe, aus Regionen ethnischer Minderheiten stammten und für diesen Haussa-Banditen nehmens Babangida arbeiteten, wenn er denn ein Haussa ist, und der eigentlich wegen Verrats an seinem Land vor ein Hinrichtungskommando gehörte. Doch diese kurzzeitige Empfindung rief in mir nur eine Entschlossenheit wach, alle mir zur Verfügung stehenden geistigen und materiellen Mittel dafür einzusetzen, eine Gesellschaft zu schaffen, in der es das alles nicht gab. Aus diesem Gefühl heraus entstand der Anfang eines Lieds, das ich eine Woche später im Gefängnis zu Ende schrieb:

Das wahre Gefängnis

Es sind nicht die Löcher im Dach
Und nicht die sirrenden Moskitos
In der feuchten, elenden Zelle.
Es ist nicht das Rasseln des Schlüssels
Wenn der Wärter dich einschließt.
Es sind nicht die schäbigen Essensrationen
Ungenießbar für Mensch und Tier
Und es ist nicht die Unausgefülltheit des Tages
Der in die Leere der Nacht eintaucht
Das ist es nicht
Das ist es nicht
Das ist es nicht.
Es sind die Lügen, die man seit einer Generation
In eure Ohren getrommelt hat
Es ist der Sicherheitsagent, der Amok läuft
Und gefühllose, katastrophale Befehle ausführt
Für ein armseliges Mahl am Tag

>Die Richterin, die in ihr Buch schreibt
>Und ihre Strafen wider besseres Wissen verhängt
>Der moralische Verfall
>Die geistige Unfähigkeit
>Was der Diktatur eine trügerische Legitimität verleiht
>Die Feigheit, die in der Maske des Gehorsams
>In unseren in den Schmutz gezogenen Seelen lauert
>Die Angst macht unsere Hosen naß
>Wir wagen nicht, unseren Urin abzuwaschen
>Das ist es
>Das ist es
>Das ist es
>Mein Freund, was unsere freie Welt
>Zu einem trübseligen Gefängnis macht.

Jawohl, wir, die drei von der MOSOP, mußten ins Gefängnis von Port Harcourt. Die Polizei hatte alles vorbereitet. Als wir aus dem Gerichtsgebäude gingen und in den Sarg stiegen, gab eine Sirene einen schrillen Heulton des Schreckens, der Ungerechtigkeit und des vorläufigen Triumphs von sich. Eine Wagenladung bewaffneter Polizisten folgte dem Wagen mit der Sirene, ein zweiter Peugeot-Transporter mit weiteren Polizisten folgte dem Sarg, und in nur fünf Minuten befanden wir uns vor dem Tor des Gefängnisses von Port Harcourt. Wir stiegen aus dem Sarg aus, und das Tor öffnete sich, um uns einzulassen.

Am Abend des 13. Juni, als die Ergebnisse der Präsidentschaftswahlen verkündet wurden, war ich zusammen mit Alfred Ilenre in die Wohnung von Lateef Jekande gegangen, dem ehemaligen Gouverneur des Bundesstaats Lagos. Die Sicherheitsbehörden hatten mir soeben meinen Paß abgenommen. Und er hatte zu meiner damaligen Bestürzung gesagt: «So wie die Gefängnistore sich öffnen, um Sie einzulassen, so werden sie sich auch öffnen, um Sie wieder hinauszulassen.»

Als ich das Gefängnis von Port Harcourt, auch bekannt als «Alabama City», betrat, erinnerte ich mich freudig an Jekandes Worte.

ELFTES KAPITEL

Das Gefängnis von Port Harcourt liegt nur einen Steinwurf weit von meinem Büro in der Aggrey Road 24 entfernt und existierte bereits, als ich Port Harcourt 1954 kennenlernte. Es ist außerdem nur einen Steinwurf weit vom Stella Maris College entfernt, wo ich nach meinem Universitätsabschluß 1965 unterrichtet hatte. Zu meiner Schande muß ich gestehen, daß ich es nie besucht habe. Es lag da, im Rücken von Port Harcourt, dicht bei den morastigen Sümpfen, ein grauer und abschreckender Bau. Es war schon immer ein Ort gewesen, den man besser mied.

Ich wandere mit meinen Gedanken zurück in die Vergangenheit und denke daran, daß es in der Ogonigesellschaft keine Gefängnisse gegeben hat. Missetäter wurden getötet, zu einer Geldbuße verurteilt, ins Exil geschickt oder mußten einen Eid leisten. Als die Kolonialisten also die Idee eines Gefängnisses einführten, einer Besserungsanstalt, in der Missetäter eine bestimmte Zeit verbringen mußten, war dies etwas Neuartiges, das zu unserer Psyche nicht gut paßte. Ein Gefängnis war stets ein Ort, um den man besser einen großen Bogen machte. Hier waren Mörder und Diebe untergebracht. Kein Ogoni hatte einen Grund, hier eingesperrt zu sein. Wer dennoch hier drinnen war, mußte ein Ausgestoßener sein.

Da sich in all den Jahren niemand von uns gegen unsere Herabwürdigung als Volk empört hatte, war bislang auch noch nie ein Ogoni wegen seiner Gesinnung eingesperrt worden. Deshalb war es für einen Ogoni auch unvorstellbar, daß es möglich sein sollte, einen Menschen, der sich nichts hatte zuschulden kommen lassen, ins Gefängnis zu schicken.

Gewiß hatten wir davon gelesen, daß in Nigeria Menschen verhaftet wurden, doch das beschränkte sich meistens auf Lagos, wo einzelne Menschenrechtsaktivisten in Haft saßen. Das war so, bis ich den Ogoni sagte, sie würden betrogen und um ihre Rechte auf eine gesunde Umwelt und die Ressourcen ihres Landes gebracht. Darauf wurden fast alle 510000 Ogonimänner, -frauen und -kinder zu Aktivisten. Dennoch schien der Gedanke an ein Gefängnis ganz fern zu liegen. Wir konnten den Tod aus der Hand einer mörderischen Armee oder Polizei verstehen, aber ich glaube nicht, daß wir eine Gefängnishaft verstehen konnten. Und doch erinnere ich mich, daß ich die Ogoni immer wieder gewarnt habe, sich auf Schikanen, Gefängnishaft und Tod vorzubereiten.

Alles in allem paßte es gut, daß ich als einer der ersten verhaftet werden sollte. Das würde spätere Häftlinge aufrichten, weil sie sich in guter Gesellschaft wissen konnten.

Bevor man Insasse eines Gefängnisses wurde, waren erst die verschiedensten Formalitäten zu erledigen; so mußte man beispielsweise zuerst dem Gefängnispersonal alles Bargeld und andere persönliche Habseligkeiten aushändigen und sich in das Leben der Gefängnisgemeinschaft einweisen lassen.

Ich vermute, daß man mich als VIP (Very Important Prisoner) behandelte, so daß meine Geschichte nicht ganz so düster ausfällt, wie sie es eigentlich sollte. Trotzdem war für mich das Gefängnis ein sehr deprimierender Ort. Während es von außen wie gesagt wuchtig, grau und abstoßend aussieht, ist es von innen schmutzig, verkommen und baufällig.

Ich muß sagen, daß es mir sehr zuwider ist, über das Gefängnis von Port Harcourt zu schreiben. Wenn man weiß, in welchem Ausmaß öffentliche Gebäude in Nigeria vernachlässigt werden, wundert man sich vielleicht nicht mehr, wenn ich sage, daß das Gefängnis völlig heruntergekommen und für die Unterbringung von Menschen gänzlich ungeeignet war.

Man kann die Verfassung eines Landes am Zustand seiner Gefängnisse ablesen, wobei die Gefangenen in der Regel neugierigen Blicken entzogen sind. Nach diesem Kriterium mußte Nigeria sich wahrlich in einer entsetzlichen Verfassung befinden.

Das Gefängnis stammte noch aus der Kolonialzeit; es war damals die größte Strafanstalt Westafrikas und gut geplant, mit viel offenem Raum für frische Luft und verschiedenen Fortbildungsmöglichkeiten wie Werkstätten und einer Bibliothek. Außerdem hatte es eine Krankenstation. Es gab dort einen Frauentrakt, der auch jetzt noch existierte. Doch alles war vernachlässigt, alles war baufällig, alles war kaputt.

Das Verwaltungsgebäude selbst hatte seit Jahrzehnten keinen neuen Anstrich gesehen; das Zimmer, in dem die Gefängnisleitung arbeitete, war stickig und schmutzig, mit alten Stühlen und Tischen möbliert und ohne Ventilatoren oder Lüftungsschächte. Es gab kein Telefon und nur eine einzige Toilette mit Wasserspülung, die allein vom Gefängnisdirektor benutzt werden durfte, und niemand von den Bediensteten hatte einen Wagen. Ach, der erbärmliche Zustand der ganzen Einrichtung schrie zum Himmel. Und es gibt tatsächlich Nigerianer, die Innenminister waren und das alles mit eigenen Augen inspiziert und kein Wort darüber verloren haben? Schlimmer noch, es gibt prominente Nigerianer, die als Häftlinge unter diesen Bedingungen selbst zu leiden hatten und nach ihrer Entlassung nichts dagegen unternommen haben.

Ich befand mich kaum einen Tag in dieser Anstalt, da stand es für mich fest, daß zu den vielen Kampagnen, die ich bereits initiiert hatte, noch eine hinzukommen würde, in der es um die furchtbaren Bedingungen für die Gefangenen in nigerianischen Gefängnissen ging.

Nachdem wir die übliche Prozedur hinter uns gebracht hatten – die Eintragung ins Gefangenenregister, die Auflistung unserer Habseligkeiten, die Feststellung von Körpergröße und -gewicht und was sonst noch dazugehörte –, wurden wir nach oben gebeten, um dem Leiter der Institution, einem Mr. Ikpatti, vorgestellt zu werden. Das war eine besondere Formalität, da ich wie gesagt ein besonderer Häftling war. Mr. Ikpatti, ein kleiner Mann mit einem Schmerbauch, von höflichem Wesen und ziemlich freundlichem Aussehen, machte mich mit dem Alltag von «Alabama City» vertraut. Woher das Gefängnis diesen Spitznamen hat, weiß ich nicht. Doch nach dem, was ich darüber gehört hatte, mußte es wahrhaftig eine eigene Welt sein.

Theoretisch wurde alles getan, um sicherzustellen, daß die Gefangenen und die Untersuchungshäftlinge ein so anständiges Leben führen konnten, wie es die Beschränkungen ihrer Bewegungsfreiheit zuließen. Aus Platzgründen kann ich hier auf diesen Punkt nicht näher eingehen. In der Praxis waren jedoch die Verhältnisse, die wir im Gefängnis von Port Harcourt vorfanden, ein Hohn auf die Theorie. Und das lag vermutlich noch nicht einmal daran, daß die Regierung kein Geld dafür ausgab. Die Gleichgültigkeit, Gefühllosigkeit und Inkompetenz einiger diebischer Beamter, die im Lauf der Jahre hier tätig gewesen waren, spielten dabei eine wesentliche Rolle. Kurzum, Mr. Ikpatti hieß mich in «Alabama City» willkommen und gab seiner Hoffnung Ausdruck, daß ich hier eine angenehme Zeit verbringen möge.

Ich dankte ihm und bat ihn aufgrund seiner Ausführungen um die Erlaubnis, mich um meine Ernährung selbst zu kümmern, und erhielt sie auch. Ich wußte, daß das Essen in nigerianischen Gefängnissen ungenießbar war; jedenfalls brauchte ich wegen meines angegriffenen Gesundheitszustands eine Spezialdiät, und die konnten mir in Nigeria nur meine Angehörigen besorgen. Und ich erhielt die Sondererlaubnis, mich in der Krankenstation aufzuhalten, da ich ärztliche Betreuung benötigte.

Ich wurde erst am Spätnachmittag zur Krankenstation gebracht, da die Formalitäten vier bis fünf Stunden in Anspruch genommen hatten. Ein Blick auf das Krankenzimmer, und mir sank der Mut. Überall regnete es herein, das Zimmer hatte keine Decke, der ganze Raum war feucht, es gab nur einen Eimer anstelle einer Toilette, die schmalen Betten hatten verrottete Matratzen – man könnte die Aufzählung endlos lange fortsetzen.

Überraschend war das alles sowieso nicht. Ich bat die Mitarbeiter meines Büros, uns drei Matratzen zu bringen, außerdem Bettwäsche und die verschiedensten Reinigungsmittel – Putzmittel Desinfektionsmittel, Insektizide, alles, was sich dafür eignete, dieses jämmerliche Zimmer sauberzukriegen.

Ich hatte den ganzen Tag noch nichts gegessen, und als dann schließlich gegen halb sieben das Abendessen aus der Küche meiner Angehörigen gebracht wurde, hatte ich keinen Appetit mehr darauf. Es mußte zunächst von der Person vorgekostet werden, die es hergebracht hatte, in diesem Fall mein Butler, und ich mußte es in Gegenwart der Wärter essen, in einer schäbigen Kabine, die zur Straßenseite lag. Nein, ich mußte mich erst noch an den Rhythmus des Gefängnislebens gewöhnen. In Gedanken konnte ich für die Sache, an die ich glaubte, alles ertragen, aber ich mußte mich jedesmal erst in die neue Situation einleben.

Vor den Gefängnistoren hatte sich bereits eine Menge von Ogoni angesammelt. Eine der ersten Besucherinnen war Mrs. Z., eine Anwältin und erste Tochter von Mr. Nunieh, dem ersten Ogoni-Anwalt, der, wie ich später erfuhr, nach Owerri gefahren war, um mich gemeinsam mit Olu Onagoruwa, Ledum Mitee und Samuel Igbara (ein Freund seit Kindertagen und der jüngere Sohn eines der Großgrundbesitzer von Bori) zu verteidigen. Tatsächlich waren rund 800 Ogoni nach Owerri gekommen, nur um zu erfahren, daß man mich inzwischen nach Port Harcourt gebracht hatte. Einige von ihnen versuchten jetzt, mich hier zu besuchen. Schließlich sah ich mich gegen meinen Willen gezwungen, die Zahl der Personen, die ich als Besucher empfangen wollte, zu begrenzen. Ich wollte mir damit die Besucher keineswegs vom Leibe halten. Doch immer, wenn jemand kam, mußte ich aus meiner abgelegenen Zelle geholt werden. Und bei dem ständigen Kommen und Gehen wurde mir das einfach zuviel.

Schließlich bekam ich gegen neun Uhr abends meine Matratze sowie die anderen Sachen, die meine Mitarbeiter mir bringen sollten, und ging danach zu Bett. Neben mir im Krankenzimmer lag ein junger Ogoni, der über drei Jahre im Gefängnis verbracht hatte und darauf wartete, daß jemand für ihn 5000 Naira Kaution hinterlegte.

Außer Dube und Nwiee, die natürlich bei mir blieben, gab es noch drei oder vier junge Männer auf der Station, die sich mit uns bekannt machten. Sie vermittelten uns eine Vorstellung, wie die Station geführt wurde. Wir mußten eine Umlage von 100 Naira pro Person bezahlen, um den laufenden Unterhalt der Station zu finanzieren – etwa wenn eine Glühbirne ersetzt werden mußte und dergleichen. Ich wußte, daß dies ungesetzlich war, doch damit wollte ich mich jetzt nicht abgeben.

In dieser Nacht schlief ich gut. Das einzige Problem hatte ich, als der Aufsichtsbeamte uns für die Nacht einschloß. Das war eine neuartige Erfahrung für mich, und sie war alles andere als angenehm. Was war, wenn ich in der Nacht einen Arzt brauchte? Es gab kein Telefon und auch keinen Arzt. Zum Glück lag das Lehrkrankenhaus der Universität Port Harcourt buchstäblich um die Ecke. Aber wie sollte ich dorthin kommen? Ich mußte meinen ganzen Humor aufbieten, um die Erfahrung schnell zu verarbeiten und sie als «eines dieser Dinge, die einem so passieren» zu akzeptieren.

Nach meinen gewohnten vier Stunden Schlaf erwachte ich und ging in Gedanken meine neue Lage durch. Mir kam in den Sinn, wie oft ein Gefängnis in meinen Romanen eine Rolle gespielt hatte. Da war *Prisoners of Jebs* und seine Fortsetzung *Pita Dumbrok's Prison*. Und 1992 hatte ich *Lemona* beendet, meinen fünften Roman, dessen handgeschriebenes Manuskript mir sogleich zusammen mit meiner Aktentasche auf dem Flughafen von Lagos gestohlen wurde. Ich kam gerade aus Genf zurück, wo ich vor dem UN-Ausschuß für Indigene Völker den Fall der Ogoni geschildert hatte. Ich dachte daran, daß die Romane wesentlich besser gewesen wären, wenn ich sie nach meiner augenblicklichen Erfahrung geschrieben hätte. Der Verlust meines letzten Romans, dessen Protagonistin 25 Jahre im Gefängnis verbracht hatte, war mir sehr zu Herzen gegangen und hatte mein Bedürfnis abgetötet, Romane zu schreiben. Ich hoffte, ich würde den Willen wiederfinden, den Roman noch einmal zu schreiben und ihn um die Erfahrung meines eigenen Gefängnisaufenthalts zu bereichern.

Ich mußte auch an die peinigende Entdeckung denken, daß ein Drittel der 1200 Insassen dieses Gefängnisses Ogoni waren. Die meisten saßen dort wegen geringfügiger Vergehen ein, vergessen von der Polizei und dem Rechtssystem, das sie dorthin geschickt hatte, ohne daß jemand ein Verfahren gegen sie eröffnete, in dem sie ihr Recht bekommen hätten. Meine Aufmerksamkeit wurde auch auf die Tatsache gelenkt, daß ein relativ hoher Anteil des Gefängnispersonals aus Ogoni bestand. Die Arbeitsbedingungen der Gefängnisbediensteten waren miserabel und das Gehalt ein Hungerlohn. Wer wollte im Gefängnis arbeiten außer den Verdammten dieser Erde?

Meine Feinde sollten sich den Umstand der zahlreichen Ogoni unter dem Gefängnispersonal bald zunutze machen. Als der Tag anbrach und die Bediensteten die üblichen Instruktionen erhielten, sagte man den Ogoni, sie dürften mir nicht zu nahe kommen, da die Behörden von einem Plan erfahren hätten, das Gefängnis zu stürmen und mich zu befreien. Ich mußte schnell handeln, um diese Desinformation wieder zurechtzurücken. Ich hatte eine Presseerklärung abgegeben, es sei nicht nötig, für meine Freilassung aus dem Gefängnis zu kämpfen, da jeder Tag, den ich dort verbrachte, dazu beitrage, meine Sache voranzubringen.

Während des ganzen Tages kam ein ständiger Strom von Besuchern, die ich nicht alle abweisen konnte, da einige von ihnen einen weiten Weg von Ogoni hierher gemacht hatten, um mich zu sprechen.

Auch meine alten Eltern kamen, und es machte mich glücklich, den Mut in ihren Gesichtern zu sehen. Früher hatte ich meinen Bruder Owens gebeten, ihnen nicht zu erlauben, daß sie nach Owerri führen. Ich hatte meinen Vater schon vor zwei Jahren gewarnt, daß ich wegen meiner Aktivitäten eines Tages im Gefängnis oder am Galgen enden könnte, und er nahm es äußerlich mit Fassung auf. Doch Owens hatte mich informiert, wie betrübt mein Vater in Wirklichkeit war, und ich hatte damals gedacht, ich wollte ihn nicht noch mehr leiden lassen. Mit seinen 89 Jahren sollte er nicht die Mühen einer so weiten Fahrt nach Owerri auf sich nehmen. Doch als ich ein mutiges Interview las, das meine Mutter einer nigerianischen Zeitung gegeben hatte, und hörte, daß sie darauf bestand, ich müsse den Kampf weiterführen, machte ich mir keine Gedanken mehr über ihren Besuch.

Und so waren sie nach Owerri gekommen. Mein Vater schien ganz ruhig, doch meine Mutter wirkte erschüttert. Ich mußte ihr versichern, daß mit mir alles in Ordnung war und sie sich keine Sorgen zu machen brauchte. Wie alle Mütter war sie um mein Wohlergehen besorgt und hatte mir eine Delikatesse mitgebracht, die ich in meiner Jugend genossen hatte: kernlose Palmfrüchte. Ich hatte seit fast 40 Jahren keine mehr gegessen und wußte gar nicht mehr, wie sie schmeckten. Und nachdem sie gegangen waren, setzte ich mich hin und schrieb dieses Lied:

Mama kam zu Besuch

Heute kam sie zu Besuch
Die liebenswürdige kleine Dame
In der Hand eine Leckerei
Aus kernlosen Palmfrüchten
Eine lange vergessene Köstlichkeit
Aus meinen Kindertagen
Die ich zwischen die Zähne nahm
Wie damals ihre Brust mit meinem Gaumen
Und ich schmeckte darin noch einmal
Die wohlige Süße der Gaben einer Mutter.

Bei ihrem Besuch im Gefängnis von Port Harcourt gab es großes Gelächter auf Kosten meines Vaters. Als er nach Owerri gekommen war, hatte er mir nichts davon gesagt, daß genau am Tag meiner Verhaftung, am 21. Juni, mein jüngster Halbbruder zur Welt gekommen war. Auch alle anderen hatten nicht daran gedacht, mir davon zu erzählen; ich erfuhr es erst aus einer Zeitung. Als mein Vater mich jetzt erneut besuchte, zog ich ihn ständig damit auf. Der große alte Mann lächelte nur.

Während der beiden ersten Tage im Gefängnis hatte ich große Mühe, mich an die dort herrschende Routine zu gewöhnen. Da wir den Status von Untersuchungshäftlingen hatten und außerdem in der Klinik untergebracht waren, waren wir nicht völlig in die Routine eines Gefängnisses eingebunden, hatten jedoch dieselben Rechte wie die übrigen Häftlinge. Ein Hauptproblem waren wieder einmal die Toiletten. Mein Freund Mina, der während eines Großteils der Zeit in meiner Nähe war und meine Zwangslage mitbekam, ermutigte mich, alles zu nutzen, was in dieser Hinsicht verfügbar war. Der bloße Gedanke daran brachte mein Bedürfnis wieder zum Verschwinden. Schließlich, am Morgen des dritten Tages, konnte ich nicht mehr anders, als den Eimer zu benutzen, nachdem ich mich vergewissert hatte, daß er sorgfältig desinfiziert und gereinigt worden war. Den Harn mußte ich in einen schmutzigen kleinen Behälter lassen, dessen Inhalt anschließend durch ein Loch in der Wand an der Rückseite des Gebäudes ins Freie geschüttet wurde. Brrrr! Doch nachdem ich ihn einmal benutzt hatte, gewöhnte ich mich daran.

An Gesellschaft litt ich im Gefängnis keinen Mangel. Der vielleicht berühmteste Mann dort war Generalmajor Lekwot, der von 1975 bis 1979 in Rivers State den Gouverneursposten bekleidet hatte. Er war das Opfer eines der schlimmsten Fälle politischen Unrechts – der bekannten Zangon-Kataf-Affäre, bei der eine ethnische Minderheit, die Kataf, sich gegen die Haussa-Fulani, ihre Unterdrücker, zur Wehr gesetzt hatten. Die letzteren hatten hart zurückgeschlagen: Es wurde ein Pseudogericht eingesetzt, vor dem eine Gruppe unglücklicher Kataf, von denen die meisten mit dem eigentlichen Aufstand gar nichts zu tun hatten, angeklagt und zum Tod verurteilt wurde. Babangida hatte sie begnadigt und die Todesstrafen in Haftstrafen unterschiedlicher Dauer umgewandelt. Die Affäre hatte nationale und internationales Aufsehen erregt, doch die Ungerechtigkeit siegte, und Lekwot und seine Leute blieben weiter in Haft.

Ich traf sie alle und insbesondere Lekwot in einer ruhigen Gemütsverfassung an. Er trieb regelmäßig Gymnastik, und ich mußte jeden Morgen an seiner Zelle vorbeigehen, eine Art VIP-Unterkunft, wenn ich ins Freie ging, um dort unter einem nur von einer Mauer umgebenen Waschplatz meine Morgentoilette zu verrichten. Wir kamen miteinander ins Gespräch und diskutierten über die politische Lage Nigerias und insbesondere die der Kataf und der Ogoni.

Der Tag im Gefängnis war sehr lang und begann gegen sechs Uhr morgens, wenn der Mann kam, der die Eimer mit den Fäkalien leerte. Einige der schon länger inhaftierten Gefängnisinsassen verwickelten ihn in eine humorvolle Frotzelei in der Igbosprache. Dann folgte die allgemeine Morgentoilette und danach das Frühstück. Als es für mich zum erstenmal aufgetischt wurde, warf ich einen Blick darauf, und mir wurde übel. Selbst ein Tier hätte diesen Fraß verschmäht. Danach las ich die Zeitungen, die zusammen mit meinem Frühstück kamen, und empfing die ersten Besucher. Ich fand viel Zeit zum Lesen und verfolgte aufmerksam die Nachrichten im Radio. Der Tag endete gegen sieben Uhr abends, wenn die Wärter uns einschlossen. Es kam mir ziemlich trübselig vor. Und es war nicht dazu angetan, mich körperlich wieder auf die Beine zu bringen.

Am Freitag hatte sich mein Gesundheitszustand verschlechtert. Ich hatte noch immer keine Gelegenheit gehabt, mich von einem Arzt untersuchen zu lassen, obwohl ich dies gleich am Tag meiner Einlieferung verlangt hatte. Statt des Doktors erschien der Sarg, dem Mr. Ogbeifun und sein Faktotum entstiegen. Noch einmal mußte ich die Prozedur über mich ergehen lassen, eine schriftliche Aussage zu machen und eine Reihe noch dümmerer Fragen von Mr. Inah zu beantworten. Ich fragte Mr. Ogbeifun ausdrücklich, ob er vorhabe, mich abermals in ein anderes Gefängnis zu bringen. Er log mich an und schwor Stein und Bein, dies sei nicht der Fall.

An diesem Abend war es unumgänglich, daß ich einen Arzt konsultierte. Ich schickte nach meinem Bruder Owens, der sich zufällig in der Nähe befand, und bat ihn, unbedingt mit Dr. Ibiama zu sprechen, der mich bislang betreut hatte. Bobo Ibiama, ein Krankenhausfacharzt, war einer meiner Kommilitonen an der Universität Ibadan und hatte sein ganzes Berufsleben in Rivers verbracht, wo er zum Leiter des medizinischen Dienstes aufstieg, bevor er eine Privatpraxis eröffnete und als Facharzt am Lehrkrankenhaus der Universität Port Harcourt tätig war. Er hatte vor kurzem einen unerwarteten Ausflug in die Parteipolitik gemacht und für den Posten des Gouverneurs von Rivers State kandidiert. Er war jedoch ein zu anständiger Mensch, um eine Wahl in Nigeria zu gewinnen, und schied entsprechend aus der Konkurrenz aus. In eine gutsituierte Familie aus Bonny geboren, war er das Musterbild eines Gentlemans und suchte mich im Gefängnis auf, sobald er von meinem Zustand erfahren hatte.

Mit ihm zusammen erschien Professor Claude Ake in großer Sorge um mich. Bobo sah mich prüfend an, setzte sein Stethoskop an, machte eine Blutdruckmessung, entschied, ich müsse in die Uniklinik überwiesen werden, und erteilte entsprechende Anweisungen.

Die praktische Umsetzung dieser Anweisungen erforderte die ganze Zeit und Geduld von Professor Ake, meinem Bruder Owens, meinem Freund Alfred Ilenre, der von Lagos hierhergekommen war, um mich zu besuchen, und von einem der Gefängnisbeamten, Mr. Okpoko, der große Mühen auf sich nahm, um sicherzugehen, daß mir die nötige ärztliche Hilfe zuteil wurde.

Es stellte sich heraus, daß für mich als Untersuchungshäftling nach wie vor die nigerianische Polizei und nicht die nigerianische Gefängnisverwaltung zuständig war und daß erst die Genehmigung des Polizeichefs von Rivers State eingeholt werden mußte, bevor ich ins Krankenhaus überwiesen werden konnte. Als der Polizeichef sehr spät an diesem Abend angerufen wurde, sagte er, wir benötigten einen Gerichtsbeschluß von einem höheren Richter. An diesem Abend war kein Richter mehr zu sprechen.

Am nächsten Morgen, einem Samstag, gelang es meinem Bruder, den erforderlichen Gerichtsbeschluß zu erwirken, doch als er ihn dem Polizeichef vorlegte, einem träge dreinschauenden Mann namens Bayo Balogun, ließ dieser ihn einfach auf den Boden fallen. Und das in Gegenwart eines Journalisten der angesehenen Londoner *Times*.

Den ganzen Samstag über fühlte ich mich sterbenselend. Dann kam der Sonntag. Ich erhielt Besuch von dem Journalisten der *Times*, einem Mr. Kyle, und hörte von ihm, daß es in England große Besorgnis wegen meiner Sicherheit gegeben hatte. Claude Ake hatte mir an diesem Morgen sogar ein Exemplar von *The Times Literary Supplement* mitgebracht, das einen Artikel von Tony Daniels über meine Verhaftung enthielt.

Ich hatte Tony, einen Arzt, dessen Wanderlust ihn quer durch Afrika getrieben hatte, im März in meinem Büro in Port Harcourt als einen anregenden Menschen kennengelernt und mit ihm Geschichten ausgetauscht. Er besaß einen solchen Schatz an witzigen Anekdoten über Afrika, daß man nur noch ungläubig staunen konnte. Außerdem hatte er mehrere Reisebücher über Afrika geschrieben, und ich freute mich außerordentlich darüber, daß er in der britischen Öffentlichkeit über meine schwierige Lage berichtete.

An diesem Samstagabend verschlechterte sich mein Zustand noch weiter, und ich mußte durch das Fenster unserer Station um Hilfe rufen. Ein ratloser Wärter kam und ließ den Gefängnisaufseher holen; dieser erschien, nicht weniger ratlos, sah aus meinem Fenster und murmelte etwas völlig Belangloses vor sich hin. Ich hätte ebensogut sterben können. Ich war jedoch entschlossen, es meinen Peinigern so schwer wie möglich zu machen. Dank meines Überlebenswillens gelang es mir, die Krise zu überstehen.

Als der Morgen kam, schickte ich dringend nach dem Gefängnisdirektor und stellte ihn zur Rede. In Gegenwart seiner nächsten Untergebenen, die er mitgebracht hatte, nannte ich ihn praktisch einen Mörder. Ich könne nicht verstehen, sagte ich, warum er sich geweigert hatte, mich trotz der Anweisung eines Arztes in eine Klinik zu verlegen. Ich würde es nicht hinnehmen, daß die Polizei darüber befinde, was mit meinem Leben geschah. Die Gefängnisbehörden und Mr. Ikpatti persönlich würden sich gegenüber den Ogoni und meinen Angehörigen verantworten müssen, falls mir etwas zustieß, nur weil sie sich nicht darüber einigen konnten, wer welches Formular unterzeichnen solle, oder weil sie nicht wußten, was sie in einer einfachen Angelegenheit auf Leben und Tod unternehmen sollten. Das wirkte. Nach einer weiteren Wartezeit von sechs Stunden, während der Mr. Ikpatti die Götter und Orakel seiner Heimat, des Ibibiolandes, befragt haben mußte, teilte er mir schließlich mit, daß er einen Weg zur Umgehung der Vorschriften gefunden habe. Er würde mich ins Krankenhaus verlegen lassen und den Bezirkspolizeibeamten, der in der Hackordnung weiter unten saß, von der getroffenen Maßnahme unterrichten. Dieser sogenannte DPO sollte anschließend seine Vorgesetzten informieren.

Jetzt trat ein weiteres Problem auf. Das Gefängnis hatte kein Schreibpapier, und alle Geschäfte waren geschlossen. Mr. James Nwibana, ein Drucker aus Ogoni, hatte mich am Tag zuvor besucht und mir einen Stapel Papier dagelassen, falls ich etwas zum Schreiben brauchte. Ich ließ das Papier holen und bot an, den Brief auf der Maschine selbst zu schreiben, falls die Schreibkraft des Gefängnisses nicht verfügbar sein sollte.

Glücklicherweise war der Gefängnisschreiber ein Ogoni, der noch nicht Feierabend gemacht hatte. Er schrieb den Brief fehlerfei, und ich war schließlich unterwegs zum Lehrkrankenhaus der Universität Port Harcourt. Das Gefängnis hatte natürlich weder eine Ambulanz noch einen Wagen. So mußte ich – eingekeilt zwischen zwei Gefängnisbeamten – in einem Wagen fahren, den mein Büro zur Verfügung gestellt hatte.

Wir fuhren an meinem Büro in der Aggrey Road vorbei und standen innerhalb weniger Minuten vor dem gelobten Krankenhaus. Mrs. Beredugo, eine erfahrene Oberschwester und die Frau eines alten Freundes, hatte gerade Dienst und unternahm die nötigen Schritte, um mich innerhalb kürzester Zeit in einem Einzelzimmer wohlbehalten unterzubringen. Dr. Ibiama hatte entsprechende Anweisungen hinterlassen, und bald darauf stand ich unter dem Einfluß von Beruhigungsmitteln.

Ob man es glaubt oder nicht, 15 Minuten, nachdem ich «Alabama City» verlassen hatte, traf eine Anordnung des Obersten Richters von Rivers State ein, in der bestimmt wurde, die drei von der MOSOP müßten in verschiedene Gefängnisse verlegt werden. Ich sollte in das Gefängnis von Enugu kommen, Dube und Nwiee nach Owerri. Mr. Inah stand bereit, die Anordnung auszuführen, und wartete nur noch bis Mitternacht, um dann zur Tat zu schreiten.

Er kam mit bewaffneten Wachen zum Gefängnis, wies die beiden Unglücklichen an, sich fertigzumachen, kommandierte sie barsch in den Sarg und fuhr dann zum Lehrkrankenhaus, um auch mich abzuholen. Ich wurde unsanft aus tiefem Schlaf geweckt und sah das unwillkommene Gesicht Mr. Inahs in der Tür.

«Ich habe Anweisung, Sie mitzunehmen», sagte er kühl.

«Wohin?»

«Nach Enugu.»

Ich schaute auf die Uhr. Es war halb eins in der Frühe.

«Tut mir leid, aber mir geht es nicht gut», sagte ich schwach.

«Ich habe meine Anweisungen.»

Die diensthabende Oberschwester kam dazu und wollte wissen, was los sei. Mr. Inah informierte sie über seinen Auftrag.

«Tut mir leid, aber Sie können den Patienten nicht ohne die ausdrückliche Genehmigung des Leitenden Oberarztes mitnehmen.»

«Ich habe meine Anweisungen, Madam», wiederholte Mr. Inah mit Nachdruck.

«Ich habe ebenfalls meine Anweisungen!» Die Schwester blieb unnachgiebig.

Mr. Inah zog ab. Ich konnte hören, wie draußen der Regen rauschte.

«Keine Sorge» beruhigte mich die Schwester, während sie mich wieder ordentlich zudeckte. «Niemand wird Sie von hier mitnehmen.»

Später in der Nacht zeigte sich Dr. Longjohn, mein Studienkollege von der Universität Ibadan und ein Freund aus jenen alten Tagen. Er weckte mich, um sich zu vergewissern, daß man mich gut versorgt habe. Ich hatte keinen Grund zur Beschwerde.

«Na prima. Dann schlafen Sie ruhig weiter.»

Ich rollte mich zur Seite. Dr. Longjohn hatte mich gerade vor jener Verschwörung gerettet, an der Gouverneur Ada George, Polizeichef Bayo Balogun und andere hochgestellte Persönlichkeiten des mörderischen Babangida-Regimes beteiligt waren.

Ach das Schicksal hatte eine Rolle gespielt. In dieser Nacht hatten Mr. Ogbeifun und Bayo Balogun alles darangesetzt, um den Verantwortlichen für das mobile Einsatzkommando der Polizei aufzutreiben, da sie mit Hilfe seiner Leute das Krankenhaus stürmen und mich mitnehmen wollten. Der Gesuchte war in dieser Nacht jedoch unauffindbar. Und so mußten sie widerstrebend ihr Vorhaben aufgeben.

Nach einem Bericht Dubes, der sich in dem Sarg befand, während Mr. Inah durch die Gegend fuhr und nach dem Leitenden Oberarzt des Lehrkrankenhauses, dem Leiter des Mobilen Einsatzkommandos, dem Polizeichef und Mr. Ogbeifun fahndete, fuhren sie schließlich gegen zwei Uhr morgens unverrichteter Dinge in Richtung Owerri. Als sie auf der Höhe des internationalen Flughafens von Port Harcourt waren, beschloß Mr. Inah, sie bräuchten etwas Schlaf, und der Sarg fuhr zum Flughafen, um dort zu parken. Um neun Uhr morgens am nächsten Tag kamen sie vor dem Gefängnis von Owerri an. Die Gefängnisleitung weigerte sich zunächst, sie aufzunehmen, da die Bestimmungen nicht eingehalten worden waren. Schließlich wurden sie doch noch eingelassen.

An diesem Morgen kam Dr. Longjohn in mein Zimmer, um mich mit verschmitztem Lächeln zu informieren, die «Ogonikrieger» seien unterwegs, um das Krankenhaus zu stürmen. Konnte ich dafür garantieren, daß es dazu nicht kommen würde? Nachdem ich ihm dies zugesichert hatte, lachte er und ging wieder hinaus.

Ohne daß ich davon wußte, hatten zahlreiche Einzelpersonen und Organisationen in Nigeria und im Ausland Schritte unternommen, um mich aus den Fängen Babangidas, des Ungeheuers von Minna, zu retten. Amnesty international, das uns zu Gewissensgefangenen erklärt hatte, *The Times* in London, der *Observer*, das Writers in Prison Committee des internationalen PEN, die BBC, Ken jr., mein erster Sohn, William Boyd, der unvergleichliche britische Romanautor, der UN-Ausschuß für Indigene Vöker, die UNPO, Greenpeace, der nigerianische Schriftstellerverband, sie alle hatten an meiner Freilassung mitgewirkt. Ebenfalls erwähnt werden müssen die Mitarbeiter meines Büros in Port Harcourt und Lagos, Apollos Onwuasoaku, Innocent Iheme, Deebii Nwiado, Emeka Nwachukwu, Kweku Arthur, Sunday Dugbor und andere. Und natürlich muß hier das ganze Volk der Ogoni genannt werden, Olu Onagoruwa, Ledum Mitee und Barry Kumbe, Senator Cyrus Nunieh, Samuel Igbara und Mr. Briggs, die Anwälte, die sich meiner Sache vor Gericht annahmen, ohne etwas dafür zu berechnen. Außerdem muß ich mich bei den höheren Polizeibeamten in Owerri bedanken, darunter Mr. Ilozuoke und Mr. Ukah, den Gefängnisbeamten in Port Harcourt, Dr. I. I. Ibiama und den Ärzten und Schwestern im Lehrkrankenhaus der Universität Port Harcourt.

Die Freilassung erfolgte schließlich am 22. Juli, als einer der Polizeibeamten in Zivil, die mich im Juni auf der Schnellstraße entführt hatten, zu mir kam und mir mitteilte, er habe die Anweisung, mich gegen Kaution auf freien Fuß zu setzen. Diese Anweisung stammte anscheinend von einem Mann, der sich Aikhomu nannte, dem Vernehmen nach Vizepräsident eines Landes namens Nigeria. Und was war mit den Gerichten, wird man sich jetzt fragen? Was war mit Mrs. D., der Richterin, die andauernd in ihr Buch geschrieben und uns in Untersuchungshaft geschickt hatte? Das Gericht spielte keine Rolle mehr. Ein Mann namens Aikhomu hatte entschieden. Schande über diese Männer, die jedes Recht und jede Moral untergraben! Wie man mir sagte, konnte die schriftliche Bürgschaftserklärung nur von meinem 89jährigen Vater unterschrieben werden. Ich fragte mich ratlos, ob diese Kerle eigentlich alle verrückt geworden waren. Trotzdem dankte ich dem Überbringer der Botschaft für seine Mühe.

Inzwischen war nach der verrückten Dramaturgie des nigerianischen Verwirrspiels in Owerri der gute Richter, der über meine noch immer aufrechterhaltene Beschwerde zu entscheiden hatte, zu dem Entschluß gelangt, meine Untersuchungshaft sei unrechtmäßig, und hatte verfügt, ich müsse auf freien Fuß gesetzt werden und eine Haftentschädigung erhalten. Dieses Urteil war für die Regierung Babangidas ohne Belang: Sie hatte bereits ein eigenes Urteil gefällt, ohne sich nach dem Gesetz zu richten, dem sie eigentlich unterworfen war.

Man hatte mich einen Monat und einen Tag lang in Haft gehalten, eine Zeit, in der ich beobachten konnte, wie effizient das Böse war. In einem Land, in dem so gut wie nichts funktionierte, waren die Sicherheitsdienste dank all dem Klimbim der modernen Kommunikationstechnik in der Lage, dafür zu sorgen, daß alle Anweisungen und Befehle mit militärischer Präzision ausgeführt wurden. Und die Männer befolgten ihre Befehle mit einer Sorgfalt, die ans Wunderbare grenzte.

Als Mr. Ogbeifun und Mr. Inah an meinem Krankenbett erschienen und etwas von Kaution und sonst was erzählten, konnte ich ihnen nur die Verachtung eines eisernen Schweigens entgegenbringen, während ich meine Augen geschlossen hielt, um ihre ach so hübschen Gesicher nicht sehen zu müssen.

Hätte ich allerdings gewußt, was die Verschwörung gegen das Volk der Ogoni im Schilde führte, wäre ich vielleicht weniger dankbar dafür gewesen, daß ich so leicht davongekommen war. Einer Nachrichtenmeldung zufolge fielen am 15. Juli 132 Männer, Frauen und Kinder der Ogoni, die von ihrem bisherigen Wohnsitz in Kamerun zurückkehrten, einer bewaffneten Bande in die Hände, die ihnen am Andoni-Fluß aufgelauert hatte, und wurden bis auf zwei Frauen, die das Gemetzel bei der Polizei anzeigten, grausam ermordet.

Der Völkermord an den Ogoni hatte eine neue Dimension angenommen. Mit welchen Mitteln dies geschah, werde ich in meinem nächsten Buch berichten, wenn ich dann noch lebe, um die Geschichte zu erzählen.

Port Harcourt
17. Mai 1994

Paul Adams, Bartholomäus Grill, Dirk Kurbjuweit

«SHELL & CO. BRINGEN UNS UM»

Ken Saro-Wiwa und die ökologische Zerstörung
des Nigerdeltas

> Der Geist kann nicht mit Gewehren
> zum Schweigen gebracht werden.
>
> *Ken Saro-Wiwa*

Die neun Todeskandidaten schritten aufrecht zum Galgen. Sie riefen: «Unser Kampf geht weiter!», und sie sangen die Hymne ihres Ogoni-Volkes. Die nigerianische Nachrichtenagentur *AM News* schrieb: «Die Männer waren fröhlich bis zum Ende.» Das Ende kam am Freitag, dem 10. November, um halb zwölf vormittags. Um 3.15 Uhr nachmittags wurden die Leichen des nigerianischen Schriftstellers Ken Saro-Wiwa und acht seiner Mitstreiter auf dem Friedhof von Port Harcourt verscharrt. Verurteilt hatte sie ein Sondertribunal, das jedem rechtsstaatlichen Prinzip spottet. Exekutiert wurden sie von einer Diktatur, die zu den unberechenbarsten und gnadenlosesten der Welt gehört. Das Verbrechen Ken Saro-Wiwas: Er kämpfte mit gewaltlosen Mitteln für das Überleben seines Volkes, der Ogoni. Gegen die nigerianische Militärjunta. Und gegen multinationale Ölkonzerne.

Für die unterdrückte Minderheit der Ogoni, die im Mündungsdelta des Niger lebt, war Ken Saro-Wiwa die Symbolgestalt des Widerstands. Das Militärregime haßte ihn mit Leidenschaft. Saro-Wiwas Proteste, früher nur von Menschenrechtsgruppen in Umlauf gebracht, wurden inzwischen international zur Kenntnis genommen. Als Literat hatte er sich durch den Roman *Sozaboy* («Soldatenjunge») einen Namen gemacht. Auch im eigenen Land war er bekannt und beliebt. *Basi & Co.*, eine Serie aus der Feder Saro-Wiwas, lief im nigerianischen Fernsehen und fegte die Straßen leer. Der Kampf des 54jährigen Schriftstellers galt einer Machtclique, die alle Profite aus dem Ölgeschäft im Nigerdelta einstreicht und der dort lebenden Bevölkerung keinen Penny übrigläßt. Und er galt den Ölkonzernen, die die Lebensgrundlage der Menschen zerstören und sich um das Unheil, das sie anrichten, nicht scheren. Saro-Wiwas Vorwürfe gegen Elf und Agip, vor allem aber gegen Shell, wurden immer härter: «Shell & Co. bringen uns um», klagte er an. Und: «Shell führt einen ökologischen Krieg gegen die Ogoni.» In den Beschwerden und Bittbriefen aus dem Nigerdelta stand immer wieder ein Akronym zu lesen: SPDC. Shell Petroleum Development Company of Nigeria Ltd., eine Tochter des britisch-holländischen Mineralölkonzerns Royal Dutch/Shell. Die Eingaben der Ogoni stapelten sich bei den Bundesbehörden in Lagos und Abuja. Sie blieben unbeantwortet. Das Öl floß. Die Petrodollar rollten. Die Ogoni litten.

Infanteriegeneral Sani Abacha, Nigerias Diktator, hatte Saro-Wiwa schon vor seinem Putsch einen Ministerposten im künftigen Kabinett angeboten. So läuft es oft im afrikanischen Machtroulette: Kann man den Gegner nicht kleinkriegen, lädt man ihn an die Fleischtöpfe. Doch der unbeugsame Ogoni lehnte die Offerte dankend ab. Er wollte mit dieser Marionettenregierung nichts zu tun haben. Im Roman *Prisoners of Jebs*, der ein Sittenbild Nigerias entwirft, kann man nachlesen, was Saro-Wiwa von der einheimischen Elite hält: Auf einer Gefängnisinsel vor Lagos sitzen ruchlose Politiker, Generale im Dauerrausch und Halunken aller Couleur. Sie spielen den «Jo-Jo-Tanz», einen Poker mit Wechselkursen. Ziel ist die Plünderung öffentlicher Kassen und die private Fettlebe. «Es ist die schlimmste Sünde auf Erden, seinen Kopf nicht zu gebrauchen», schreibt Saro-Wiwa am Ende dieser Realsatire. «Die Gedankenlosigkeit hat Afrika zurückgeworfen auf Bettlertum, Hunger, Armut und Krankheit.»

Opfer dieses Systems sind die Ogoni. Ein bettelarmes, darbendes und krankes Volk, dessen Unglück die Schätze des Bodens sind, auf dem es lebt. Es zählt etwa eine halbe Million Menschen und besiedelt den Nordosten des Nigerdeltas, so weit die menschliche Erinnerung zurückreicht. Die Ogoni ernährten sich vom Feldbau und Fischfang. Ihr fruchtbarer Landstrich wurde einst als «Brotkorb» der Region gerühmt.

Im Jahre 1958 entdeckten Bohrtrupps ausgedehnte Ölfelder unweit der Siedlung Bomu. Seither wurde im Territorium der Ogoni schwarzes Gold im Wert von schätzungsweise hundert Milliarden

Dollar gefördert. Der Stamm könnte so reich sein wie das Scheichtum von Kuwait. Doch ihm wurde der Ölsegen zum Fluch: Nach dreieinhalb Jahrzehnten ist die Umwelt der Ogoni vernichtet und die Zukunft der Menschen schon vergangen. «Männer, Frauen und Kinder sterben langsam, die Luft und die Flüsse sind vergiftet, und am Ende wird das Land sterben», sagte Ken Saro-Wiwa. Er sagte das schon seit vielen Jahren, aber niemand wollte es hören: der Staat Nigeria nicht, die Ölkonzerne nicht und die Weltöffentlichkeit auch nicht.

Dreieinhalb Jahrzehnte dauerte es, ehe sich die Ogoni organisierten, genauer gesagt bis 1990. Am 26. August jenes Jahres wurde MOSOP ins Leben gerufen, die Bewegung für das Überleben der Ogoni. Die Wortführer des Widerstands verfaßten eine *Bill of Rights* noch 1990 und legten sie der Bundesregierung Nigerias und dem Ausschuß für Indigene Völker der Vereinten Nationen vor. Im Vorwort zu einer Veröffentlichung der *Bill of Rights* durch die MOSOP im Juni 1992 heißt es: Die Führer der stärksten Volksgruppen Nigerias hätten die Nation in ethnischen Zwist, Krieg und Diktatur gestürzt und Ressourcen in einem Ausmaß verschwendet, wie es in der Weltgeschichte noch nie dagewesen sei. «Generationen von Nigerianern, geborene und ungeborene, wurden auf immer und ewig verschuldet.» Die Ogoni und andere Minderheiten seien zu Sklaven der großen Ethnien herabgewürdigt worden. Nigeria unterscheide sich nicht mehr vom Apartheidstaat Südafrika. Gezeichnet: Ken Saro-Wiwa. Die 20 Artikel lesen sich wie eine Anklageschrift gegen den Raubkapitalismus. Gewinn für die Ogoni nach dreißig Jahren Ölausbeutung: «*Nothing.*» Null und nichts. Lage der Bevölkerung: 80 Prozent Analphabeten, ein Arzt für 70 000 Menschen, 85 Prozent Arbeitslose, eine Lebenserwartung von 51 Jahren, keine Vertreter in den Institutionen der föderalen Regierung. Keine Straßen. Kein Leitungswasser. Keine Elektrizität. Keine sozialen Einrichtungen. Fazit: «Das Volk der Ogoni fordert politische Autonomie und einen gerechten Anteil an seinen ökonomischen Ressourcen, um sich zu entwickeln.»

Die Antwort der Regierung: Sie schickte Soldaten, um die Bohrstellen zu sichern.

Das Nigerdelta ist ein endloses Labyrinth von dunklen Flüssen und namenlosen Seitenarmen, in dem jeder die Orientierung verliert, der nicht hier geboren wurde. Es ist feucht und heiß wie in einem Dampfbad. Moskitogeschwader lauern im Uferdickicht. Hin und wieder wachsen aus den grünen Dschungelwänden Bohrgerüste und Förderanlagen, marode Zeugen moderner Technologie. Zwanzig Volksstämme, insgesamt sechs Millionen Menschen, leben hier. Alle haben unter den gleichen Bedingungen zu leiden wie die Ogoni.

Das Dorf mit dem zauberhaften Namen Abrakabiria scheint in einem versunkenen Zeitalter zu liegen. Ein paar armselige Lehmhütten mit Schilfdächern. Es gibt keinerlei Anzeichen für die Errungenschaften der Zivilisation, keine Wasserleitungen oder Strommasten. Am Fluß schaukeln die Kanus der Fischer, mit denen schon ihre Großväter hinausgefahren sind. Die einzigen gemauerten Gebäude, die Schule und die Lehrerwohnung, befinden sich in einem Stadium fortgeschrittenen Verfalls. In den heruntergekommenen Räumen steht keine Bank, keine Tafel mehr. Das Lehrgerät ist verschwunden, der Dorflehrer auch.

Seit dem großen Feuer ist es noch stiller und trostloser in Abrakabiria geworden. In den Kronen der hohen Mangroven, die die Bucht säumen, sieht man verkohlte Äste. «In der Bucht haben wir seither keinen Fisch mehr gefangen», erzählt Enugu Ojuku, der Dorfälteste. «Wir müssen zum Fischen jetzt weiter rausfahren. Aber unsere Netze sind vom Öl ruiniert.» Das Wasser aus dem Brunnen können sie auch nicht mehr trinken, es ist verseucht. Sie müssen jetzt stromaufwärts fahren, in die Stadt Nembe, und sich dort Trinkwasser holen.

Wie das alles gekommen ist? In der Nähe von Abrakabiria operiert der italienische Ölmulti Agip. Anfang 1995 leckte eine Unterwasserpipeline. Unmengen von Rohöl flossen aus und sammelten sich in einem Flußarm. Die Dorfbewohner merkten erst nichts. Dann paddelte Esther Ojuku eines Nachts allein zum Fischen in das verseuchte Gewässer hinaus. Sie hatte wie üblich eine Kerosinlampe dabei. Das offene Licht entzündete den Ölfilm auf der Wasseroberfläche. Sie sprang aus dem Einbaum und schwamm um ihr Leben. Kurze Zeit später fanden sie die Dorfbewohner, alarmiert durch den gespenstischen Widerschein der Flammen, bewußtlos am Ufer.

Zum Glück ging das Feuer von selber wieder aus. «Von der Ölfirma hat sich noch niemand bei uns sehen lassen», sagt der Dorfälteste. Er zeigt eine Einkaufsliste, die er den Agip-Managern gerne überreichen würde: «Wir wollen neue Netze und Boote. Sie sollen die

Schule reparieren, damit unser Lehrer zurückkommt. Wir wollen ein Bohrloch für Trinkwasser und einen Generator für Strom.» Aber Enugu Ojuku weiß um die Aussichtslosigkeit eines solchen Ansinnens. «Agip hat den Auftrag zur Reinigung an den Rat der Häuptlinge in Nembe gegeben. Wir haben dort um Entschädigung gebeten. Bisher ist nichts gekommen.»

«Das ist alles nicht so einfach», erklärt Mister Suku-Ogbari, der Chef des Häuptlingsrates von Nembe, zuständig für die Forderungen aus Abrakabiria. «Wir haben die Erfahrung gemacht, daß Agip einfach nicht zahlen will. Shell ist vernünftiger und lenkt ein.» Vom Häuptlingsrat beauftragte Sachverständige schätzen den Schaden in Abrakabiria auf 600 Millionen Naira, rund 7 Millionen Dollar, ein Vielfaches dessen, was die geschädigten Dorfbewohner fordern. Agip zweifelt die Höhe des Schadens an. Wenn der Streit demnächst vor Gericht ausgetragen wird, dürften die Anwälte der Dorfbewohner recht bekommen, glaubt Suku-Ogbari. Aber es wird noch viel Wasser den Niger hinunterfließen, ehe in Abrakabiria ein neuer Brunnen sprudelt.

Das Pech der Leute im Nachbardorf Iyeganko war noch größer. Dort waren ebenfalls Zehntausende Liter Öl ausgeflossen und hatten das Umland verseucht. Agip beauftragte ein paar einheimische Arbeiter, den Schlamassel zu beseitigen. Sie hatten keinerlei Qualifikationen für diesen Job. Ein unachtsamer Arbeiter zündete sich eine Zigarette an – und löste einen Flächenbrand aus. Mehrere Menschen kamen in den Flammen um. «Das ist typisch für die Art und Weise, wie die Ölfirmen nach Katastrophen reagieren», sagt der Jurist Uche Onyeagucha. Seine Organisation Civil Liberties hat eine Studie über betroffene Dörfer in den Ölfördergebieten angefertigt. «Anstatt eine Spezialfirma mit der Reinigung zu beauftragen, vergeben sie den Job an den Häuptling. Der bekommt das Geld und beschwert sich nicht mehr. Dann heuert er ein paar ortsansässige Arbeiter an, die einfach ein Loch in die Erde graben und den Ölschlamm hineinschaufeln.»

Allein Shell hat im Nigerdelta rund 6200 Kilometer Leitungen und Pipelines verlegt, durch die Öl an die Verladehäfen am Meer gepumpt wird. Die Anlagen sind verrottet, aus zahlreichen Leckagen rinnt Öl. Laut einer Statistik von Shell kommt es im Delta zu durchschnittlich 221 Zwischenfällen pro Jahr, wobei rund 7350 Barrel auslaufen. Die unabhängige Cutter Information Corporation kam zu anderen Ergebnissen: Zwischen 1982 und 1992 seien allein bei Shell über 1,6 Millionen Barrel Öl in Erdreich und Flüsse gesickert. Ein Dokumentarfilm des britischen Agronomen Nick Ashton-Jones hat die Folgen aufgezeichnet: sterbende Pflanzen und Tiere, Ölseen auf fruchtbarem Ackerland, Menschen mit schwärenden Hautkrankheiten.

In der Umgebung der Stadt Nembe, wo sich Abrakabiria mit Trinkwasser versorgt, werden täglich 150000 Barrel Öl gefördert. Das hätte die Kommune wohlhabend machen müssen. Doch sie hat nicht einmal Elektrizität, und im Krankenhaus gibt es keine Medikamente. Die einzige bemerkenswerte öffentliche Einrichtung ist ein schmaler Fußgängersteg, der einen Flußarm überbrückt. Nembe, eine Insel im schwarzen Gold, ist eine unterentwickelte, verwahrloste Gemeinde, die rund um die Uhr an ihren Reichtum erinnert wird: Tagsüber senken sich Rußwolken aus Gasabfackelungstürmen auf die Pflanzgärten, nachts lodern gewaltige Flammen aus den Schloten. Wenn es regnet, rinnt tintenschwarze Brühe von den Blechdächern. Aber Benzin, Diesel und Petroleum sind knapp und teuer in Nembe. Wer zu den wenigen glücklichen Autobesitzern gehört, muß beim Tanken pro Gallone doppelt soviel hinblättern wie in den großen Städten. Der Treibstoff kommt nämlich nicht von nebenan. Er wird in vollbepackten Bananenbooten den Fluß heraufgeschippert.

Überlebensmotto in Nembe: Hilf dir selber, und schlag dich irgendwie durch. Ob die Bewohner so friedlich und duldsam blieben, wenn sie wüßten, wie das Öl aus ihrer Region anderen goldene Nasen wachsen läßt? Wenn sie durch die Villen der nigerianischen Elite in London flanieren könnten? An den Kolossalbauten in der neuen Hauptstadt Abuja emporgesehen hätten? Wenn sie die vielen Ziffern der Schweizer Nummernkonten ihrer Ölbarone und die Jahresbilanzen der Multis lesen könnten? Die leuchtenden Shell-Tankstellen im fernen Europa bewundern dürften? Sie würden vermutlich zornig werden und sich nicht mehr mit dem kläglichen Jugendausbildungsprogramm abspeisen lassen, das Shell ihrer Stadt spendiert hat. Wer aufbegehrt, erreicht mehr. Das lehrt die Erfahrung im Nigerdelta. Je lauter der Protest aus den Gemeinden kommt, desto mehr investieren die Ölfirmen in Projekte – nicht aus Großmut, sondern um die Leute ruhigzuhalten.

Die radikalere Methode heißt Sabotage. Sie funktioniert wie eine Gemeindesteuer. Die Bürger beschädigen eine Pipeline oder stören die Produktion, fordern Entschädigungen, erhalten einen Stillhalteobolus. Doch die Korruption sorgt dafür, daß die Wiedergutmachungen nicht bei den Geschädigten ankommen. Die Gelder versickern in den Taschen der Konzernangestellten und Mittelsmänner wie das Öl in den Mangrovensümpfen. «In den vergangenen fünf Jahren gab es keine nennenswerte Maßnahme der Landesregierung zum Nutzen von Nembe», sagt Suku-Ogbari, der Chef des Häuptlingsrates. «Das einzige größere Projekt, der Bau einer Straße von Port Harcourt nach Brass, wurde zu den Akten gelegt.» Aber normalerweise brauchen Honoratioren wie er keine Straße. Sie reisen in den Hubschraubern der Ölfirmen. «Die Leute ahnen, daß das wahre Problem die Regierung ist. Aber sie sehen nur Shell.» Shell und die vielen Petrodollar. Dagegen steht der bescheidene Wunsch nach einer Verkehrsanbindung, um den jämmerlichen Lebensstandard ein bißchen anzuheben.

Die Alten schweigen, die Jungen handeln – auch in Nembe. 1993 attackierte ein Rudel von Halbstarken eine Bohrinsel. Eine Welle der Gewalt beeinträchtigte die Produktion so stark, daß sich sogar die Regierung Sorgen machte. Ein paar Minister wurden als Geste der Beschwichtigung nach Nembe geschickt, um die Wogen zu glätten. Sie gingen wieder, und in Nembe blieb alles, wie es war. Ein Komitee aus Port Harcourt, das Umweltschäden im Nigerdelta bilanziert, stellte im Oktober fest: «Unter Tausenden von Jugendlichen in der Region wächst die Unruhe. In ihrem Idealismus betrachten sie die Erwachsenen als Kollaborateure derjenigen, die ihre Umwelt und ihre Zukunft zerstören.»

Die Jugend hat den Respekt vor der älteren Generation verloren. Daraus erwachsen den Ölkonzernen ganz neue Probleme. Früher schlossen sie ihre Abkommen mit den Häuptlingen und hatten damit die Sache einigermaßen im Griff. Heutzutage ist auf die traditionellen Führer weniger Verlaß, weil sie sich der Zustimmung ihrer Gemeinden nicht mehr sicher sein können.

Die Erosion natürlicher Autorität ist ein Grund für den vierfachen Mord am 21. Mai 1994, der Saro-Wiwa das Todesurteil eintrug. Die Opfer Albert Badey, Edward Kobani, Samuel Orage und Theophilius

Orage, vier moderate Ogoni-Führer, gehörten zu den Gründervätern von MOSOP. Sie plädierten für Kompromisse und kritisierten den harten Kurs, den die Organisation gegen die Regierung und Shell eingeschlagen hatte. Ein entfesselter Mob beschimpfte sie als «Geier», ehe sie von Jugendlichen ihrer eigenen Organisation umgebracht wurden.

«Shell wird von Menschen gemacht; deshalb sind uns die Auswirkungen unserer Aktivitäten auf andere Menschen stets ein Anliegen.» Ein Satz aus der Hausphilosophie von Shell, formuliert vom ehemaligen PR-Chef Richard Tookey. Die Auswirkungen im Nigerdelta beschäftigen den Konzern seit Jahren ziemlich intensiv. Die Ogoni und andere Minderheiten hatten nämlich beschlossen, den Rechtsweg zu beschreiten und ihren Anteil am Big Business von den Ölkonzernen und deren Schutzpatron, dem Staat, einzuklagen. MOSOP fordert insgesamt sechs Milliarden Dollar Landpacht und Abgaben sowie vier Milliarden Dollar Schadensersatz für Verwüstungen. Je öfter das Begehr vor Gericht abgewiesen wurde, desto entschlossener wurde der Protest.

Im Dorf Umuechem kam es 1990 zu blutigen Auseinandersetzungen. Dorfbewohner sperrten die Zufahrt zu einem Bohrfeld. Die Polizei rückte an und erschoß drei Blockierer. Wütende Demonstranten lynchten einen Beamten. Am 29. Oktober ging im Hauptquartier der Polizei in Port Harcourt ein Brief ein. Betrifft: «Gefahr der Störung unserer Operationen in Umuechem». Darunter die höfliche Bitte: «... Wir ersuchen Sie, uns dringend Sicherheitsschutz (bevorzugt Mobile Police Force) auf unserem Gelände zur Verfügung zu stellen.» Absender des Briefes: Shell Petroleum Development Company of Nigeria Ltd., Port Harcourt.

Das Mobile Einsatzkommando kam auch nach Umuechem und eröffnete das Feuer. Der Dorfälteste und seine Söhne wurden mit Benzin übergossen und angesteckt. Laut Nachforschungen von Greenpeace wurden am Ende des Einsatzes 80 Tote und 495 zerstörte Hütten gezählt. Shell behauptet, die Polizisten seien provoziert worden.

Eine Untersuchungskommission befand: Anläßlich von Bohrungen habe Shell Nigeria Land an sich gebracht und Äcker beschädigt: die Leute von Umuechem hätten nur wenig oder keine Kompensation erhalten. «Ihre Weiden sind durch Öl verseucht und für die Viehhaltung unbrauchbar geworden.» Drei Jahre später schrieb Shells PR-Chef Mister Tookey: «...Die Probleme, die die Demonstrationen auslösten, und der konsequente Einsatz der Polizei haben wirklich überhaupt nichts mit Shell zu tun.» Shell trifft keine Schuld. Die Firma hat die Mörder in Uniform nur gerufen. 1993 zog sie sich wegen der Unruhen aus dem Land der Ogoni zurück und teilte mit, die Ölförderung werde erst wiederaufgenommen, wenn die Ogoni Ruhe gäben.

Doch der Widerstand im Nigerdelta war durch Strafexpeditionen nicht mehr zu ersticken. Deshalb wählte das Regime eine Strategie des organisierten Terrors. Die «Operation zur Wiederherstellung von Recht und Ordnung im Ogoni-Land» lief an, zunächst inoffiziell, ab 21. April 1994 auf der Grundlage der Order Nr. 4/94. Armee, Luftwaffe, Marine und Polizeitruppen sollten die Einheimischen das Fürchten lehren, die «sezessionistische MOSOP» ausschalten und dafür sorgen, daß «ausländische Anwohner bei der Ausübung ihrer Geschäfte nicht belästigt werden».

Die wenigen Zufahrtsstraßen sind gesperrt, und das Operationsgebiet ist abgeriegelt. Spezialeinheiten und Kill-and-go-Kommandos fallen systematisch über die Dörfer her. Augenzeugen berichten von Plünderungen, Hinrichtungen, Mordbränden und Vergewaltigungen. Im Juli 1994 zieht *amnesty international* eine vorläufige Bilanz: Über 1800 Tote und 30000 Obdachlose. Was zornige Diplomaten als «Staatsterrorismus» bezeichnen, nennen die Ogoni Völkermord. Saro-Wiwa: «Wir erleben in Nigeria das erste Experiment mit ethnischen Säuberungen.»

Besonders berüchtigt ist ein Mann namens Paul Okuntimo. Der war Ende 1993 vom Militärverweser des Bundesstaates Rivers mit der Rekrutierung einer vierhundert Mann starken Sondereinheit beauftragt worden. «Ich werde das Ogoni-Land befrieden. MOSOP wird nicht mehr existieren, wenn ich fertig bin», erklärte Okuntimo. Seine Mobile Task Force verbreitet Angst und Schrecken, und der Major prahlte damit, 204 Arten der Tötung zu beherrschen. Sein Erzfeind war Ken Saro-Wiwa, der Präsident von MOSOP. Erst galt es, ihn auszuschalten, dann seine Bewegung zu zerschmettern.

Die Häscher von Major Okuntimo holten Saro-Wiwa am 22. Mai

1994 um ein Uhr nachts ab und verschleppten ihn an einen unbekannten Ort. Sein Anwalt bezweifelte damals sogar, ob Saro-Wiwa noch am Leben sei. Zwei Monate später ließ Okuntimo hören: «Ich befahl, ihn an Händen und Füßen in Ketten zu legen. Ken wird das Tageslicht nicht mehr sehen...» Es klang, als sei sein Tod beschlossene Sache. Nichts Neues für Saro-Wiwa. Er war seit Jahren «Stammkunde» im Kerker des Geheimdienstes, der nur einen Steinwurf von seinem Büro in Port Harcourt entfernt liegt.

Im Januar 1995 beginnt in Port Harcourt der letzte Prozeß gegen Ken Saro-Wiwa und seine Mitstreiter, darunter Barinem Nubari Kiobel, John Kpuinen und Baribor Bera. Die Anklage lautet auf Beihilfe zum vierfachen Mord, geschehen am 21. Mai 1994, verübt an vier gemäßigten Ogoni-Führern. Daraus strickten die Militärs das Tatmotiv.

Der Prozeß ist eine lächerliche Posse, sein Ausgang tödlicher Ernst. Der britische Anwalt Michael Birnbaum, der einen Bericht für die Law Society of England and Wales anfertigte, hegt starke Zweifel an der Rechtmäßigkeit des Verfahrens: Die Sache werde nicht vor einem ordentlichen Gericht verhandelt, sondern vor einem Sondertribunal. Einer der drei Richter sei von der Armee entsandt worden. Ibrahim Auta, der Vorsitzende, habe den Prozeßbeginn festgelegt, ehe die Anklageschrift vollständig vorlag. Birnbaums Resümee: «Das Gericht ist nicht unabhängig von der Regierung.» Kommt hinzu, daß während der Gespräche zwischen den Angeklagten und deren Anwälten ein alter Bekannter grinsend danebenhockte: der Schlächter Major Paul Okuntimo.

Im Mai 1995, zum Jahrestag seiner Verhaftung, klagt Saro-Wiwa noch einmal die Gleichgültigkeit des Shell-Konzerns und die Waffenlieferungen Großbritanniens an das Regime in Nigeria an. «Ich fürchte nicht, hingerichtet zu werden. Ich erwarte es... Wir haben es mit Diktatoren aus der Steinzeit zu tun.» Seine Mitstreiter ermutigte er: «Wenn wir heute scheitern, so werden wir morgen siegen.» Im Juni legen die Rechtsbeistände von Saro-Wiwa auf Wunsch des Schriftstellers ihr Mandant vorübergehend nieder, weil nicht von einem fairen Prozeß auszugehen sei. Am 18. September tritt der gesundheitlich schwer angeschlagene Häftling in den Hungerstreik. Schließlich beginnt das geheime Sondertribunal. Während des Prozesses sollen die Verteidiger mehrfach von Soldaten mißhandelt worden sein. Inzwischen sind Charles Danwi und Naayone Nkpah, zwei Zeugen der Anklage, umgefallen. Das Duo nannte sieben weitere Zeugen, die angeblich geschmiert worden waren. Beide erklärten, sie seien von den Behörden bestochen worden. Man habe ihnen Geld versprochen, ein Haus sowie eine feste, gut bezahlte Anstellung – bei Shell. Der Konzern bestreitet das.

Am 21. Oktober 1995 werden der MOSOP-Präsident Kenule Beeson Saro-Wiwa und seine Mitarbeiter zum Tod durch den Strang verurteilt. Oberrichter Ibrahim Auta räumt in seinem Schuldspruch ein, der Schriftsteller sei nicht unmittelbar an den Morden beteiligt gewesen. Zwischen Saro-Wiwa und dem Tatort lagen zur Tatzeit 32 Kilometer. Eine Militärkolonne hatte ihn nicht zur Protestversammlung nach Giokoo durchgelassen, wo das Verbrechen geschehen war. Aber das störte die Richter nicht weiter: Saro-Wiwa habe «unzweifelhaft die Maschinerie in Gang gesetzt, die die vier Ogoni-Führer verschlang». Der zum Tod Verurteilte erhebt sich zu seiner letzten Rede. «Euer Ehren, wir müssen alle vor der Geschichte bestehen... Weder Verhaftung noch Tod können verhindern, daß wir am Ende siegen werden... Shell steht hier ebenfalls vor Gericht... Auch der schmutzige Krieg des Unternehmens gegen das Volk der Ogoni wird bestraft werden.»

Zunächst sah es so aus, als würde Saro-Wiwa mit dieser Prophezeiung recht behalten. Nach der Hinrichtung brach ein Sturm der Empörung los. Politiker aus aller Welt verurteilten die ruchlose Tat der Militärherrscher in Lagos. Vor allem Nelson Mandela, der Präsident Südafrikas, sparte nicht mit Worten des Abscheus. Im eigenen Land mußte er sich allerdings Kritik gefallen lassen, daß er zuwenig getan hätte, um das Leben der neun Verurteilten zu retten.

Dieser Vorwurf gilt aber auch für die gesamte Weltöffentlichkeit. Als Ken Saro-Wiwa im Gefängnis saß, gab es allenfalls laue Versuche, General Abacha umzustimmen. Die Politiker interessierten sich nicht für jenen Schriftsteller im fernen Nigeria. Und die Bürger auch nicht.

Einige Monate zuvor hatten sich die Deutschen noch empört, weil Shell die Ölplattform «Brent Spar» in der Nordsee versenken wollte. Greenpeace schickte seine Schlauchboot-Armada los, und die Autofahrer ignorierten die Tankstellen mit der gelben Muschel auf rotem Grund. Selbst Bundeskanzler Helmut Kohl äußerte Kritik an Shell. Eine große Koalition aus Wählern und Gewählten zwang den Konzern schließlich in die Knie. Shell schleppte seine Plattform an Land, um sie dort verschrotten zu lassen.

Wegen Ken Saro-Wiwa und seiner acht Mitstreiter fand sich kaum jemand zu einem Boykott gegen Shell bereit. Die Gesellschaft für bedrohte Völker hatte schon im Mai, auf dem Höhepunkt der «Brent Spar»-Kampagne, versucht, die Öffentlichkeit für die Sache der Ogoni zu interessieren. Vergeblich. Das Schicksal der Nordsee bewegte das Land weit mehr als das Schicksal von Todeskandidaten.

Und das änderte sich nicht wesentlich, nachdem die neun hingerichtet worden waren. Proteste ja, jedenfalls hier und dort, aber kein größerer Boykott, nicht gegen Shell, nicht gegen Nigeria. Zwar erwogen die Europäische Union und die Vereinigten Staaten ein Ölembargo, konnten sich dazu aber doch nicht durchringen. Es blieb bei kleineren Sanktionen, die Nigeria nicht sehr weh tun. Auch Shell wird weiter mit Abacha Geschäfte machen. Der Konzern kündigte an, demnächst in Nigeria eine Anlage zur Verflüssigung von Gas zu bauen.

Das Militärregime in Lagos macht unterdessen weiter wie gewohnt. Als die Opposition Mitte November zu einer Demonstration in der Hauptstadt aufgerufen hatte, ließ Abacha Panzer auffahren. Der Platz, auf dem eine Kundgebung geplant war, wurde abgeriegelt. Von Demokratie ist Nigeria weiter entfernt denn je. Auch die Lage der Ogoni hat sich kein bißchen verbessert.

Und in den Gefängnissen sitzen nach wie vor Menschen, denen nichts anderes vorzuwerfen ist als ihr Einsatz für Demokratie und Gerechtigkeit. Im Dezember 1995 bat *amnesty international* um «Briefe gegen das Vergessen» für Christine Anyanwu, die Chefredakteurin des *Sunday Magazine*, einer führenden Oppositionszeitung in Nigeria. Wie Ken Saro-Wiwa wurde sie von einem Sondergericht verurteilt, zunächst zu lebenslänglicher Haft. Angeblich hat man dieses Urteil später in eine Strafe von 15 Jahren umgewandelt.

Christine Anyanwu ist eine von vier Journalisten, denen vorgeworfen wird, Artikel über geheime Prozesse gegen mutmaßliche Umstürzler veröffentlicht zu haben. *amnesty* vertritt die Auffassung, daß sie eine politische Gefangene sei und fordert ihre unverzügliche und bedingungslose Freilassung.

(Dieser Text ist das aktualisierte Dossier, das am 17. November 1995 in der Wochenzeitung *Die Zeit* erschienen ist.)

P. S. Paul Adams, Korrespondent der *Financial Times* in Lagos und Mitautor dieses Textes, wurde am 4. Januar 1996 von der nigerianischen Polizei verhaftet und in ein Gefängnis in Port Harcourt gesteckt. Er hatte erneut im Nigerdelta recherchiert, um Neues über die Umweltzerstörung und die Unterdrückung der Ogoni zu erfahren. Gründe für seine Verhaftung wurden zunächst nicht genannt. Wahrscheinlich handelte es sich um einen Willkürakt.

Ken Saro-Wiwa

SCHLUSSWORT

*vor dem vom Militär eingesetzten Sondertribunal
in Port Harcourt, Rivers State, Nigeria*

Euer Ehren,
wir alle stehen vor der Geschichte. Ich bin ein Mann des Friedens, der Ideen. Voller Entsetzen über die erniedrigende Armut meines Volkes, das auf einem reichen Land lebt, voller Sorge über seine politische Marginalisierung und wirtschaftliche Strangulierung, voller Empörung über die Zerstörung seines Landes, seines höchsten Erbes, bestrebt, sein Recht auf Leben und anständige Lebensbedingungen zu bewahren, und entschlossen, dieses Land als Ganzes in ein gerechtes und faires demokratisches System zu überführen, das jeden einzelnen und jede ethnische Gruppe schützt und uns allen einen Rechtsanspruch auf menschliche Zivilisation gibt, habe ich meine geistigen und materiellen Mittel, ja, mein Leben, einer Sache geweiht, an die ich uneingeschränkt glaube und von der ich mich weder durch Erpressung noch durch Einschüchterung abbringen lasse. Ich zweifele nicht im mindesten, daß meiner Sache letzten Endes Erfolg beschieden ist, ganz gleich, welche Prüfungen und Leiden mir und all jenen, die mit mir daran glauben, auf unserem Weg auch bevorstehen mögen. Weder Gefängnis noch Tod können unseren Sieg letzten Endes aufhalten.

Ich wiederhole, wir alle stehen vor der Geschichte. Ich und meine Kollegen sind nicht die einzigen, die hier vor Gericht stehen. Shell steht hier vor Gericht, und es ist nur gut, daß der Konzern durch einen Anwalt vertreten ist, der angeblich als Beobachter fungiert. Diesem Verfahren ist das Unternehmen ausgewichen, aber sein Tag wird sicher kommen, und dann mögen sich die Lehren, die es hier gezogen hat, als nützlich erweisen, denn ich hege keinerlei Zweifel, daß der ökologische Krieg, den der Konzern im Delta führt, eher früher als später zur Untersuchung kommen wird und die Verbrechen dieses Krieges ordnungsgemäß bestraft werden. Auch das Verbrechen des schmutzigen Krieges dieses Unternehmens gegen das Volk der Ogoni wird seine Strafe erfahren.

Vor Gericht steht auch der Staat Nigeria, seine gegenwärtigen Machthaber und jene, die ihnen helfen. Jeder Staat, der Schwachen und Unterprivilegierten das antun kann, was der Staat Nigeria den Ogoni angetan hat, verliert seinen Anspruch auf Unabhängigkeit und Nichteinmischung von außen. Ich gehörte nicht zu jenen, die vor Protesten gegen Ungerechtigkeit und Unterdrückung mit dem Argument zurückschrecken, daß damit in einem Militärregime zu rechnen ist. Das Militär handelt nicht allein. Es wird unterstützt von einer Schar von Politikern, Anwälten, Richtern, Akademikern und Geschäftsleuten, die sich alle hinter der Behauptung verstecken, sie täten lediglich ihre Pflicht, von Männern und Frauen, die zuviel Angst haben, den Urin aus ihren Unterhosen zu waschen. Wir alle stehen vor Gericht, Euer Ehren, denn durch unser Verhalten haben wir unser Land erniedrigt und die Zukunft unserer Kinder gefährdet. In dem Maße, wie wir das Unterdurchschnittliche billigen und zweierlei Maß akzeptieren, in dem Maße, wie wir lügen und offen betrügen, wie wir Ungerechtigkeit und Unterdrückung in Schutz nehmen, leeren wir unsere Klassenzimmer, verschlechtern wir unsere Krankenhäuser, füllen wir unsere Bäuche mit Hunger und machen wir uns aus eigener Entscheidung zu Sklaven all jener, die sich höheren Maßstäben verpflichten, nach Wahrheit streben und Gerechtigkeit, Freiheit und harte Arbeit ehren.

Ich wage die Vorhersage, daß diese Szene hier von Generationen, die noch nicht geboren sind, wieder und wieder gespielt wird. Manche haben sich schon jetzt in die Rolle des Schurken gefügt, manche sind tragische Opfer, manche haben noch eine Chance, sich zu retten. Die Entscheidung liegt bei jedem einzelnen.

Ich wage die Vorhersage, daß die Entscheidung in der Frage des Nigerdeltas bald kommen wird. Die Agenda wird bei diesem Prozeß festgelegt. Ob die friedlichen Methoden, die ich vorgezogen habe, beibehalten werden, hängt von der Entscheidung des Unterdrückers ab und von den Signalen, die er der wartenden Öffentlichkeit gibt.

In meiner Unschuld bezüglich der falschen Anklagen, denen ich mich hier gegenübersehe, in meiner unerschütterlichen Überzeugung rufe ich das Volk der Ogoni, die Völker des Nigerdeltas und die unterdrückten Minderheiten Nigerias auf, jetzt aufzustehen und furchtlos und friedlich für ihre Rechte zu kämpfen. Die Geschichte ist auf ihrer Seite. Gott ist auf ihrer Seite. Denn der Koran sagt in Sure 42, Vers 42 f: «Und wer sich selber Rache verschafft, nachdem er beleidigt worden ist, der kann nicht mit Recht gestraft werden. Die aber können mit Recht gestraft werden, welche sich gegen andere Menschen frevelhaft betragen und wider Recht auf der Erde stolz und vermessen leben; diese erleiden schwere Strafe.» Möge der Tag kommen.